# IAI 2014
# 中国广告作品年鉴

国家广告研究院　国际品牌观察杂志社
中国传媒大学广告学院　中国传媒大学MBA学院
IAI国际广告研究所　联合编辑

中国民族摄影艺术出版社

图书在版编目（CIP）数据

IAI中国广告作品年鉴. 2014 / 刘立宾主编. -- 北京 : 中国民族摄影艺术出版社, 2014.7
ISBN 978-7-5122-0579-6

Ⅰ. ①I… Ⅱ. ①刘… Ⅲ. ①广告－中国－2014－年鉴 Ⅳ. ①J524.3-54

中国版本图书馆CIP数据核字(2014)第126247号

---

书　名：IAI中国广告作品年鉴 · 2014
作　者：刘立宾等 主编
责　编：海德光
出　版：中国民族摄影艺术出版社
地　址：北京东城区和平里北街14号（100013）
发　行：010-64211754 84250639
网　址：http://www.chinamzsy.com
印　刷：北京市雅迪彩色印刷有限公司
开　本：889×1194mm 1/16
印　张：25.25
字　数：50千字
版　次：2014年7月第1版第1次印刷
印　数：1-3000册
书　号：ISBN 978-7-5122-0579-6
定　价：418.00元

## 《IAI中国广告作品年鉴·2014》编委会



## 《IAI中国广告作品年鉴·2014》编辑部

*国家工商行政管理总局广告监督管理司司长　张国华*

近年来，虽然广告经营总额稳中有增，但是在营销领域，“广告”这个词正在越来越多地被“品牌营销”所取代。不仅各大广告专业期刊与媒体经营推广中随处可见关于“品牌、营销与传播”的主题，很多企业的广告部悄然变身为品牌部，广告公司的名字或定位也更多地被直接改称为“品牌营销传播机构”。这是一系列很有趣的现象，既反映了在国家实施品牌战略的宏观背景下广告作为市场营销风向标的敏感性，也深刻透露出广告业整体面临的转型遭遇。

首先，基于数字传播时代和品牌营销管理需求的广告专业分工既已转变，传统意义的广告人正在转型，传统划分的广告经营范围逐渐模糊，那么在广告业务中还有哪些是明确的并且相对稳定的？其中一个答案是看广告作品说话。广告作品是广告业务实实在在的终端表现，也是广告监管工作中至今不变的核心内容。无论以“BIG　IDEA”为诉求的“大广告”的概念如何伸缩摇摆，以内容创意为中心的“小广告”始终坚挺。

同时，纵览十五年十五卷《IAI中国广告作品年鉴》，可以很清晰地看出，哪些企业是多年积累的好广告作品塑造了品牌形象，哪些广告公司擅长用广告作品展示品牌实力，哪些活跃于品牌传播管理领域的人才和团队一直是“IAI年鉴奖”的常客。我们完全可以骄傲地说：广告界就是品牌营销人才的黄埔军校，一直为国家品牌战略的实施源源不断地输送着专业人才；而《IAI中国广告作品年鉴》恰似一块试金石，那些经得起市场磨砺和时间检验留存下来的广告公司和广告人，在今天成功地转型进入到了品牌营销阶段。图文并茂的真相，是最简单的事实。

我欣喜地看到，以“留存历史见证、提供创意参考、搭建沟通平台、尊重广告产权”为宗旨创办的《IAI中国广告作品年鉴》，十五年来兢兢业业，恪守初衷，又一次不辱使命、不负众望，将代表着过去一年中国广告发展真实面貌的作品编集成书。在这个意义上，它又像是一叶方舟，承载着中国广告的薪火和未来，在变幻的时潮中始终保守住一片浮土家园，只待到洪水消退，重续广告的辉煌。

中国经济正在转型，制造大国转为品牌创意大国是方向是理想。广告在当中承载着不可替代的作用，“留存历史见证，提供创意参考”，是智慧薪火的传递，是创意灵光的启迪，《IAI中国广告作品年鉴》是广告作品的标本、历史的化石。

祝愿IAI年鉴一直顺利地走下去，走过一个十五，又一个十五，岁月兼程，心愿圆满。

时报广告奖大会主席 蔡绍中

回首2013，随着网络、通讯等新兴技术的兴起，以网络、移动终端和户外电子版为代表的新兴媒体迎来高速发展期，广告向着精准化、大平台、移动化、屏屏交互的趋势发展。这一年台湾诞生了很多从互动的角度出发的作品，广告公司在创作内容的同时，更搭建起民众与广告主的互动。不少打动人心的作品在网络和移动媒体上被民众争相转载。

举办36年的“时报华文广告金像奖”，也已成为台湾地区广告奖项的龙头，其影响力也因品牌的专业度而影响着整个华人地区。这一年来我们运用两岸企业及两岸媒体资源平台，对接了许多活动赛事和民间交流，将更多优秀的华文广告分享、传达予全球华人，期许透过“时报华文广告金像奖”让全世界看到华人的力量，更冀望藉此扩大华人在全球的影响力。

适逢一年一度的《IAI中国广告作品年鉴》即将诞生，今年又有一批创意能量丰沛的台湾广告作品入列。欣喜之余，也共同期勉两岸的广告业主及广告人，处在“移动、交互”热潮中。通过创意激荡，勇于探索，开拓更宽广的视野和眼界，为未来的广告业投注新的热力与活力。期待和广告人一起将创意的火花传播给整个世界，为更多好创意的诞生播下种子！

*澳门广告商会副理事长　黄少焜*

每天当我们打开报纸、观看电视、甚至使用智能手机的时候，总会看到五花八门，各式各样的广告。在这个商业化及信息爆炸的时代，广告，彷佛已经是我们生活的一部分。作为一个创作人，广告是我们实现梦想的载体，是我们用心琢磨的艺术品，是我们坚持信念的肯定。

澳门回归即将踏入第十五个年头，在中央政府的大力支持下，澳门的经济迅速发展，在国家"十二五"规划中，更首次把澳门定位为世界旅游休闲中心，促进经济的适度多元。文化创意产业的萌芽以及会展业的茁壮成长，为澳门的广告业界注入了新的元素、带来了新的机遇。随着越来越多的大型展览及国际会议落户澳门，将引领本澳的广告业踏上新的台阶，提升广告创作人的水平，更重要的是开拓了彼此的视野。

澳门中西汇聚的独特文化，是本澳广告业的重要财富。在区域性合作的大环境底下，横琴新区的全面建设，为本澳广告业界提供了一个契机，与邻近地区在软、硬实力方面相辅相成，开创粤、港、澳新模式的深化合作。"横琴国际广告创意产业园"及"横琴文化创意产业园"的计划，将荟聚来自两岸四地的优秀创作人才，打造成国际级广告交流的新平台，是广告创作人崭新的舞台。这里将是中国广告业向世界发光发热、展示实力的窗口。

中国自开放改革以来，经济总量迅速增加，国民生产总值以惊人倍数式增长，经济腾飞，令国民的生活大大改善。在深化改革的进程中，国家领导人提出加快转变经济发展模式，并着重结构的调整，扩大内需市场。目前，中国已跻身全球第三大广告市场，中国内地是全球广告业最具增长潜力的市场。《IAI中国广告作品年鉴》一直是中国广告界殿堂级的指南及潮流指针，是每个广告创作人梦寐以求登上的舞台。当我翻开《IAI中国广告作品年鉴》，细阅每份来自全国各地最顶尖优秀的作品，那股震撼人心的力量，都为我带来了新的思想冲击，触动我们的创作神经。本会衷心期盼《IAI中国广告作品年鉴》继往开来，记录中国广告发展历程上的每个重要时刻以及带领中国的广告业界迈向新的里程碑。

黄少焜

*中国商务广告协会常务副会长、《国际品牌观察》社长　刘立宾*

当IAI年鉴编辑部把第十五卷《IAI中国广告作品年鉴》的样稿送至案头时，我心头涌出一种莫名的激动。每年这个时候，IAI年鉴总是使我在回望过去一年业界的成果时，期盼来年更为丰硕。

十五年前，编撰《中国广告猛进史》时，苦苦搜寻广告作品，结果形只影单。于是怀揣通过年鉴的形式，把容易流失的优秀广告作品记录在案，留存后世的想法，编辑出版了《IAI中国广告作品年鉴·2000》。时光荏苒，IAI年鉴与中国广告业界共同成长，见证辉煌。十五卷年鉴一字排开，7000多件广告作品，用“蔚为壮观”来形容并不为过。

IAI年鉴早已不仅是简单的一本年鉴，它承载了中国经济发展，赋予广告业的特殊使命和丰富内涵。

携手中国时报广告奖执行委员会（台湾）、香港《龙吟榜》和澳门广告商会，同时收录两岸四地广告作品，IAI年鉴成为真正的中国和华文广告集锦；联合学界、广告主、广告公司和媒介，推出IAI年鉴奖、IAI年鉴创作实力50强，IAI年鉴成为广告人展示才华的舞台；IAI年鉴每年都赠送在华国内外品牌企业500家，成为企业了解和认识广告公司实力互动的平台。

IAI年鉴在见证中国广告业成长的同时，也与广告业一起经历着时代变迁带来的阵痛与迷茫。随着新媒体的普及和应用，消费者的媒介接触习惯发生了巨大的变化，传统媒体大受冲击，随之而来的是以影视和平面广告为主的广告创意行业，在思辩中不断调整前行方向。

与时俱进才能带来新生和希望。在最近这两年的年鉴编撰过程中，我们欣喜地看到了年鉴的变化与适应。一些优秀的FLASH作品、微电影等网络广告传播形式也被收录其中，并有逐年增多的趋势。它们也是广告作品的优秀代表，只是变了一种表达形式，换了一种传播通路而已，创意的本质并没有变。希望这一良好的开端能加速发展下去。在明年、后年……新媒体的作品在IAI年鉴中的数量不断上升，不但要有与市场地位相符合的分量。还要进一步调作更加科学的作品分类结构。使IAI年鉴真正反映传统广告和新媒体广告的全貌。

刚刚在北京落下帷幕的第43届世界广告大会的主题为“创意点亮世界”，说明在大谈特谈“大数据营销”、“网络化生存”的今天，创意仍然是广告的灵魂，仍有大量的优秀广告作品有待我们去发现，去记录，去留存！

希望IAI年鉴编辑部同仁不忘初衷，始终秉承“留存历史见证，提供创意参考，搭建沟通平台，尊重广告产权”的宗旨，继续前进，且行且珍惜！

刘立宾

1. 参选作品情况

- 共收到来自全国21个省市、自治区156家广告公司及个人的1350件参选广告作品，其中影视作品358件、平面广告作品992件（以报纸广告和杂志广告为主）。
- 本版年鉴收入台湾时报广告奖执行委员会推荐的16件作品、澳门广告商会推荐的3件作品。
- 绝大部分入选广告作品于2012年8月至2013年7月期间在中国媒体或其他广告活动中公开发表，少部分作品发表时间超过该发表时间要求。

2. 作品编选情况

- 由年鉴编辑部组织编委对所有参选作品进行认真评阅、严格编选。
- 经过编委编选和入选公司及个人确认版面，共有来自106家广告公司及个人的402件广告作品入选本版年鉴，其中影视广告作品121件、平面广告作品281件。
- 入选作品由年鉴编辑部进行作品分类、文字部分编辑、版面编排工作。

3. 作品编选原则

- 入选作品必须无违反中国广告法律法规的内容。
- 入选作品必须为选送单位或个人独立创作，无模仿和抄袭现象。
- 在创意、文字、设计制作等方面或其中某一方面符合一定质量标准的作品入选本年鉴。
- 为全面地反映中国广告创作的整体面貌，体现中国广告运作多样性的特点，少量作品因代表某类风格，或属于某种类型（如户外广告、海报等），或来自广告发展较不发达地区，或考虑到其实际传播效果以及在社会中的影响力而入选。

4. 类别调整情况

根据本版年鉴入选作品的具体情况，编辑部对入选作品的分类做了必要调整。

- 原“信息、通讯服务类”和“信息、数码用品类”合并为“信息通讯及数码用品类”。
- 原“旅游及相关服务类”调整为“旅游、餐饮类”。
- 原“流通、服务及其他类”调整为“流通、服务类”。

# 目 录

序言一 …… 张国华
序言二 …… 蔡绍中
序言三 …… 黄少焜
序言四 …… 刘立宾
编选说明 …… 编辑部

1．信息通讯及数码用品类 …… 1
2．金融、保险类 …… 47
3．房地产类 …… 76
4．汽车及关联品类 …… 128
5．家电及家居用品类 …… 142
6．食品类 …… 156
7．饮料类 …… 187
8．药品、保健品类 …… 213
9．服饰及关联品类 …… 229
10．美容、卫生用品类 …… 249
11．旅游、餐饮类 …… 270
12．流通、服务类 …… 289
13．媒体、文化教育类 …… 309
14．公益类 …… 329

入选公司名录及作品索引 …… 385
第十三届“IAI年鉴奖”获奖情况 …… 388
第十三届“IAI年鉴”创作实力50强 …… 394

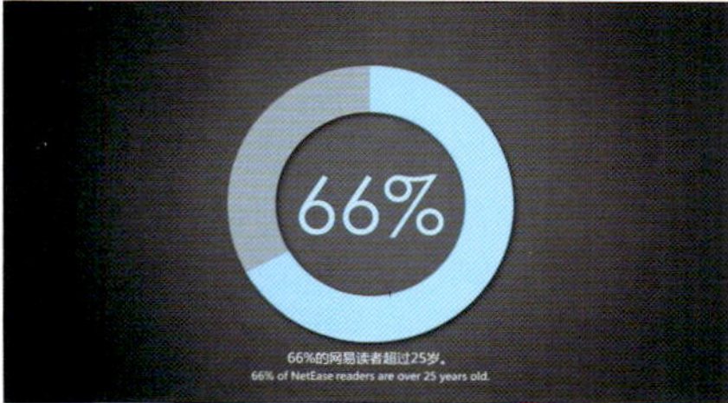

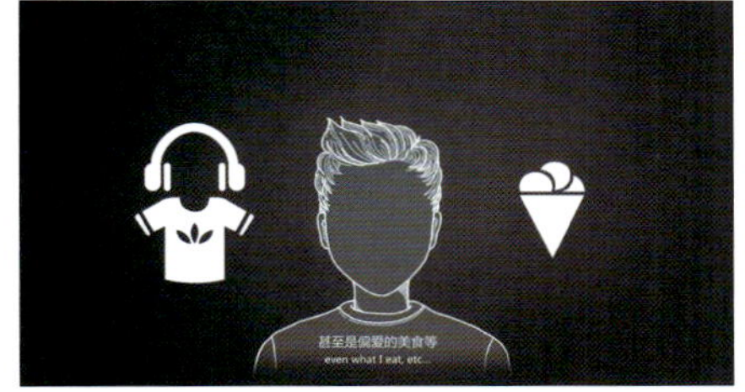


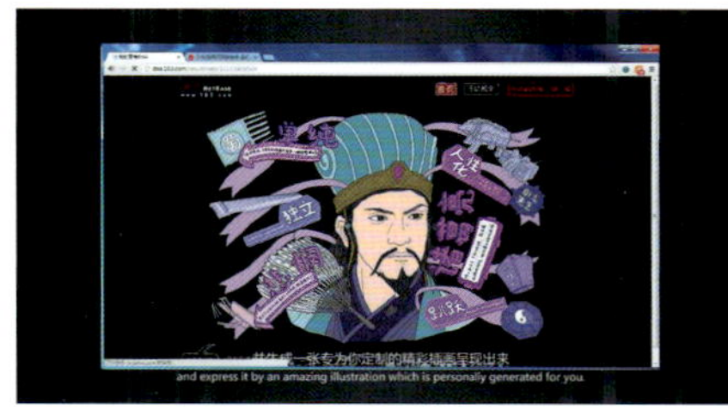

**声音及字幕：**

旁白、字幕：网易，作为中国三大新闻门户之一，网易品牌形象出现老化。66%的网易读者超过25岁。在网易阅读新闻对于年轻人的吸引力不断降低。我们必须重新与年轻消费者建立联系，让网易成为属于年轻人的品牌。

……

我的思考DNA，我们创造了一个网络测试游戏，通过对最新的新闻表达看法，你可以发现你自己的思考DNA，并生成一张专为你定制的精彩插画呈现出来，你可能是一个人性化不循常理的乔布斯，也可能是一个偏执又随性的乔布斯，或是哈利波特、火星人、达芬奇、孙悟空以及成千上万种不同结果。你可以通过电脑来体验这个游戏，或者手机，甚至是线下活动。你可以将插画结果分享到微博、微信以及其他社交平台，甚至将它打印在T恤上。我们邀请了中国著名演员陈坤作为代言人启动了这次传播活动。上百位网络意见领袖的参与更是把活动热度不断推高。想知道你自己的思考DNA吗？来网易吧！

**创意说明：**

网易新闻是中国领军的新闻门户品牌，但是却渐渐失去对年轻新读者的吸引力。我们希望让网易再次成为年轻人的“My brand”。年轻人渴望自我定义与自我表达。因此，网易上线了“我的思考DNA”活动，帮助年轻人通过表达对新闻的态度，定义与展现自己独特的思考模式。

(注：本系列广告中的《态度就在你身边篇》已刻入光盘。)

**客户：**网易
**篇名：**网易新闻篇
**客户群总监：**林琳
**资深文案：**申婧
**美术指导：**钱寅
**策略策划：**刘亮
**数位策划：**高川
**市场部总监：**李安
**市场部经理：**何宽 杨海
**市场部助理：**彭翔
**总经理：**吴晓聆

**天联广告有限公司上海分公司**

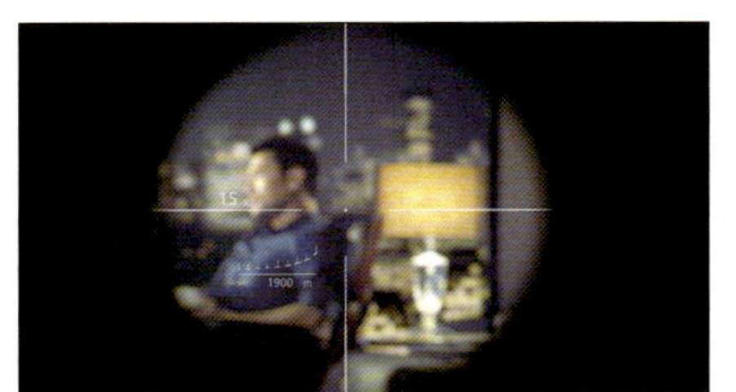

**声音及字幕：**

旁白、字幕：有迅雷看看，哪里都是电影院。迅雷看看，全屏台网络高清影院。APP火热下载中。

**创意说明：**

刺杀引来刺客与特警在城市楼宇林立中的对抗，逐步在逼近男子的高层豪宅家中，仿如在看一部国际的警匪大片。当刺客打出子弹，枪声让城市与人们紧张躁动，警察在枪声中破门而入，令人惊悚的刺杀行动在开始时就戛然而止，原来一切尽在男子的掌控中，是电视里的迅雷带来了这一切，也是迅雷看看暂停了这一切的发生。瞬间最高潮的紧张刺激感，让人记住迅雷看看。

**客户：**迅雷看看
**产品/品牌：**迅雷看看
**篇名：**惊险刺杀篇
**创意总监：**方棱
**创意：**李道波 鱼子由
**文案：**李道波 鱼子由

广州平方广告有限公司

**声音及字幕：**

旁白、字幕：找工作啦。赶集网，多多多、职位多、有得挑；大大大、规模大、机会大。找工作，还有比赶集网更大的吗？赶集网，啥都有，手机也能上赶集哦！

**创意说明：**

赶集网作为综合生活服务类网站，随着业务的发展，其蓝领招聘业务已经很快成为行业第一。本片通过挖掘并借势大家再熟悉不过的孙悟空形象的众多特征，用孙悟空吹毫毛变成代表众多职位的椅子来表现赶集网上职位多，以无限变大的金箍棒来形象的暗示赶集网招聘业务之大，同时，竖着的金箍棒可以很形象的看出是数字“1”，种种信息都在传递“找工作还有比赶集网更大的吗？”，直观且形象。

**客户：**赶集网
**产品/品牌：**赶集网
**篇名：**谢娜篇
**创意：**叶茂中营销策划机构

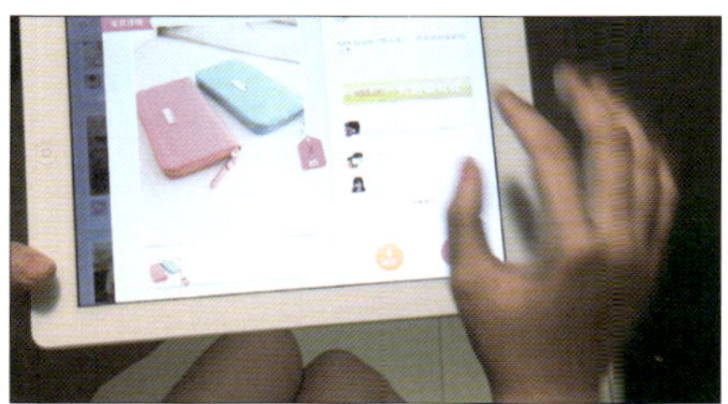

**声音及字幕：**

旁白：对生活在城市的女人而言，时间就是等待。等待每天到来的公车。等待每次无聊会议的结束。等待从不按时出现的他。等待一场突如其来的暴雨的停止。等待属于自己的私密空间。等待漫长而吵闹球赛的收场。等待睡意来袭。

字幕：过客匆匆，属于我的旅程，何时开启。在那个世界，学会伪装，伪装存在感。孤独，总在失落时突然袭来。心，在寻找停泊的堤岸。渐渐，习惯了寂寞。世界再缤纷，我有固守的从容。享受自我。等待，时刻精彩。随时随地能逛街。蘑菇街。

**创意说明：**

针对蘑菇街iPad app上线，进行品牌推广，同时提升蘑菇街iPad app下载量。利用“等待”制造话题，洞察现代社会中女性经常会遇到的等待场景，让蘑菇街iPad app陪她们等待，随时随地逛街。同时让蘑菇街的受众等待蘑菇街iPad app带来的时刻精彩。

**客户：**杭州时趣信息技术有限公司
**产品/品牌：**蘑菇街
**篇名：**等待篇
**创意总监：**范磊明
**创意：**程清
**文案：**范磊明 初更
**导演：**张驰 余碧如
**摄影：**方一

杭州有氧文化创意有限公司

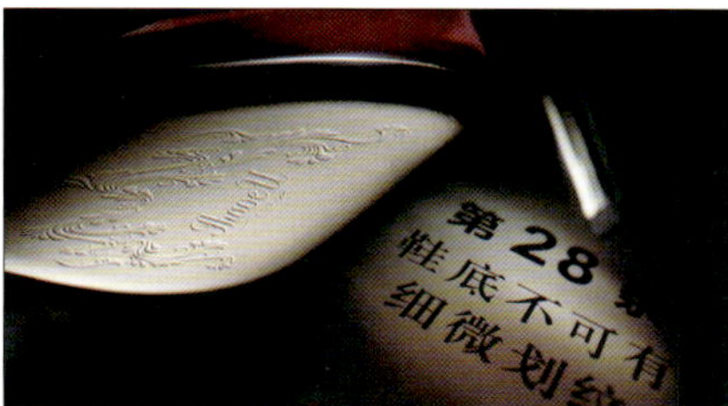

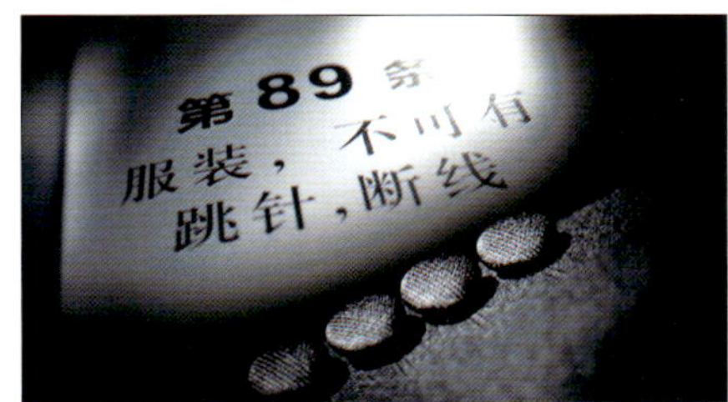

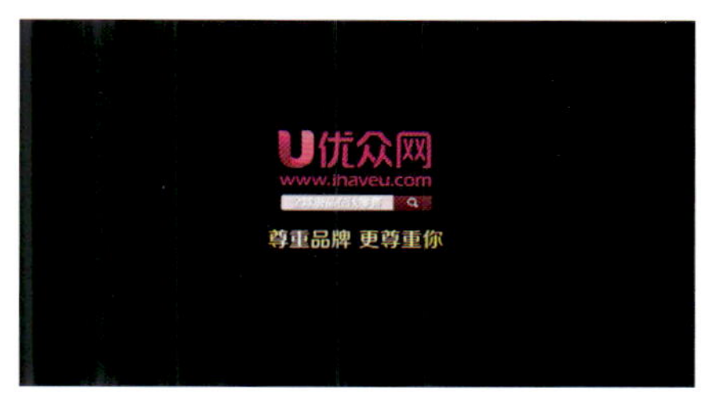


**声音及字幕：**

字幕：IHAVEU.COM。

旁白、字幕：第28条不可有细微划痕。第89条服装，不可有跳针，断线。第37条水晶制品再小的气泡也不允许。

旁白：品牌多大，都必须符合优众质检手册标准。优众网，全球奢品在线零售。

字幕：U优众网。www.ihaveu.com，尊重品牌，更尊重你。

**创意说明：**

本片创意重点在广告调性上，不出现人物，以德国冷工业的视觉表现模式体现其极致的标准化，同时显现出奢侈品的高端与高贵。最后的旁白“优众网所有商品，无论品牌多大，都必须符合优众质检手册”，给了消费者一个沉甸甸的承诺。

**客户：**天津优众悦购商贸有限公司
**产品/品牌：**优众网
**篇名：**质检手册篇
**创意总监：**李炼
**创意：**程为民
**文案：**程为民
**美术指导：**章一翔
**制作公司：**浙江博采传媒有限公司
**制作：**浙江博采传媒有限公司
**制片：**金科
**导演：**郑松汉
**摄影：**杨忠福
**剪辑：**杨丽苗
**音乐：**顾烨
**后期：**胥佳 陈超

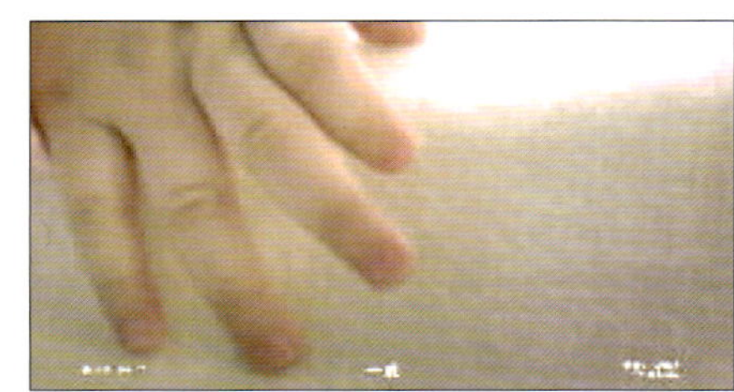

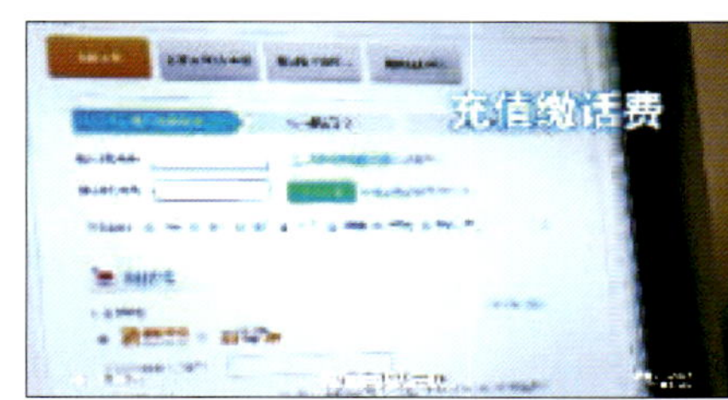

**声音及字幕：**

旁白、字幕：一点，打开新界面。一点，手机随便挑，号码任意选。一点，充值话费更方便。一点，更划算，更多折扣。中国移动门户网，服务您的每一点。

**创意说明：**

中国移动门户网：化繁为简，只有“一点”，7亿移动用户的人口迁徙，缤纷多样的功能服务。然而，交给我们，传播只需要那“一点”——“10086.cn服务你的每一点”。

**客户：**中国移动通信有限公司
**产品/品牌：**中国移动一站式服务平台
**篇名：**点击篇
**创意总监：**田雪
**创意：**张野智
**文案：**林曦
**美术指导：**窦怿坤
**设计：**马新辉
**制作：**省广合众（北京）国际传媒广告有限公司
**导演：**BEN

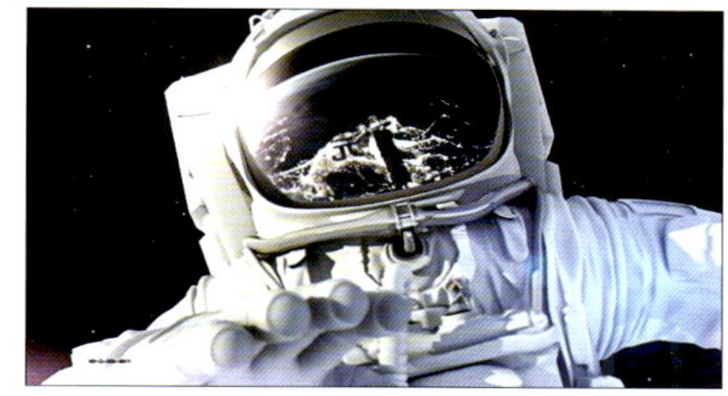

**声音及字幕：**

旁白：我们改变了国际及港澳台漫游资费模式，世界就是1元，2元和3元的，选择中国移动，全球轻松漫游。

旁白、字幕：1元，2元和3元，123很简单，移动改变生活。

**创意说明：**

“1、2、3很简单！选择中国移动，全球轻松漫游”创意策略直接应对市场现状，结合中国移动国际漫游1、2、3元区分区计费、资费降低的特点，充分洞察国际漫游资费市场套餐众多、资费模式混乱事实，有针对性地形成品牌传播策略。

**客户：**中国移动股份有限公司
**产品/品牌：**国际漫游
**篇名：**国际漫游篇
**创意：**北京天下美传广告有限公司

**声音及字幕：**

字幕：电子帐单，一目了然。透明消息，及时提醒。10086热线，便捷高效。资费优惠，国际漫游1/2/3元区。积分兑换，精彩丰富。更好的服务，不是喊口号，是为用户创造一个又一个：优！

旁白：中国移动。优服务。呦呦呦呦！呦！

**创意说明：**

人们对新事物感到好奇时，发出惊喜的感叹："呦"！"呦"和优服务的优，是恰到好处的谐音！在TVC中，葛优担当的是优服务的发现者，他的发现就是观众和用户的发现，他的惊喜就是观众和用户的惊喜。这是一支眼见为实的广告，葛优和用户一起发现：最好的服务，不是喊口号，而是为用户创造一个又一个的"优"。

**客户：**中国移动通信
**产品/品牌：**优服务
**篇名：**优服务篇
**创意：**北京天下美传广告有限公司

**篇名：**许愿篇

**声音及字幕：**

女：你干嘛呢？

男：上网呢。

女：我现在让你出去给我充手机话费，订流量包，我要我们用情侣号码，我要最新款的大屏幕的智能手机。

字幕：成功充值100元。

女：这什么啊？

旁白：中国移动网上营业厅，登陆www.10086.cn，智惠24小时，处处营业厅，移动改变生活。

女：这移动商城，这么多优惠。

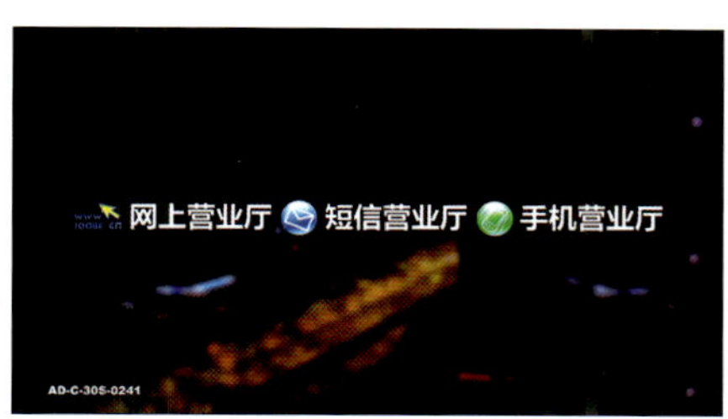

**篇名：**智惠24小时篇

**声音及字幕：**

男A：我要在办公室秒杀智能手机。

女A：我要在咖啡厅选情侣号码。

男B：我要在公园轻松交话费，享实惠。

女B：我要在路上优惠订购流量包。

男C：我要在家里查账单、查积分、换套餐。

旁白、字幕：我要实惠便捷的智慧生活。智惠24小时、处处营业厅，移动改变生活。

**创意说明：**

以山西移动电子渠道（短厅/网厅/掌厅）、（手机支付）带给用户便捷、超值购手机、选幸运号码、交话费、实惠的智惠生活为诉求点。有趣的剧情化展示，场景化的展示营业厅不再有时间和空间的限制，用手机、电脑就能轻松网上营业厅办理移动各种业务，更实惠，更方便达成所愿！用更加网络化的“我要体”语言风格和展示电子渠道的使用界面，带来最直观的体验感受。以智·惠24小时，处处营业厅为传播主题，落地移动互联，智造生活用。

（注：本系列广告中的《相亲篇》已刻入光盘。）

**客户：**中国移动通信集团山西有限公司
**产品/品牌：**山西移动电子渠道
**创意总监：**唐亮
**创意：**张峰 陈柏瑾
**文案：**田帅
**美术设计：**吕福宝
**制作公司：**北京奥赫广告传媒有限公司
**制片：**孙宏健
**导演：**孟刚
**摄影：**孟刚
**剪辑：**小严
**音乐：**源声制造
**动画：**小严

北京九易正通广告有限公司

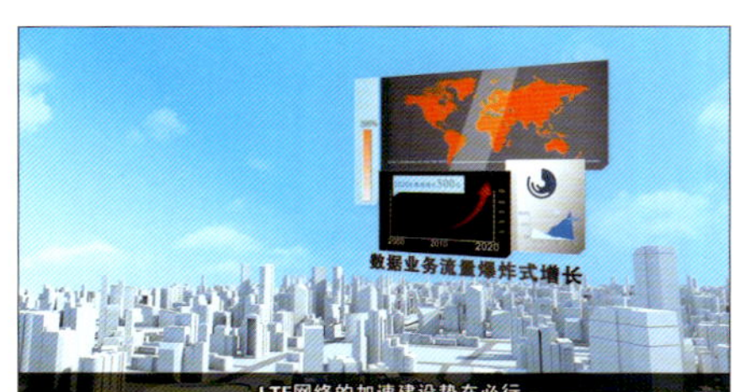


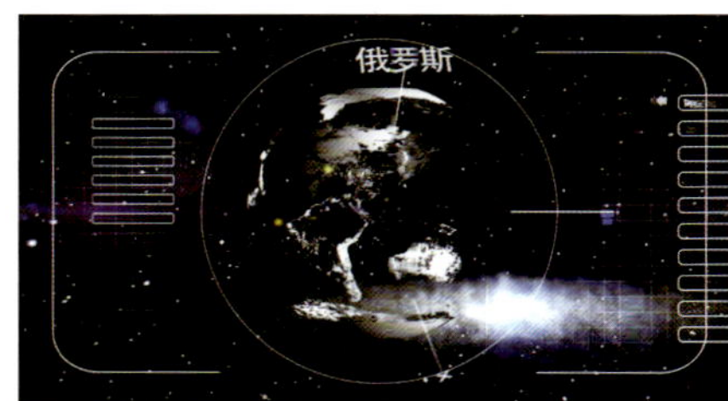


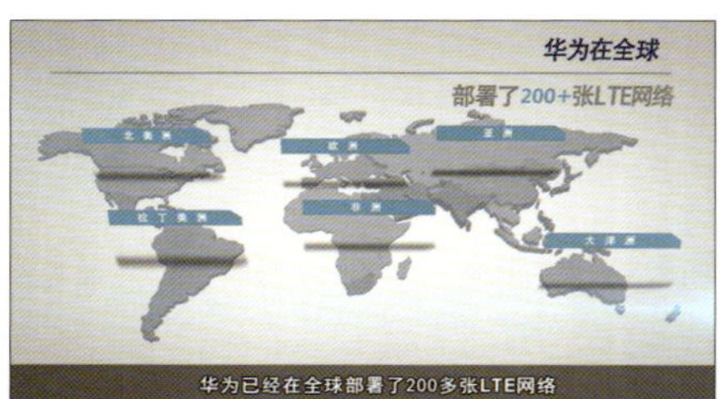

**声音及字幕：**

旁白、字幕：随着互联网应用与智能终端的普及和迅速发展，全球网络的数据业务流量出现爆炸式增长，为了满足互联网用户的需求，LTE网络的加速建设势在必行。据统计，全球已有213张LTE网络在超过90个国家中被投入商用，并随着时间的推进，这张巨大的网络还将不断扩展。目前，包括华为在内，共有100多家制造商推出了1000多款LTE终端供用户使用，而全球LTE用户总数也已超过1亿，并正以每季度近2千万的速度持续增长。

……

汪涛：华为将秉承共赢合作的精神，携手业界同仁，共同推动LTE的产业发展，支撑中国运营商打造高效、盈利、可持续发展的移动宽带网络，开拓更加广阔的市场，让人们享受移动宽带带来的极速体验。

**创意说明：**

全片将分四个主要段落展现华为在全球LTE领域所做之成就，采用虚实结合的手法，借助高端三维和后期特效展示数据、彰显成就，体现华为全球化的品牌形象，首尾呼应的将技术创新与品牌理念相融合，整体风格灵巧流畅，既体现品牌固有的气度，又不失创新应有的活力。

**客户：**华为
**产品/品牌：**华为LTE
**篇名：**中国区宣传篇
**创意制作：**巅峰胜境创作团队
**制作公司：**北京紫禁之巅新锐广告有限公司

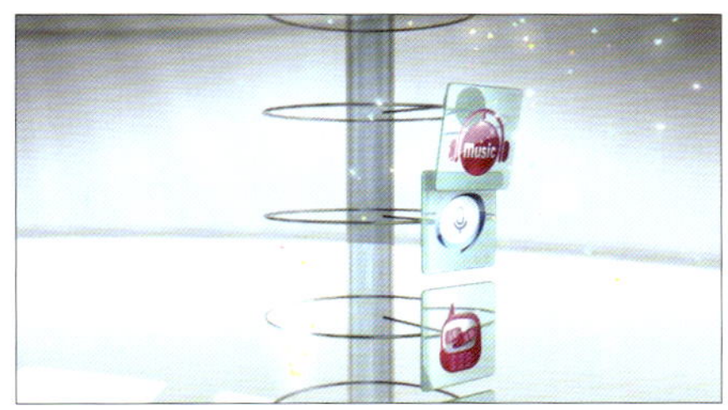
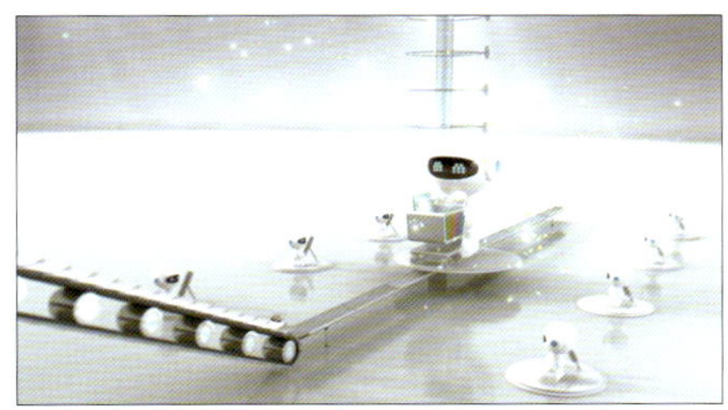

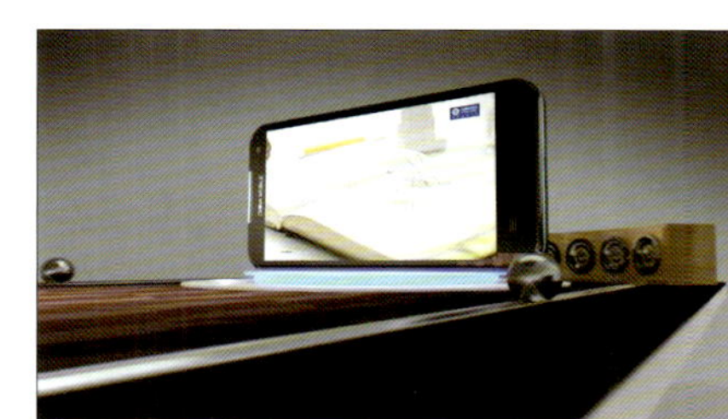

**声音及字幕：**

字幕：优质网络覆盖，贴心客户服务，海量应用下载，5英寸高清IPS屏，800万像素背照式摄像头，极速四核处理器。

旁白：我们以创新的设计，将网络、服务、应用完美汇聚，为您制造更好的手机，为客户而生。

旁白、字幕：移动智造。

字幕：中国移动M701。中国移动通信，移动改变生活。

**创意说明：**

面对泛学生的目标人群，我们将广告调性定位在好玩有趣，而"连锁反应"正是此类代表——有趣的机关、冒险一般的过程、未知的下一环节，不少国外案例都证明了它有很好的自主传播性，并且有较强的包容性，可涵盖很多信息。本TVC的创意概念正是中国移动使网络、服务、应用与终端硬件融汇在一起，是每样事物的完美运作，才诞生出这样的好手机。

**客户：**中国移动终端公司
**产品/品牌：**中国移动手机
**篇名：**移动智造篇
**创意总监：**李建
**创意：**程明兆
**文案：**程明兆 李天慈 岳野
**美术设计：**刘宇
**制作：**全三维制作
**制作公司：**I AM Producer
**制片：**李臣
**导演：**李津羽
**剪辑：**张浩
**音乐：**任辉
**动画：**墨影像

北京九易正通广告有限公司

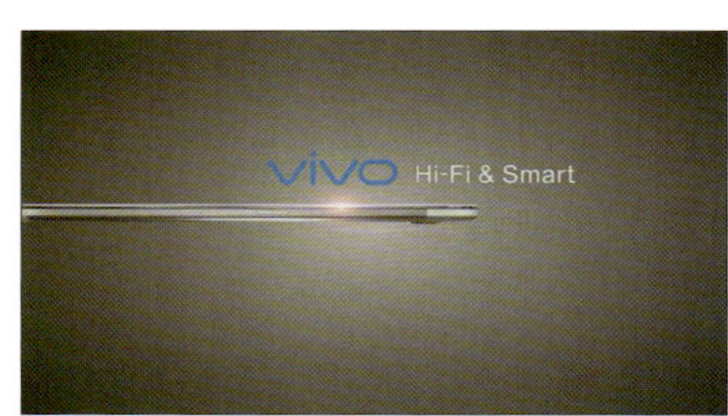

**声音及字幕：**

旁白：X-play,Hi-Fi极致影像，Vivo,Hi-Fi & Smart。

字幕：Vivo Hi-Fi & Smart，5.7吋全高清（1080P）大屏娱乐体验，搭载Smart的全新Vivo ROM,Hi-Fi极致语音系统，1.7GHz四核处理器，高通骁龙600强力视觉引擎。Hi-Fi独立音频解决方案，三磁路双扬声器设计，声像跟随技术。前置500万88°广角摄像头，后置1300万堆栈式摄像头。X-Play Hi-Fi极致影・像。

**创意说明：**

以简约而富有形式感的三维演绎产品功能，突出Vivo X Play在影像、音质、屏幕上的卓越表现，以及强烈的互动感，从而体现Vivo“极致影音体验”的核心诉求。整体画面简洁大气，力求凸显品牌的国际感。

**客户：**步步高电子通讯有限公司
**产品/品牌：**Vivo X-Play音乐手机
**篇名：**极致体验篇
**创意总监：**桑田
**创意：**郑海山
**文案：**郑海山
**制作公司：**广州市千里马广告有限公司
**制片：**全明杰
**导演：**陈文杰
**监制：**桑田

**声音及字幕：**

旁白：我要开一次属于自己的全球巡演，去追逐我的音乐梦想，启动，拍摄，敢让整个世界成为我的舞台。V梦想，不放手。Vivo。

字幕：一把吉他，2个女孩，16个国家，8千个听众，1个音乐梦。V梦想，不放手。Vivo Hi-Fi & Smart。

**创意说明：**

每个人都有自己的梦想，坚持梦想，会让梦想离你更近。创意结合当下年轻人对梦想的渴望，通过展现女孩为了梦想，前往世界各地开展于自己的演唱会，在这个过程中不断学习、寻求灵感，让自己离梦想越来越近。在这个过程中，合理巧妙地带出产品的卖点，最后推出品牌理念“V梦想，不放手”。以鼓励的态度，和年轻消费群进行沟通，取得他们对品牌的好感和认可。

**客户：**步步高电子通讯有限公司
**产品/品牌：**Vivo X-Play音乐手机
**篇名：**大篷车篇
**创意：**TBWA
**文案：**TBWA
**制作公司：**广州市千里马广告有限公司
**制片：**Son Ming Hong
**导演：**Carole Denis
**摄影：**Sebastian Pfaffenbichler

**声音及字幕：**

旁白、字幕：小天才，早教机，学习就像玩游戏。点一点，咦，数学汉字和英语，摇一摇，哇，玩中学习长智力，monkey（猴子）！每天进步多一点，妈妈夸我小天才。小天才早教机。

**创意说明：**

《小天才篇》是以前《小天才儿歌篇》的升级版，这次升级主要体现在画面视觉元素的更新上，片中融入了大量的三维动画，正是抓住了小孩子们喜欢动画片的心理，希望广告片能第一时间抓住孩子的眼球，让他们对小天才早教机产生兴趣。片子将小天才的知识世界抽象为一片梦幻的知识森林，树上长满可爱的数字、音符、字母，不仅如此，小猴子不小心将水果滑落砸中灰太狼的情景令人看后莞尔一笑，增添了广告的趣味性和记忆度。这些情景设计和产品功能的演示充分展示了小天才早教机寓教于乐的产品理念。

**客户：**步步高教育电子有限公司
**产品/品牌：**小天才宝贝电脑
**篇名：**小天才篇
**创意总监：**桑田
**创意：**王虹韵
**文案：**王虹韵
**美术指导：**李敏
**制作公司：**广州市千里马广告有限公司
**制片：**彭俊
**导演：**杨家焕
**摄影：**LEE SOO
**剪辑：**首艺

广州市千里马广告有限公司

客户：和讯网　产品/品牌：和讯网
创意总监：王文华　创意：韩华　文案：王文华
设计总监：韩华　设计：韩华

北京视新天元广告有限公司

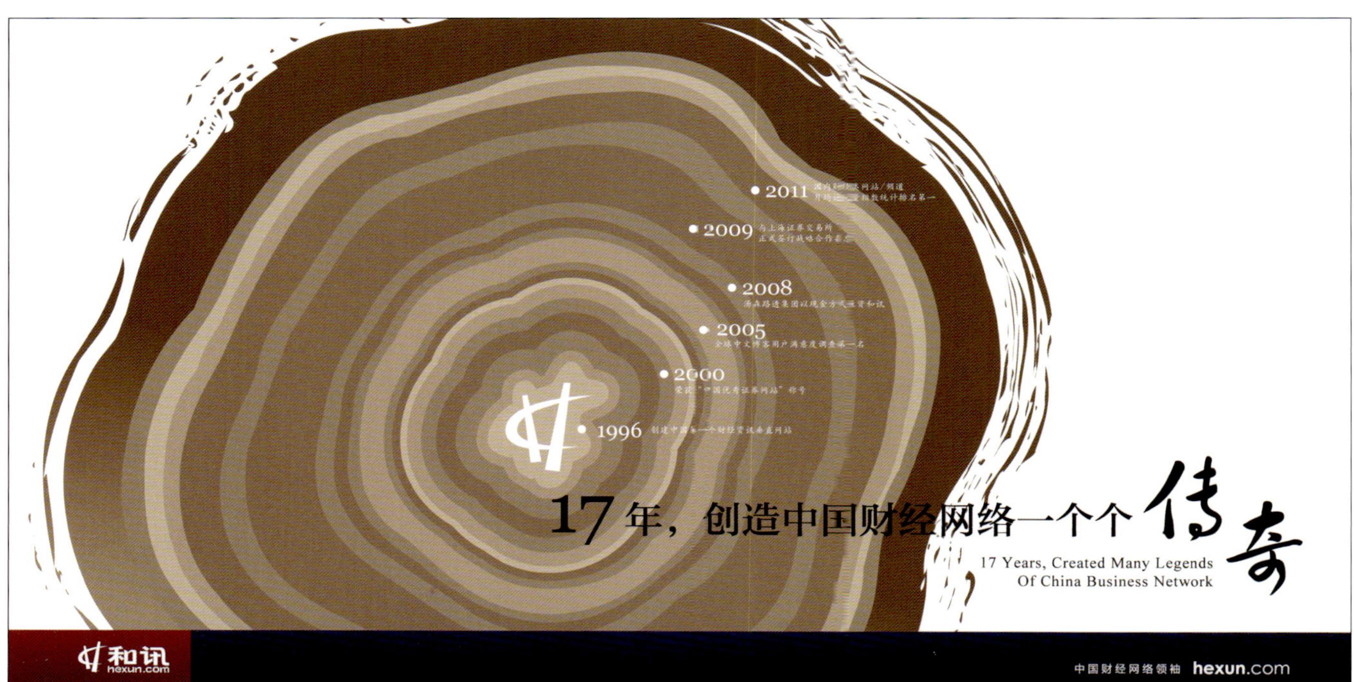


篇名：年轮篇

篇名：荷叶篇

客户：和讯网　　产品/品牌：和讯网17周年

创意总监：王文华　　创意：王文华　　文案：王文华

设计总监：韩华　　设计：韩华

北京视新天元广告有限公司

客户：中国电信（澳门）

产品/品牌：Samsung GALAXY SII DUOS（1929）

篇名：大芒篇

创意总监：狄理豪　创意：冯绮玲　文案：冯绮玲

美术指导：任婉琪　设计：王荣忠　制作：王荣忠

澳门广告商会·创狄意念集团

篇名：减法篇

篇名：加法篇

篇名：乘法篇

篇名：除法篇

客户：上海移动　产品/品牌：上海移动全品牌
创意总监：黄玮　创意：黄玮　文案：黄玮 樊银萍
美术指导：吴强 覃小蕾　设计：黄宇佳 侯佳安

北京九易正通广告有限公司

篇名：白羊座篇

篇名：天蝎座篇

篇名：射手座篇

篇名：双鱼座篇

客户：上海移动　产品/品牌：动感地带
创意总监：黄玮　创意：黄玮　文案：樊银萍
美术指导：张碧芸 吴强 覃小蕾　设计：黄宇佳

北京九易正通广告有限公司

篇名：超人篇

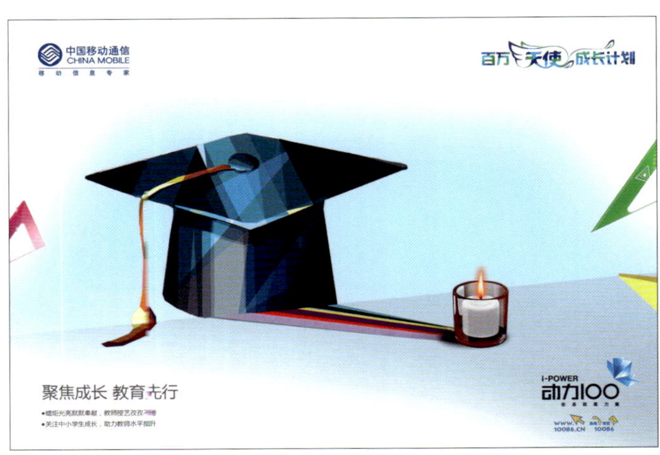


篇名：成长篇

篇名：孔子篇

篇名：岳母篇

客户：中国移动通信集团内蒙古有限公司
产品/品牌：动力100
创意总监：张燕苏
创意：张燕苏 郝静
文案：李晓蓉
美术指导：郝静
设计：郎俊龙

北京九易正通广告有限公司

篇名：美发篇

篇名：美食篇

客户：中国移动通信集团内蒙古有限公司　产品/品牌：动力100
创意总监：张燕苏　创意：张燕苏 郝静　文案：李晓蓉
美术指导：郝静　设计：谢小波 郎俊龙

北京九易正通广告有限公司

篇名：菜价篇

篇名：接机篇

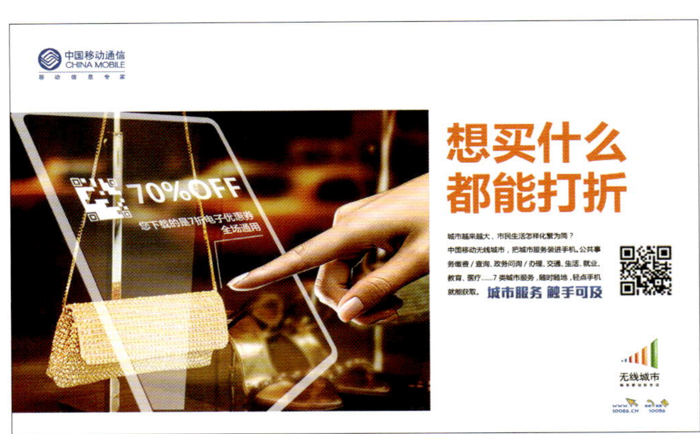


篇名：购物篇

篇名：旅游篇

客户：中国移动
产品/品牌：无线城市
创意总监：张锐
创意：九易河南团队
文案：赵明洁
美术指导：夏荣华 车海鹏
设计：刘杭

北京九易正通广告有限公司

篇名：不易老篇

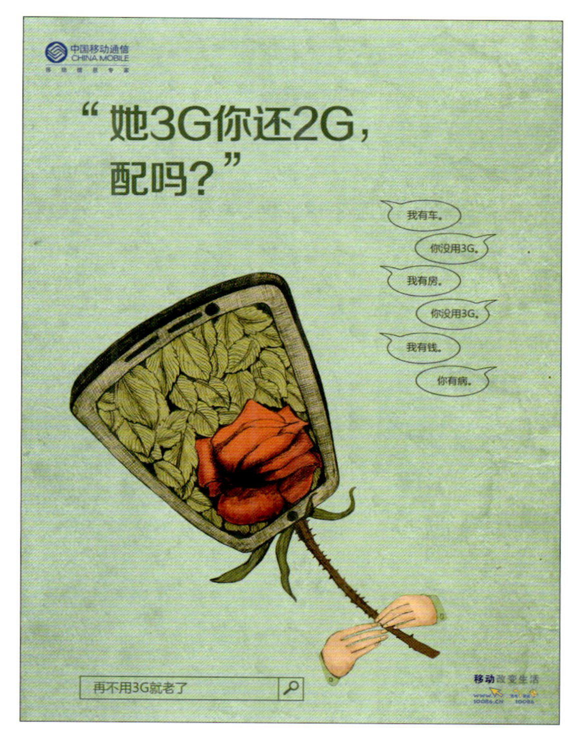


篇名：配得上篇

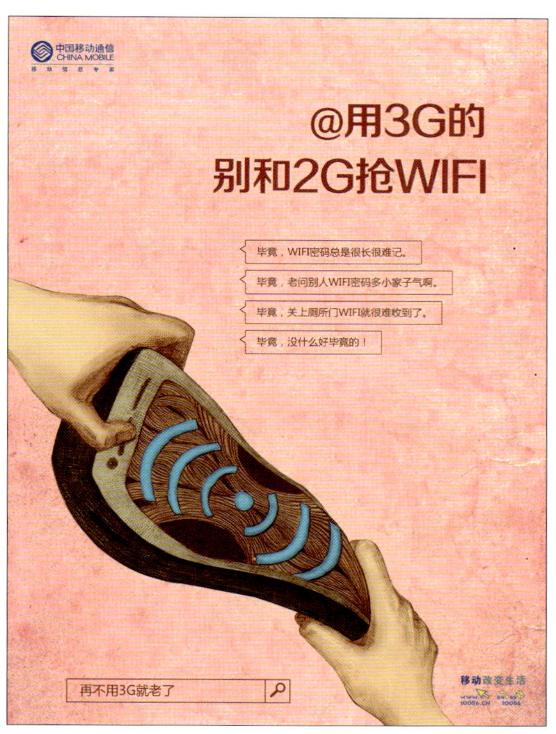


篇名：勿争夺篇

篇名：更下饭篇

**客户：**中国移动通信集团湖南省公司　**产品/品牌：**移动3G
**创意总监：**尹云从 孙国汀　**创意：**创意四组　**文案：**刘洲 张哲
**美术指导：**孙国汀　**设计：**龚萌 徐敏

长沙盛美广告有限公司

篇名：变身篇

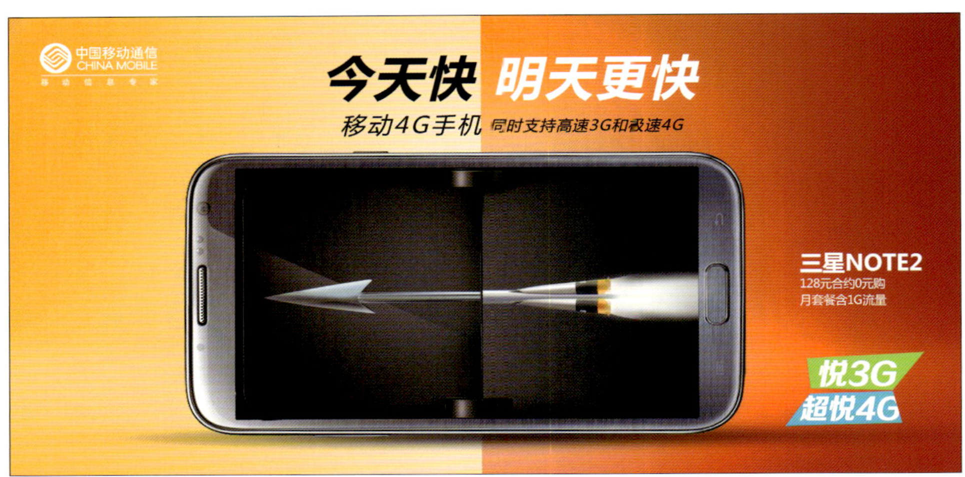


篇名：火箭篇

篇名：跑车篇

客户：中国移动　产品/品牌：移动4G手机
创意总监：张锐　创意：九易河南团队　文案：赵明洁
美术指导：夏荣华 车海鹏　设计：刘杭

北京九易正通广告有限公司

篇名：3G跑步篇

篇名：斗地主篇

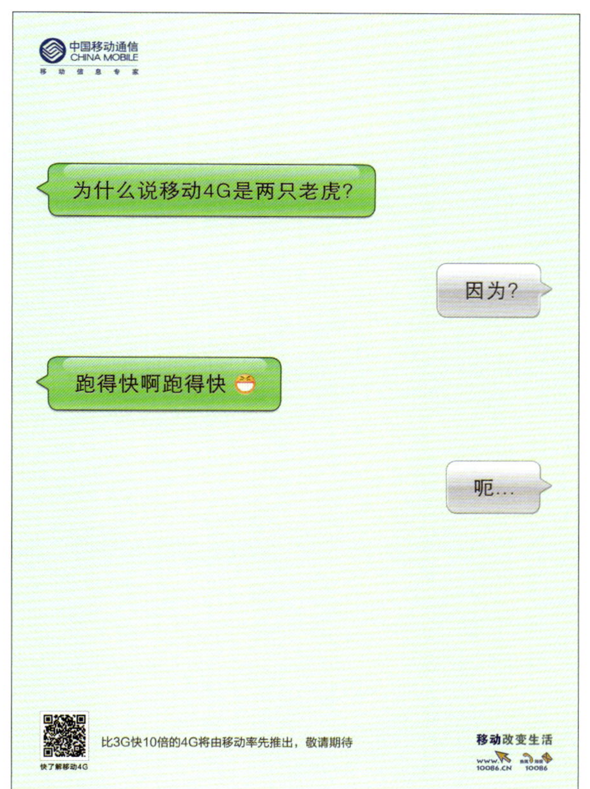


篇名：两只老虎篇

**客户：**中国移动通信集团湖南省公司
**产品/品牌：**移动4G
**创意总监：**尹云从 宋启源
**创意：**唐文婷
**文案：**唐八国 单慕莎 彭淑兰
**美术指导：**孙国汀
**设计：**尹雨蕾 黄亚峰
**制作：**尹雨蕾

**长沙盛美广告有限公司**

篇名：麦子篇

篇名：鱼篇

篇名：沙土篇

客户：中国移动通信
产品/品牌：4G
创意：第十一事业部
文案：第十一事业部
设计：第十一事业部

广东省广告股份有限公司

客户：江门移动
产品/品牌：中国移动4G
篇名：我伙惊呆篇
创意总监：向海涛
创意：陈俊杰 吴金洪
文案：吴金洪
美术指导：陈俊杰 陈东山
插图/电脑绘画：刘鸿平

广东广旭广告有限公司

篇名：漫画篇

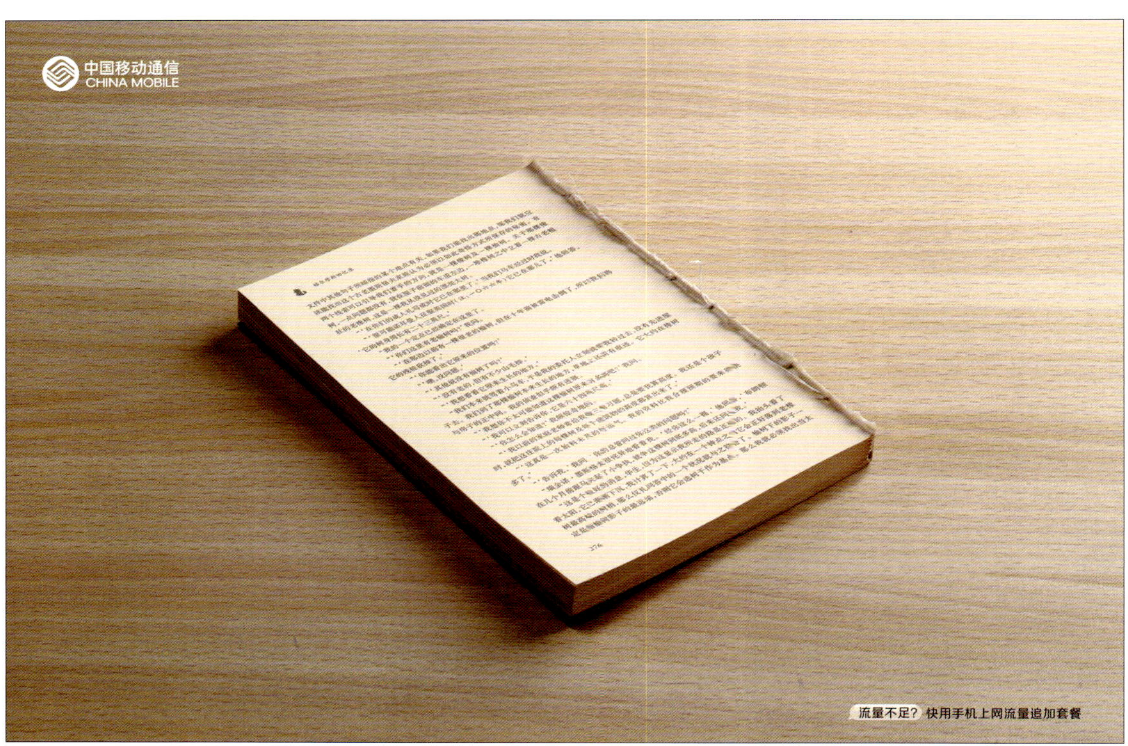


篇名：小说篇

客户：中国移动通信　产品/品牌：流量追加套餐
创意：第十一事业部　文案：第十一事业部
设计：第十一事业部

广东省广告股份有限公司

篇名：遛鸟爷篇

篇名：潜水女篇

篇名：商务男篇

客户：山西移动
产品/品牌：流量套餐
创意总监：唐亮
创意：唐亮 田帅
文案：唐亮 田帅
美术指导：唐亮 陈柏瑾
设计：唐亮 陈柏瑾 贾斌

北京九易正通广告有限公司

篇名：犯二青年篇

篇名：关羽篇

篇名：甄嬛篇

客户：山西移动
产品/品牌：流量套餐
创意总监：唐亮
创意：唐亮 田帅
文案：唐亮 田帅
美术指导：唐亮 陈柏瑾
设计：唐亮 陈柏瑾 贾斌

北京九易正通广告有限公司

篇名：懊恼篇

篇名：献计篇

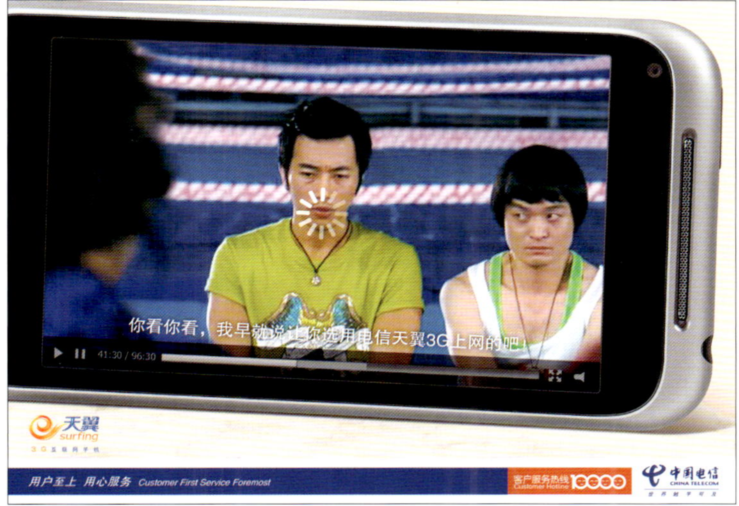


篇名：责怪篇

客户：中国电信股份有限公司湖南分公司
产品/品牌：天翼3G
创意总监：龚珏瑾
创意：Anyway
文案：Anyway 张章章 曹彤茜
美术指导：苏哲
设计：TheSue PPT
制作：TheSue

长沙反正广告有限公司

篇名：鸡生蛋篇

篇名：裸机篇

篇名：三星机篇

篇名：双11篇

客户：上海移动　产品/品牌：上海移动商城
创意总监：黄玮　创意：黄玮　文案：黄玮
美术指导：覃小蕾　设计：黄宇佳 侯佳安

北京九易正通广告有限公司

篇名：陷阱篇

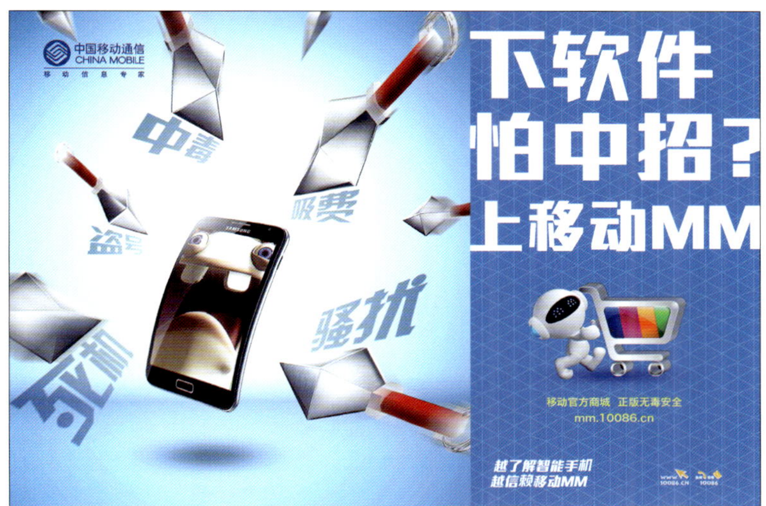


篇名：飞镖篇

篇名：地雷篇

客户：中国移动
产品/品牌：MM应用商场
创意总监：张锐
创意：九易河南团队
文案：赵明洁
美术指导：夏荣华 车海鹏
设计：刘杭

北京九易正通广告有限公司

**篇名：**绳命篇

**篇名：**施主篇

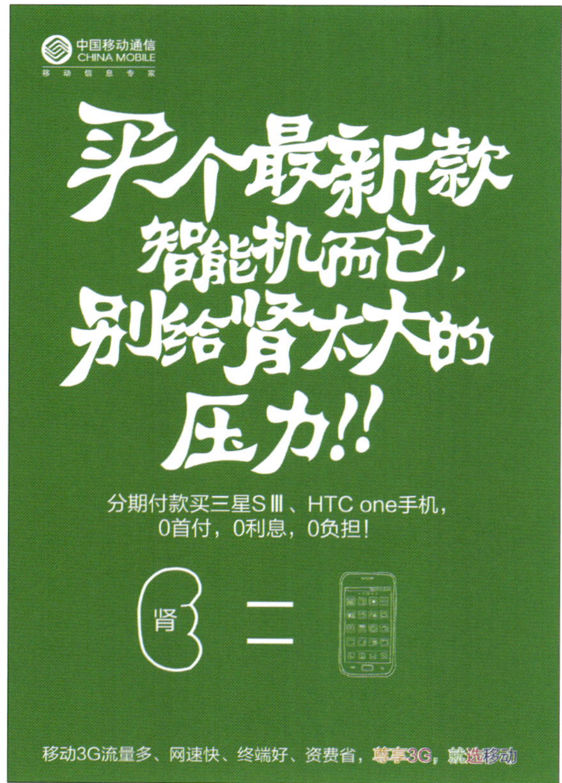


**篇名：**压力篇

**客户：**中国移动通信集团内蒙古有限公司
**产品/品牌：**流量套餐服务
**创意总监：**张燕苏
**创意：**张燕苏 刘美秀
**文案：**李晓蓉
**美术指导：**刘美秀
**设计：**高同宇

篇名：学妹篇

篇名：草泥马篇

篇名：大叔篇

客户：河南移动
产品/品牌：灵犀客户端
创意总监：张锐
创意：九易河南团队
文案：楚晨阳
美术指导：夏荣华
设计：刘杭

北京九易正通广告有限公司

客户：无线生活（北京）信息技术有限公司
产品/品牌：口袋购物APP应用
篇名：口袋购物篇
创意总监：刘坚
创意：张野智
文案：张野智
美术指导：马新辉
设计：窦怿坤

省广合众（北京）国际传媒广告有限公司

篇名：堂吉诃德篇

篇名：桃园三杰篇

篇名：唐僧师徒篇

客户：中国移动通信
产品/品牌：手机阅读
创意总监：王云 李遥
创意：王云
文案：王瑜
美术指导：程震宇
设计：程震宇 万谦 饶伟君

南京银都奥美广告有限公司

客户：中国移动通信集团内蒙古有限公司
产品/品牌：数据业务　　篇名：老呼市篇
创意总监：张燕苏　　创意：张燕苏 郝静　　文案：王莎莎
美术指导：郝静　　设计：苏小东 高同宇 郎俊龙

北京九易正通广告有限公司

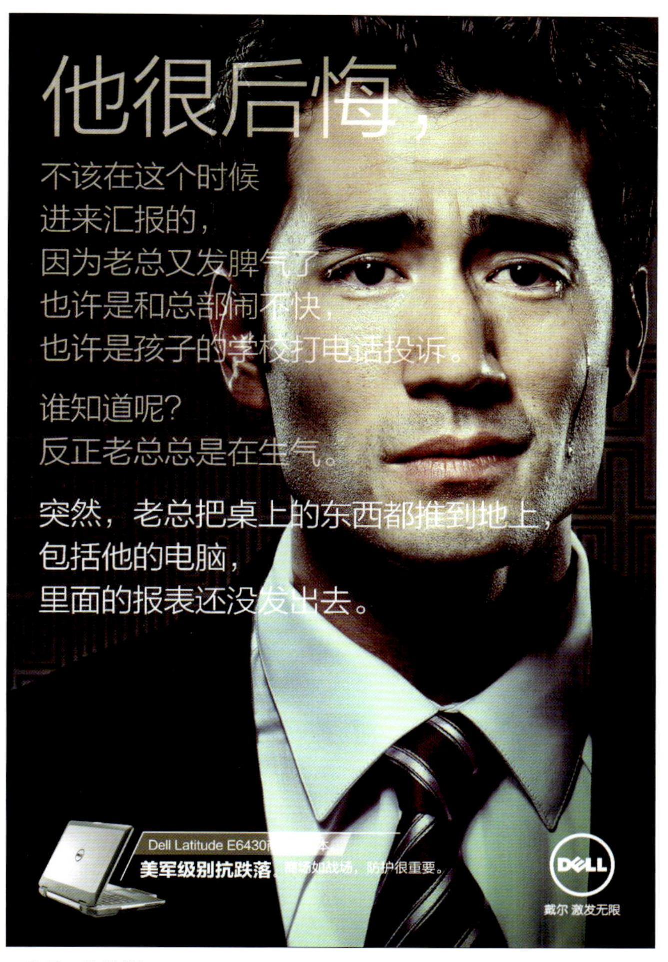


篇名：防跌篇

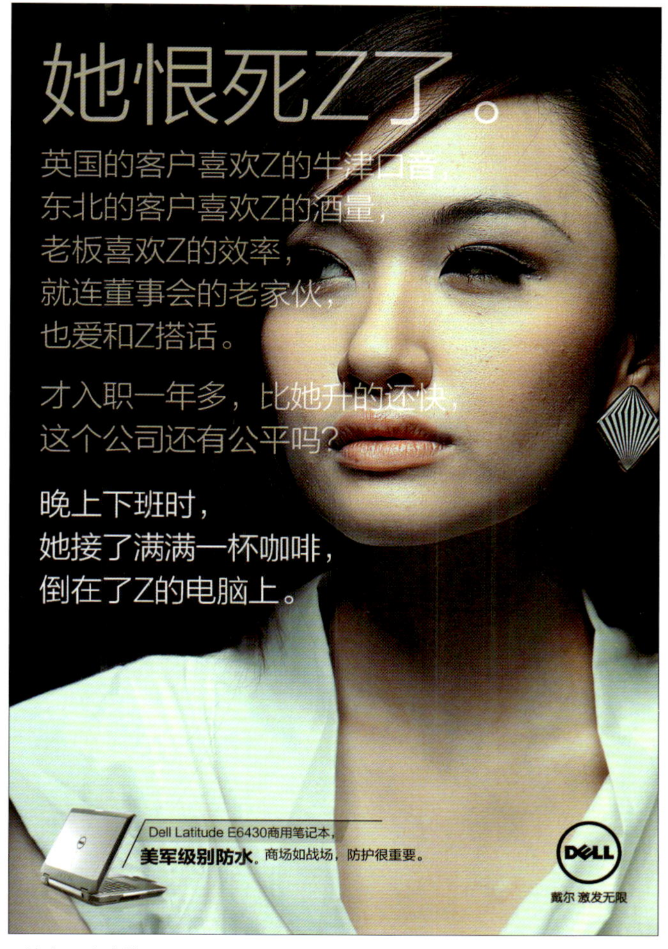


篇名：防水篇

**客户：**戴尔
**产品/品牌：**军用级笔记本
**创意总监：**王文华
**创意：**程灿
**文案：**程灿
**设计总监：**韩华
**设计：**韩华

北京视新天元广告有限公司

篇名：大屏篇

篇名：高清篇

篇名：高速篇

篇名：耐用篇

客户：中国移动通信集团湖南省公司　　产品/品牌：湖南移动3G智能手机

创意总监：尹云从 孙国汀　　创意：创意三组　　文案：杨元佳 许诗淮

美术指导：孙国汀　　设计：周雪琳 刘争明

长沙盛美广告有限公司

红色·十月

即日起至2013年10月7日，凡在HTC指定门店购买指定活动机型

可获赠原装配件等红动大礼

数量有限，赠完即止，活动详情，请咨询HTC销售人员

扫描二维码了解更多

客户：HTC　产品/品牌：HTC NEW ONE红色版　篇名：红色十月篇
创意总监：王文华　创意：李依然　文案：李依然
设计总监：韩华　设计：李依然　制作：李依然

北京视新天元广告有限公司

客户：HTC
产品/品牌：HTC ONE
篇名：笑脸篇
创意总监：王文华
创意：韩华 王文华
文案：王文华
设计总监：韩华
设计：韩华

北京视新天元广告有限公司

**客户：** 中国移动通信集团湖南省公司
**产品/品牌：** 移动老人机
**篇名：** 微型字篇
**创意总监：** 尹云从 宋启源
**创意：** 创意二组
**文案：** 唐八国 单慕莎 彭淑兰
**美术指导：** 孙国汀
**设计：** 尹雨蕾 黄亚峰
**制作：** 尹雨蕾

**客户：** 中国移动通信集团湖南省公司
**产品/品牌：** 湖南移动三星NoteII
**篇名：** 遮脸篇
**创意总监：** 尹云从 孙国汀
**创意：** 创意三组
**文案：** 杨元佳
**美术指导：** 孙国汀
**设计：** 刘争明

长沙盛美广告有限公司

客户 SONY　产品/品牌：L36H手机　篇名：专业影像篇
创意总监：王文华　创意：张钦辉　文案：张钦辉
设计总监：张钦辉　设计：张钦辉　制作：张钦辉

北京视新天元广告有限公司

**客户：**尼康映像仪器销售（中国）有限公司
**产品/品牌：**尼康镜头
**篇名：**广到超乎想象篇
**创意总监：**董毅
**创意：**闻天雪
**文案：**闻天雪
**美术指导：**亢晓东
**设计：**闻天雪
**制作：**闻天雪

北京互通联合国际广告有限公司

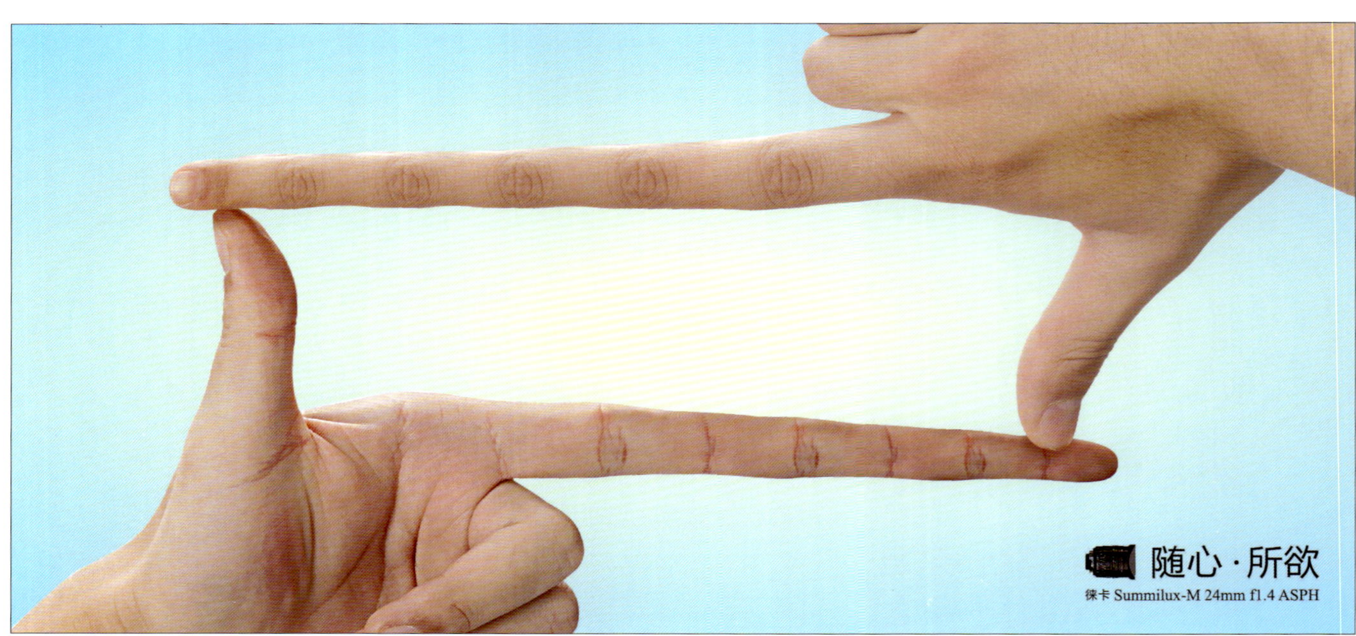


**客户：**德国徕卡
**产品/品牌：**徕卡镜头
**篇名：**手篇
**创意总监：**郑诗明
**创意：**闫国荣
**文案：**陈华
**美术指导：**亢晓东
**设计：**闫国荣
**制作：**闫国荣

北京互通联合国际广告有限公司

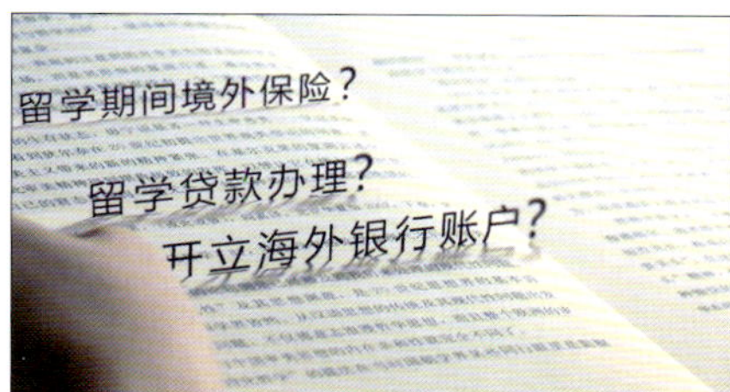

**声音及字幕：**

字幕：留学期间境外保险？留学贷款办理？开立海外银行账户?安全的国际汇款？轻松打理外汇资金？预结汇汇款？更方便的信用卡？携带外币现金？购买多种外汇？简便的移民手续？配置海外资产？境外实地考察？开具存款证明？在华个人贷款？人民币兑换？

旁白：出国留学，更轻松。海外工作，更便捷。出境旅游，更安心。投资移民，更无忧。来华游访，更随心。出国金融服务，选中国银行就对了。中国银行，全球服务。

**创意说明：**

本片通过一系列的视觉奇迹将复杂的出国金融问题化繁为简，最终所有的问题转化为一个个对号。出国留学更轻松，海外工作更便捷，出境旅游更安心，复杂的问题从此变简单。“出国金融服务，选中国银行就对了！”这就是为中国银行出国金融服务打造的品牌核心理念。

**客户：**中国银行股份有限公司
**产品/品牌：**出国金融
**篇名：**对号篇
**创意：**北京天下美传广告有限公司

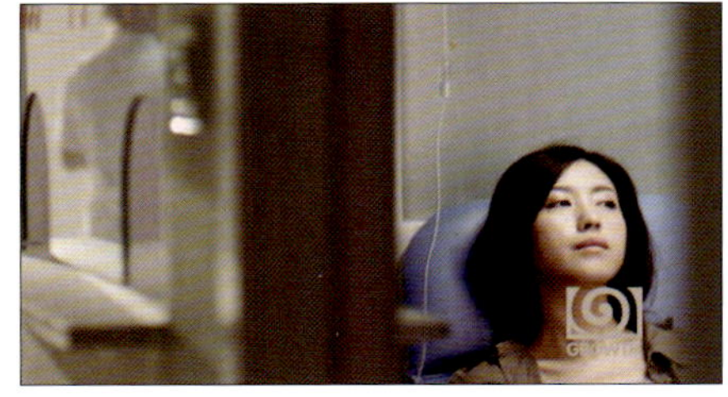

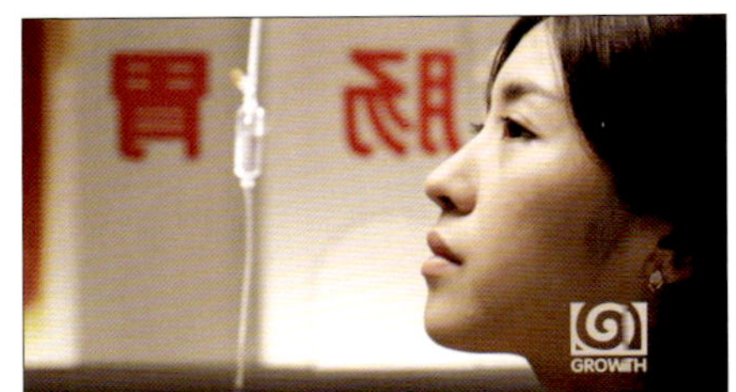

**创意说明：**

岁月穿过曾经乌黑的长发，爬上沾过汗水的额头。为了我们付出一切的父母渐渐老去。喧嚣的城市当中，我们为了生活而奔波忙碌，常常忘记了自己，而他们却无时无刻不在牵挂着我们。一顿热乎乎的晚饭，一次水电欠费缴款。爱，可以很简单。

**声音及字幕：**

爸爸：闺女，吃饭了吗？

女儿：吃过了，今儿自己做的。唉，我现在手艺又进步了，你们下回来尝尝。

爸爸：闺女，下班了吗？晚上视频吧！我和你妈都想见见你了。

女儿：哦，爸，晚上，晚上人家和朋友约好了要出去逛街，明天吧！

爸爸：你又要加班吧！

女儿：爸。

爸爸：唉，闺女，你上回说的那个小伙子什么时候带回来让我们瞅瞅啊？

女儿：哦，爸，我俩都挺好的！

爸爸：哦，哦，我们不在你身边，好好照顾自己啊！呦，嗨，是你妈她非要来的。

妈妈：我们来了才知道你燃气还没有充值。

爸爸：女儿不是忙嘛！现在缴费都挺方便的。你再忙也得把自个儿照顾好啊！

字幕：爱，可以很简单。

旁白、字幕：北京银行，真诚，所以信赖。

**客户：** 北京银行
**产品/品牌：** 北京银行
**篇名：** 女儿的谎言篇
**创意总监：** 大梁
**文案：** 宋欣坤
**美术指导：** 刘嘉殷
**制片：** 黄书璐 贾刚
**导演：** 大梁
**摄影：** 郑安坚
**剪辑：** 袁康耀
**音乐：** 大梁
**动画：** 景晓航
**灯光：** 彭俊峰
**美术：** 孔祥昊
**执行导演：** 朱志胜
**服化：** 马钰茗

水土阳光文化传播（北京）有限公司

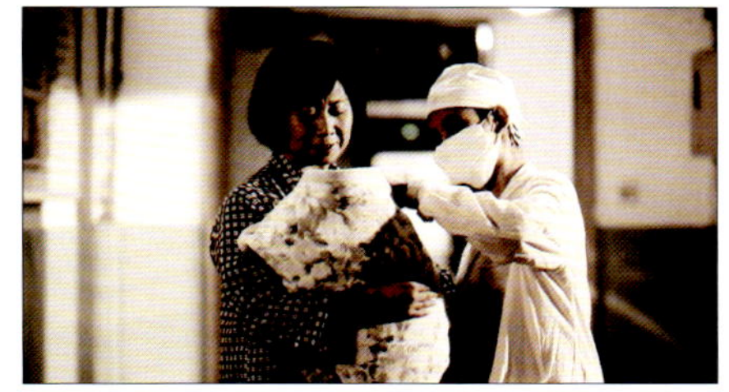

**创意说明：**

每个人在前行的路上，都有爱的陪伴与呵护。女儿重阳节临时出差，路上读了母亲的日记，忆起成长路上的喜乐艰辛，都有母亲奔波的身影，字里行间透着拳拳母爱。如同浙商银行e银行，伴您e路前行，共同创造价值。

**声音及字幕：**

女儿：嗯，好的，李总，我马上去机场了，好的，嗯。

妈妈：1983年7月15日，宝宝夜里突然高烧，不吃不喝，第一次碰到这样的情况，把我吓坏了。赶紧送她去医院，还好，及时治疗，很快就有了好转，放下心来。

女儿：妈，公司临时出差，今晚就不回来了，给您带了螃蟹和重阳糕。

妈妈：1994年6月1日，今天是儿童节，女儿的画在少年宫得了奖。她高兴坏了，她的画虽然不是最好的，但她就是喜欢，再苦再累她也愿意，我会一直陪着她。2000年7月14日，今天，女儿终于等来了大学的录取通知书，为之奋斗的日子虽然艰辛但也值得。等待的日子无比的漫长，女儿紧张我比她还紧张，女儿，你是妈妈最大的骄傲。

女儿：从小到大，母亲都在默默地给我关怀，她陪我走过了人生最重要的路，母亲以后的路也需要我的陪伴。胡师傅，不去机场了，现在掉头吧，我要回家。

字幕：一路创造价值，浙商e银行。浙商银行。

**客户：** 浙商银行股份有限公司
**产品/品牌：** e银行
**篇名：** 重阳篇
**创意总监：** 徐森程
**创意：** 范懿铭
**文案：** 范懿铭 杨矾
**美术指导：** 周毅
**设计：** 周毅
**制作：** 刘文峰
**制作公司：** 南京万宽文化传媒有限公司
**制片：** 马俊
**导演：** 张来诚
**摄影：** 张海峰
**剪辑：** 张卫龙
**音乐：** 郑齐放
**动画：** 张卫龙
**后期：** 徐展

**声音及字幕：**

字幕：重庆农村商业银行。

旁白、字幕：5年来，我们一直与您共同前行，助推中小微企，我们看见你的卓越梦想。支持三农产业，我们看见你的无限潜力。关爱社会民生，我们看见你的美好未来。真诚相伴，共同精彩。重庆农村商业银行。

**创意说明：**

真诚相伴，共享精彩。本方案结合重庆农村商业银行最具社会价值的三大方面进行品牌形象塑造。帮扶中小微企、支持三农建设、践行社会责任等，这些都是重庆农商行成立5年来的极具说服力的代表作。于是，我们在本片中以理性的思维方式，站在服务社会的思想高度上，以第一人称的方式，向社会大众自信地去呈现我们的观点和信念。因为这5年，不仅仅是农商行的五年，更是我们与社会大众一起成长，共同收获的五年。

**客户：**重庆农村商业银行
**产品/品牌：**重庆农村商业银行
**篇名：**远见篇
**创意总监：**陈诺
**创意：**陈诺
**文案：**陈诺
**美术指导：**小美
**客户总监：**肖力
**制作公司：**PO朝霆（Hong Kong）
**制片：**郭影
**摄影：**庄爷
**剪辑：**老K
**导演：**绍清
**音乐：**幻响
**动画：**TT

## 重庆饕餮广告有限公司

**声音及字幕：**

旁白：成长的路上信用收入温暖。耕耘的过程信用书写梦想。奋发的途中信用代表责任。幸福的生活信用积累财富。精彩的人生信用为您守护。

旁白、字幕：中国人民银行征信中心，伴您一生的信用记录者。

**创意说明：**

发动公众参加“信用记录者”活动，拍摄记录身边有关信用记录的故事上传至网上，并邀请网友对其进行信用等级打分。将公众在生活中的诚信行为量化成数据，增强公众对征信中心的认识。

**客户：**中国人民银行征信中心
**产品/品牌：**征信中心
**篇名：**伴您一生的信用记录者篇
**创意总监：**董毅
**创意：**邓卫国 董毅 郭志伟
**文案：**董毅 郭志伟
**设计：**亢小东 姜凡
**制作公司：**北京互通联合国际广告有限公司
**制片：**邓卫国
**导演：**李易威
**摄影：**温德光
**音乐：**创音阁

**篇名：**食物篇

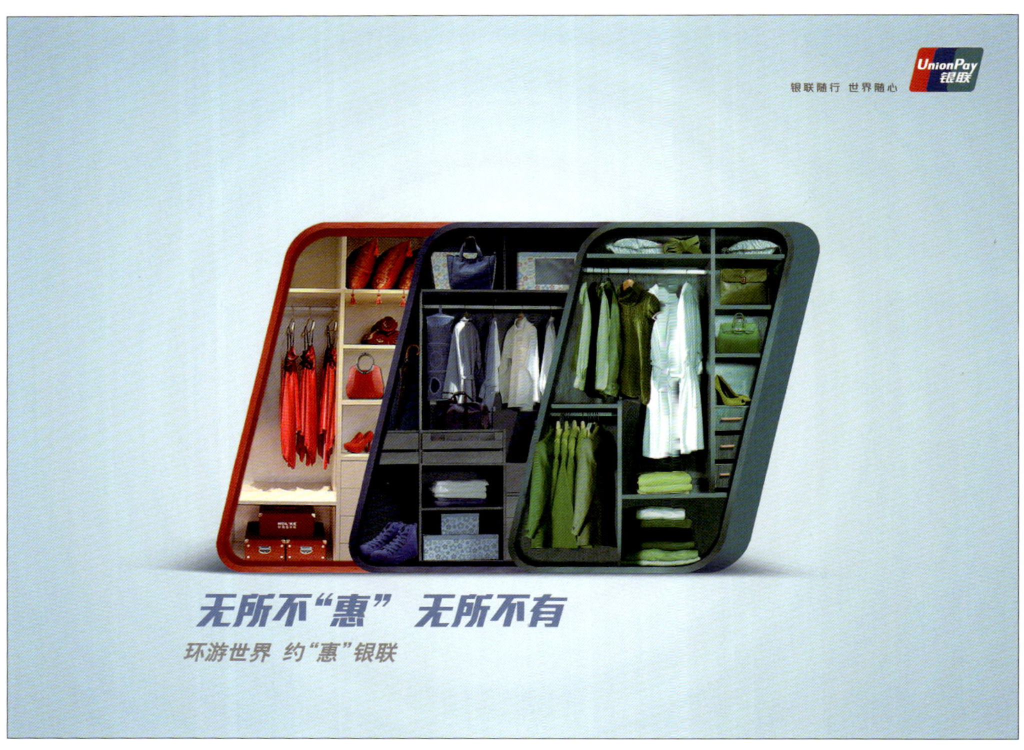


**篇名：**衣柜篇

**客户：**银联国际 **产品/品牌：**环游世界-约惠银联
**创意总监：**段续 **创意：**阿天 **文案：**阿天
**美术指导：**阿天 **设计：**阿天 **制作：**阿天

目朗国际品牌设计顾问（北京）有限公司

篇名：不是抽象画篇

篇名：不是写意画篇

篇名：不是织锦缎篇

**客户：**中国农业银行
**产品/品牌：**中国农业银行
**执行创意总监：**王来
**创意总监：**陈卓
**创意：**贺普罗
**文案：**史越
**美术指导：**贺普罗
**设计：**贺普罗

北京太阳堂广告有限公司

客户：中国银行　产品/品牌：中银信用卡　篇名：梦想篇
执行创意总监：王来　创意总监：陈卓　创意：荣志为
文案：史越　美术指导：荣志为　设计：荣志为

北京太阳堂广告有限公司

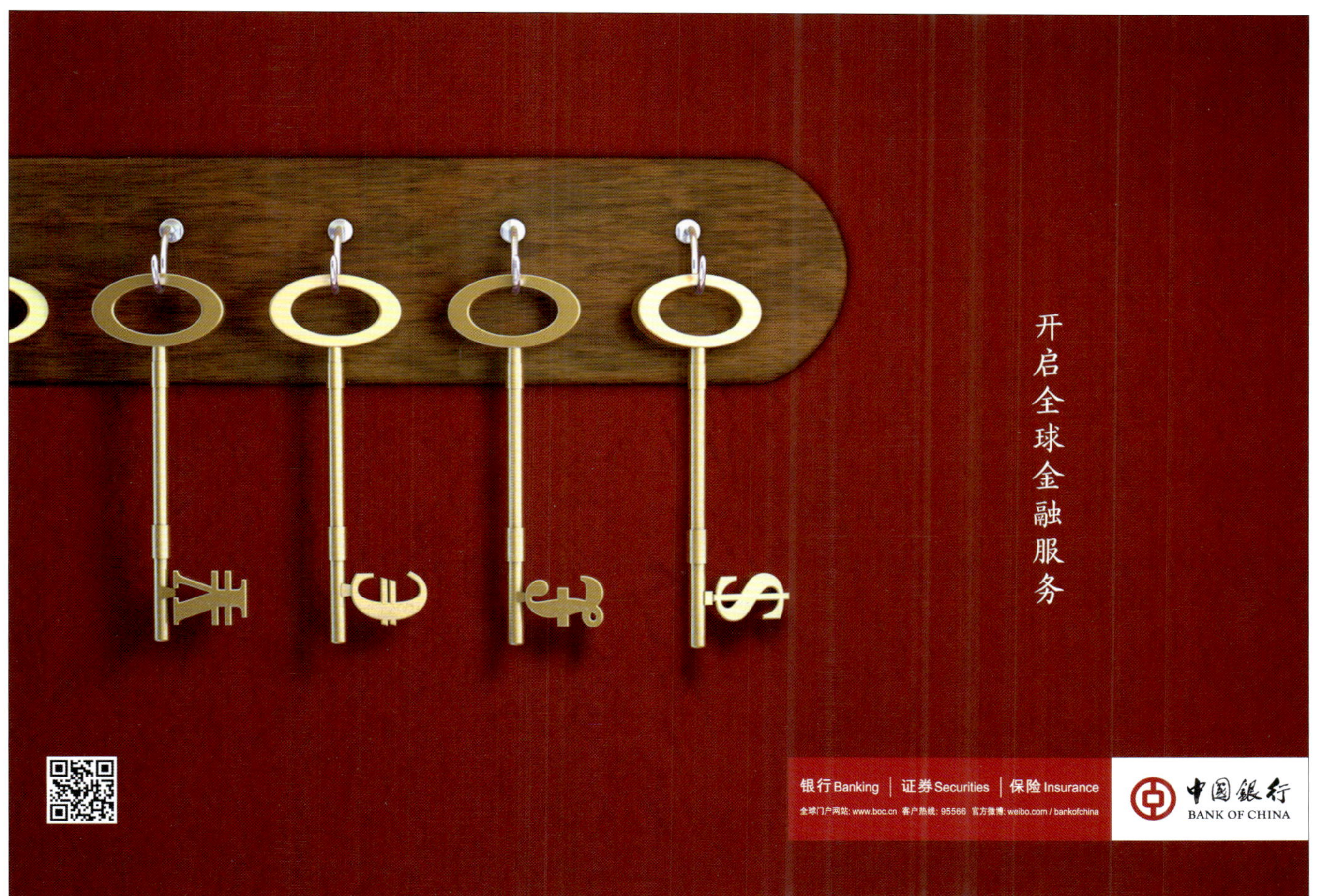


**客户：**中国银行　**产品/品牌：**中银全球现金管理　**篇名：**金钥匙篇

**执行创意总监：**王来　**创意总监：**陈卓　**创意：**张实

**文案：**张实　**设计：**张实

北京太阳堂广告有限公司

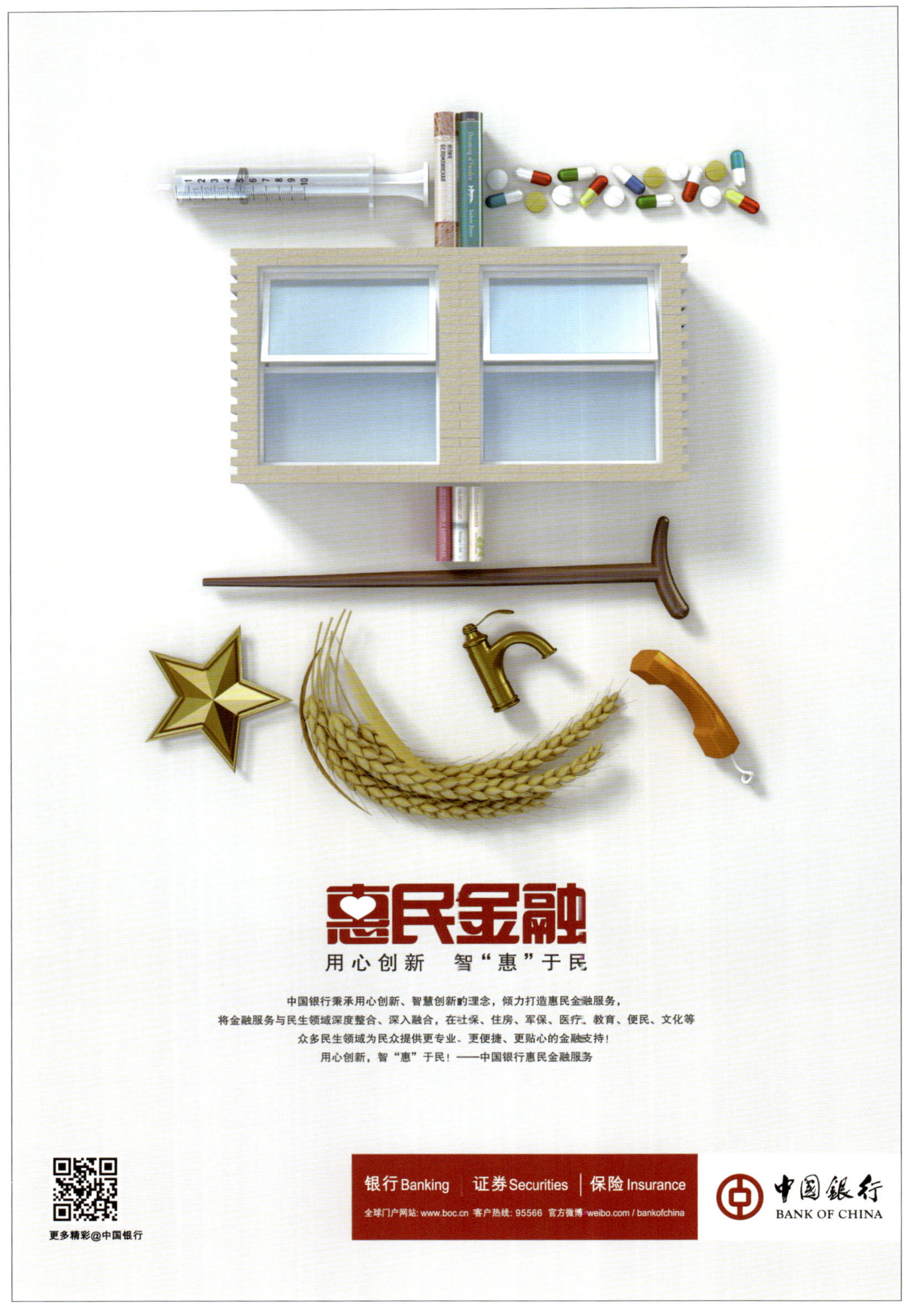


**客户**：中国银行　**产品/品牌**：惠民金融　**篇名**：实物篇
**执行创意总监**：王来　**创意总监**：陈卓　**创意**：贺普罗　**文案**：陈卓
**美术指导**：贺普罗　**设计**：贺普罗　**制作**：吴玮

北京太阳堂广告有限公司

客户：中国银行　产品/品牌：惠民金融　篇名：心声篇
执行创意总监：王来　创意总监：陈卓　创意：贺普罗
文案：陈卓　美术指导：贺普罗　设计：贺普罗 荣志为

客户：中国银行　　产品/品牌：个人金融　　篇名：幸福理财篇
执行创意总监：王来　　创意总监：陈卓　　创意：张实
文案：张实　　设计：张实

北京太阳堂广告有限公司

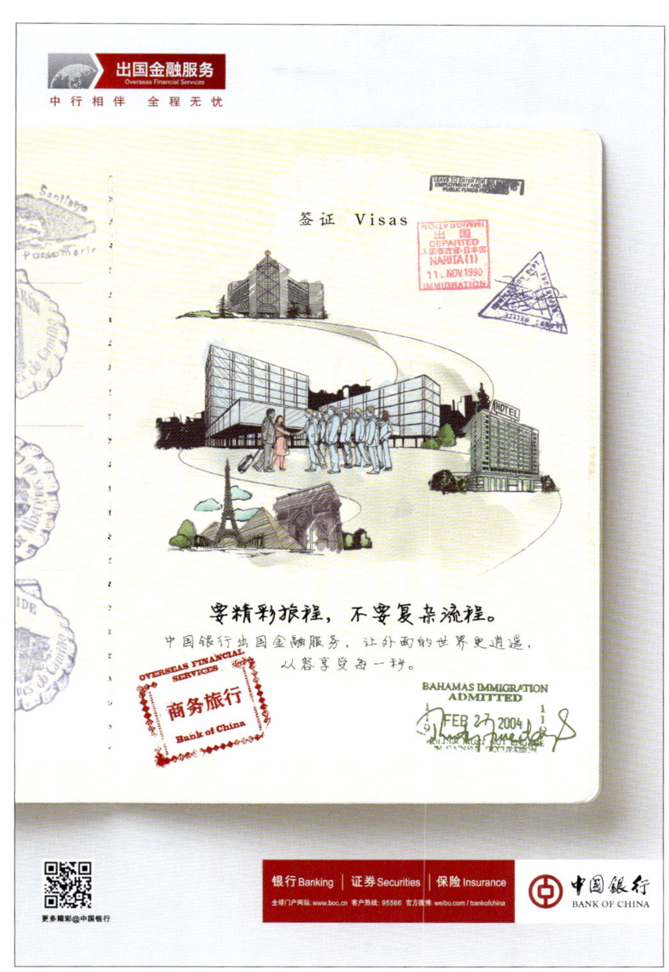

篇名：商务旅行篇

篇名：投资移民篇

客户：中国银行　产品/品牌：出国金融
执行创意总监：王来　创意总监：陈卓　创意：贺普罗　文案：史越
美术指导：贺普罗　设计：贺普罗　制作：张蓬鸥

北京太阳堂广告有限公司

篇名：国际商旅篇

篇名：海外工作篇

篇名：来华游访篇

篇名：投资移民篇

客户：中国银行
产品/品牌：出国金融
创意：北京天下美传广告有限公司

篇名：教师篇

篇名：乐师篇

客户：中国银行　　产品/品牌：爱心理财成长账户
执行创意总监：王来　　创意总监：陈卓　　创意：李晓龙
文案：赵刚　　美术指导：赵刚 李晓龙　　设计：李晓龙

北京太阳堂广告有限公司

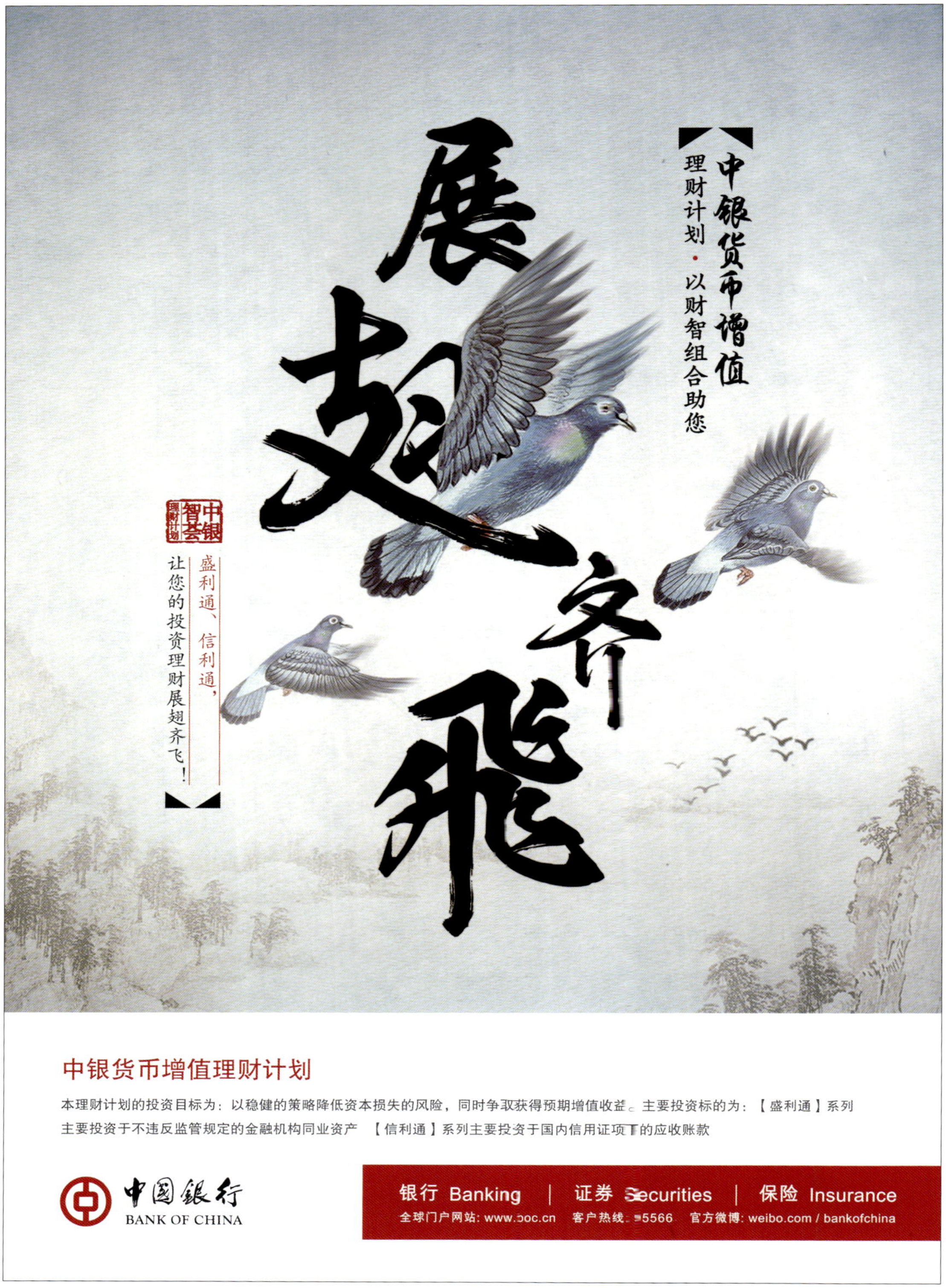

# 展翅齐飞

中银货币增值

理财计划・以财智组合助您

中银智荟 理财计划

盛利通、信利通，让您的投资理财展翅齐飞！

## 中银货币增值理财计划

本理财计划的投资目标为：以稳健的策略降低资本损失的风险，同时争取获得预期增值收益。主要投资标的为：【盛利通】系列主要投资于不违反监管规定的金融机构同业资产 【信利通】系列主要投资于国内信用证项下的应收账款

银行 Banking | 证券 Securities | 保险 Insurance

全球门户网站：www.boc.cn 客户热线：95566 官方微博：weibo.com / bankofchina

客户：中国银行　产品/品牌：中银货币增值理财计划　篇名：展翅齐飞篇

执行创意总监：王来　创意总监：陈卓　创意：史越 李晓龙

文案：史越　美术指导 赵刚 李晓龙　设计：李晓龙

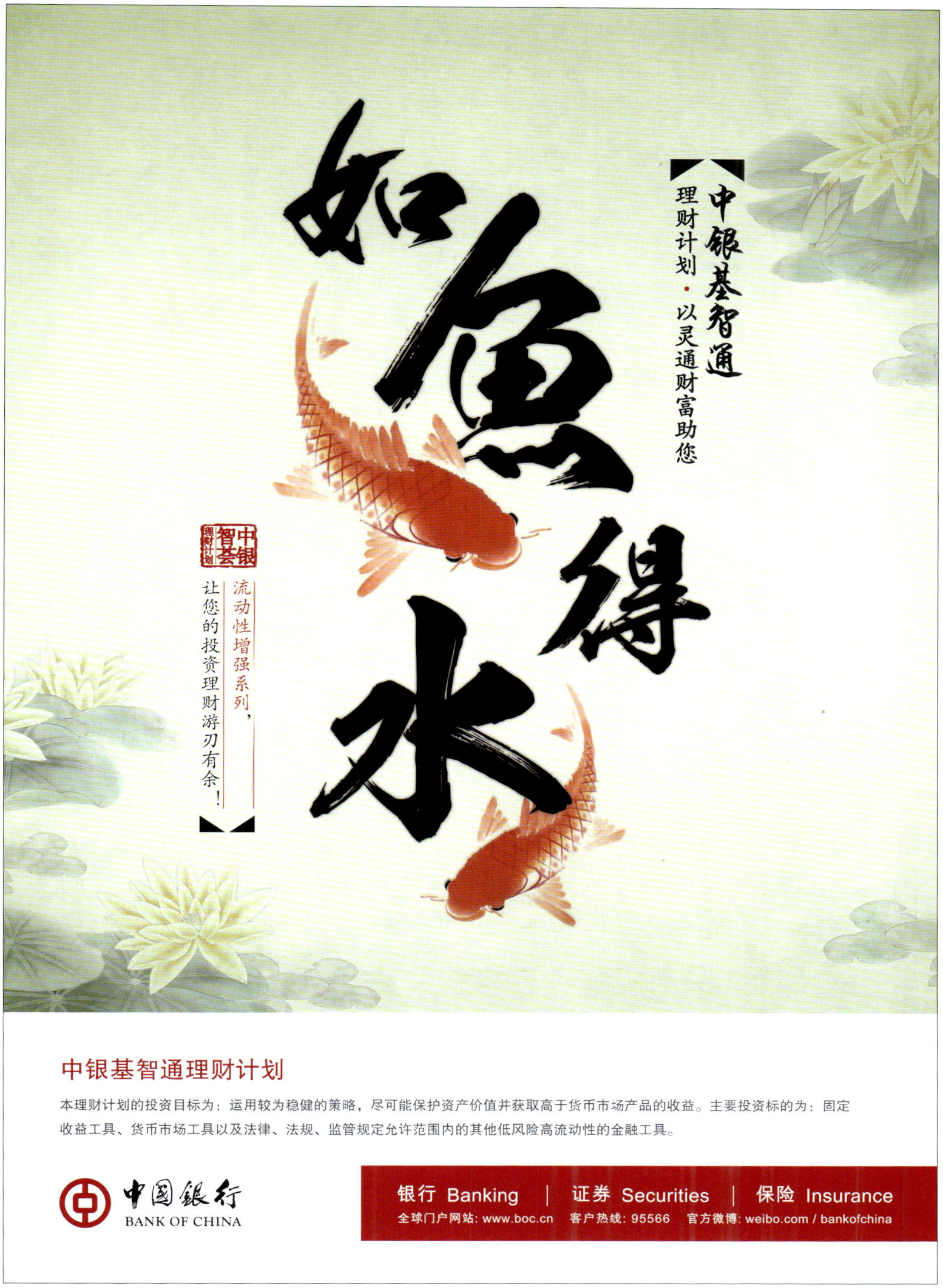

# 如鱼得水

中银基智通

理财计划·以灵通财富助您

中银智荟 理财计划

流动性增强系列，

让您的投资理财游刃有余！

## 中银基智通理财计划

本理财计划的投资目标为：运用较为稳健的策略，尽可能保护资产价值并获取高于货币市场产品的收益。主要投资标的为：固定收益工具、货币市场工具以及法律、法规、监管规定允许范围内的其他低风险高流动性的金融工具。

银行 Banking ｜ 证券 Securities ｜ 保险 Insurance

全球门户网站：www.boc.cn 客户热线：95566 官方微博：weibo.com / bankofchina

客户：中国银行　产品/品牌：中银基智通理财计划　篇名：如鱼得水篇

执行创意总监：王来　创意总监：陈卓　创意：史越 李晓龙

文案：史越　美术指导：赵刚 李晓龙　设计：李晓龙

北京太阳堂广告有限公司

篇名：孔明篇

篇名：秦琼篇

篇名：悟空篇

客户：中国银行
产品/品牌：金融IC卡
执行创意总监：王来
创意总监：陈卓
创意：贺普罗 李晓龙
文案：陈丽霞
美术指导：贺普罗 李晓龙
设计：李晓龙

北京太阳堂广告有限公司

篇名：大桥篇　美术指导：严聪　设计：严聪　制作：严聪

篇名：河床篇　美术指导：赵楷　设计：赵楷　制作：赵楷

客户：中国银行　产品/品牌：小微金融

创意总监：于建滨　创意：于建滨　文案：于建滨

目朗国际品牌设计顾问（北京）有限公司

客户：兴业银行股份有限公司
产品/品牌：信用卡
篇名：外国人篇
创意总监：徐淼程
创意：范懿铭
文案：范懿铭
美术指导：周毅
设计：谢青 周毅 程建斌

篇名：回头鹿篇

篇名：相对论篇

客户：中国工商银行浙江省分行营业部　产品/品牌：小企业贷款业务
创意总监：宁少飞 吕上元　创意：江强　文案：江强 陈铃
美术指导：陆凯　设计：陆凯

浙江美洋广告有限公司

客户：中国民生银行　产品/品牌：小微金融　篇名：微机四伏篇

执行创意总监：王来　创意总监：陈卓　创意：苗肥

文案：史越　设计：苗肥

北京太阳堂广告有限公司

客户：中国民生银行　　产品/品牌：民生in卡　　篇名：吃喝玩乐in接不暇篇
执行创意总监：王来　　创意总监：陈卓　　创意：苗肥
文案：苗肥　　设计：苗肥

北京太阳堂广告有限公司

客户：中国民生银行　产品/品牌：女人花信用卡　篇名：艳后篇
执行创意总监：王来　创意总监：陈卓　创意：边伟
文案：边伟　设计：边伟

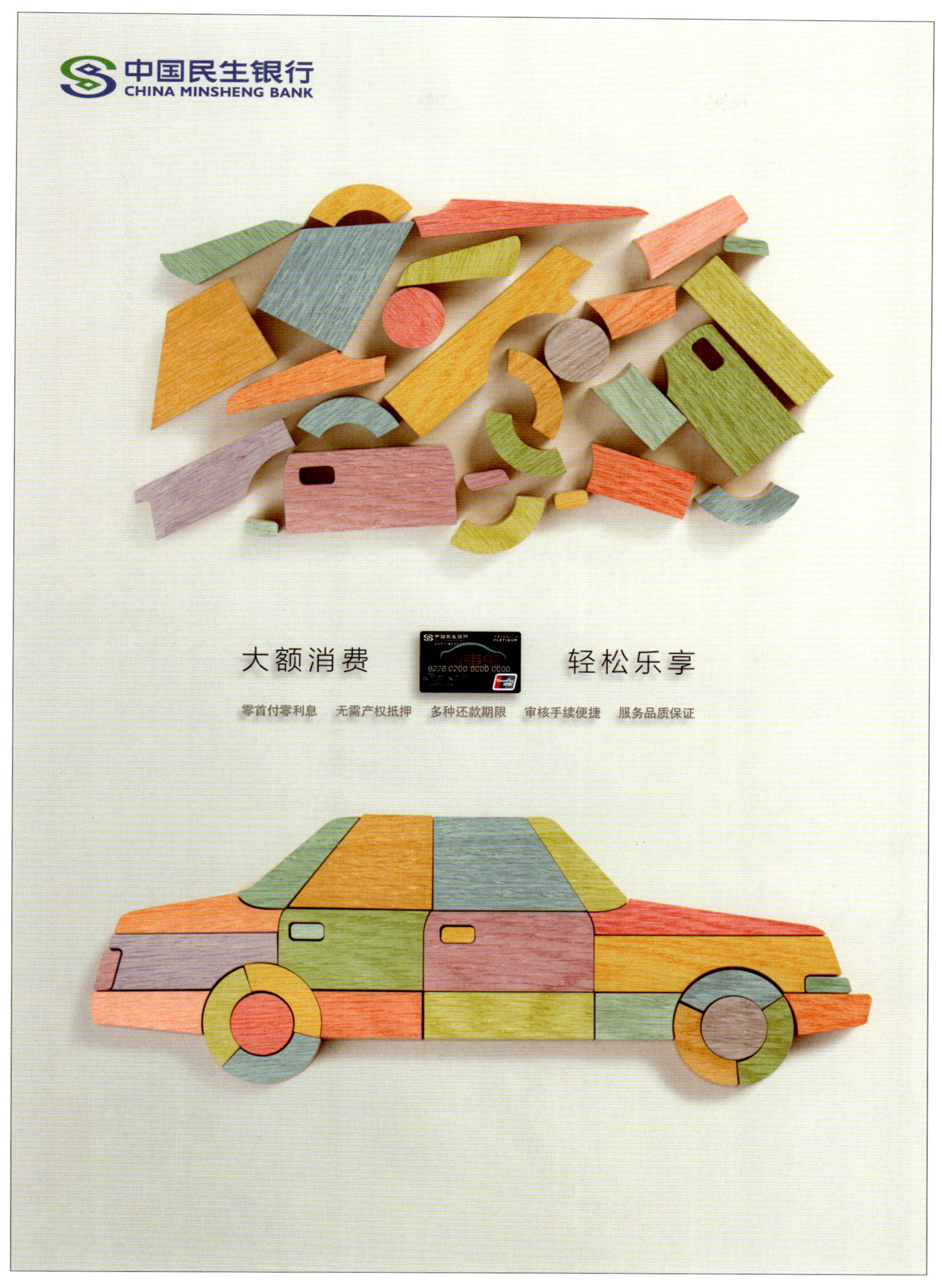


**客户：**中国民生银行　**产品/品牌：**汽车分期信用卡　**篇名：**积木篇
**执行创意总监：**王来　**创意总监：**陈卓　**创意：**张实
**文案：**张实　**设计：**张实

北京太阳堂广告有限公司

**客户：**中国民生银行 **产品/品牌：**小鬼当家卡 **篇名：**梦想篇
**执行创意总监：**王来 **创意总监：**陈卓 **创意：**苗肥
**文案：**苗肥 **设计：**苗肥

北京太阳堂广告有限公司

客户：中国民生银行　产品/品牌：小鬼当家特色借记卡　篇名：GLOBAL篇
执行创意总监：王来　创意总监：陈卓　创意：张实
文案：张实　设计：张实

北京太阳堂广告有限公司

篇名：地铁篇　美术指导：赵楷　设计：赵楷　制作：赵楷

篇名：咖啡篇　美术指导：白万宇　设计：白万宇　制作：白万宇

客户：中国光大银行
产品/品牌：阳光e付
创意总监：于建滨
创意：于建滨
文案：孙艳艳

目朗国际品牌设计顾问（北京）有限公司

篇名：法国篇

篇名：新加坡篇

篇名：英国篇

客户：中国建设银行
产品/品牌：境外人民币
创意总监：于建滨
创意：于建滨
文案：于建滨
美术指导：赵楷
设计：赵楷
制作：赵楷

目朗国际品牌设计顾问（北京）有限公司

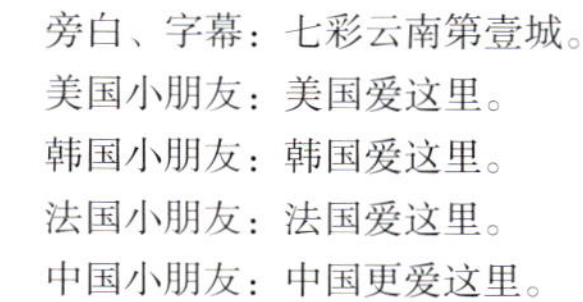

**声音及字幕：**

旁白、字幕：七彩云南第壹城。

美国小朋友：美国爱这里。

韩国小朋友：韩国爱这里。

法国小朋友：法国爱这里。

中国小朋友：中国更爱这里。

旁白：全世界都爱这里。七彩云南第壹城。

**创意说明：**

如何表现产品的好？这可能是所有企业主都头疼且亟待解决的问题，自夸不到位，反而可能会适得其反，但从小孩子口中说出的话，通常是最容易打动人的。本片通过借助小孩子单纯、可爱且亲和力十足的形象，瞬间拉近与我们的目标受众的距离感。以来自世界各地小孩子们的口吻说“全世界都爱这里”，表现产品优越性的同时又营造了轻松、和谐的氛围，且极具感染力和调动性，同时结合飞船、云雾、大象等元素，既高端大气，又不失云南特色。

**客户：**诺仕达集团

**产品/品牌：**七彩云南第壹城

**篇名：**飞船篇

**创意：**叶茂中营销策划机构

**声音及字幕：**

旁白：有一种生活影响城市高度，星湖东岸，恒裕海湾。

旁白、字幕：城市中轴核心，龙脉中央。

字幕：世界旅游小姐指定采景基地，世界旅游小姐冠军。

旁白：珍稀三期，成熟绽放。

字幕：星湖东岸·首席国际社区；恒裕集团，用心建造您的家。

**创意说明：**

本片围绕恒裕海湾推广语“有一种生活，影响城市高度”为主线，借助世界旅游小姐的“国际、美丽、高端”形象，营造一种高格调的国际生活状态，使用实景拍摄，将“恒裕海湾——国际社区”的三大核心优越通过高格调生活氛围传达出去，表现恒裕海湾的整体优势和国际形象，让受众潜移默化的感受到恒裕海湾所倡导的国际生活方式，领悟恒裕海湾的国际社区理念。

**客户：**恒裕海湾
**产品/品牌：**恒裕海湾
**篇名：**星湖东岸篇
**制作：**广州思源广告有限公司

广州思源广告有限公司

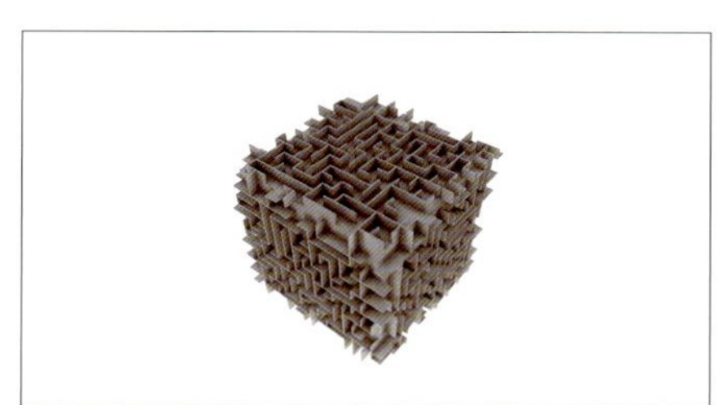

**声音及字幕：**

旁白、字幕：集智生活，I家有道。

旁白：都市生活迷宫，亟待鲜活色彩。人居新物种IH震撼登顶。集成化家庭伺候平台撼世巨献。

旁白、字幕：IH强势聚合国际尖端品牌，关注3894个生活细节。

旁白：面面俱到，伺服家庭生活。

旁白、字幕：2012IH集成化家庭生活伺服平台。

旁白：跨时代的翻启人居新篇，贡献尖端科技人居生活。

旁白、字幕：集智生活，I家有道。

**创意说明：**

以“都市生活迷宫”作为创意发散点，将立体迷宫与现代城市的形状结合起来做展示，从视觉上凸显集成、聚合的感觉，将IH集成化家庭伺服平台的概念进行精炼传递。

**客户：**重庆宗申产业集团
**产品/品牌：**宗申IH成品住宅
**篇名：**3D篇
**创意总监：**杨畅
**创意：**杨畅
**文案：**王音
**美术指导：**张艺新
**设计：**龚琦
**制作：**杨彦 黄文玺
**制作公司：**重庆巨蟹数码影像有限公司
**制片：**杨世洪
**导演：**李军
**摄影：**黄超
**剪辑：**张艺新
**音乐：**凌刚琴
**动画：**韦青源

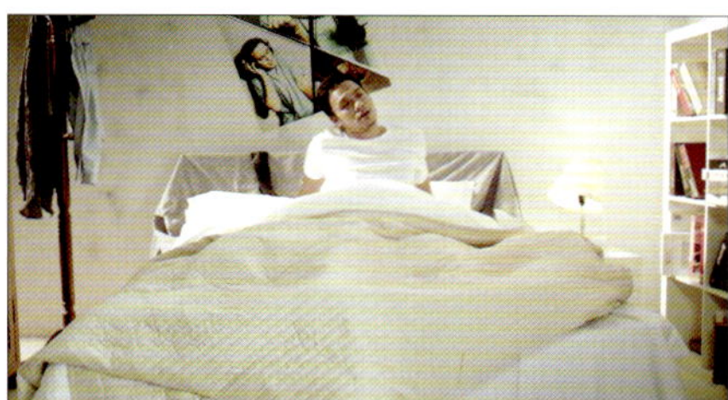

**声音及字幕：**

旁白、字幕：有了IH，生活完全不一样。集智生活，I家有道，IH集成化成品住宅。

**创意说明：**

以蝴蝶效应为创意原点，从杂乱家居生活中的小问题进行衍生，睡眼惺忪的男主角遭遇了一连串突发事件。采取夸张的视觉表达，让人意识到家居环境的重要性，以此带出“有了IH，生活将完全不一样”，用呈对比的全新生活来诠释IH全方位解决家庭生活之道。

**客户：** 重庆宗申产业集团
**产品/品牌：** 宗申IH集成型住宅
**篇名：** 概念篇
**创意总监：** 陈达彬
**创意：** 王黎黎
**文案：** 王黎黎
**美术指导：** 陈咏茹
**设计：** 杨畅
**制作：** 陈达彬
**制作公司：** 重庆巨蟹数码影像有限公司
**制片：** 张彭
**导演：** 陈达彬 陈嘉秋
**摄影：** 吴祖略
**剪辑：** 阿真
**音乐：** 保罗
**动画：** 杨世洪

重庆巨蟹数码影像有限公司

**声音及字幕：**

字幕：欧博星座。

**创意说明：**

借鉴童话《杰克与豌豆》的创意，制作了一株穿越云层的巨大植物，男主角爬上顶端，用颜料和笔在夜空画出一片繁星。散落的星尘覆盖大地，渗透森林。最后繁星的光芒汇聚为项目案名。全片营造的梦幻氛围有别于常规的地产广告，引出城市中的梦想剧场主题概念。

**客户：**重庆欧博房地产开发有限公司
**产品/品牌：**欧博星座
**篇名：**概念篇
**创意总监：**杨畅
**创意：**王黎黎
**文案：**王黎黎
**美术指导：**冉东
**设计：**陈达彬
**制作：**纪涛 敖铁军 陈婷
**制作公司：**重庆巨蟹数码影像有限公司
**制片：**杨世洪
**导演：**龚琦
**摄影：**陈磊
**剪辑：**曾维曦
**音乐：**曾维曦
**动画：**龚琦

重庆巨蟹数码影像有限公司

**声音及字幕：**

旁白、字幕：杨家坪，杨家坪沿途，走不走，5角一个。杨家坪，快一步，5角，走不走师兄。最后一个，儿嚯！上车都走！

字幕：九龙地。

歌词：同热爱这片土地，我们刻骨铭记。离不开忘不了，也是九龙地。

……

乘客：师傅在前面刹一脚。

售票员：黑娃，黄角坪有下。

字幕：是万科生活也是九龙生活。

旁白：2013，万科双盘礼献九龙。

**创意说明：**

万科以品牌的姿态在新城市或者新区域落地，其创造的价值应该是独特的，作为“本土生活形态欣赏者和进步者”的角色，此次万科在重庆九龙坡区的新项目落地，以一支属于九龙坡人、属于重庆人的MV切入：“是万科生活，也是九龙生活。”

**客户：**重庆万科银翔置业有限公司

**产品/品牌：**万科西九商业SOHO

**篇名：**品牌入市MV创作篇

**创意总监：**姚程　李晓林

**创意：**李晓林

**文案：**李晓林

**美术指导：**欧翔

**设计：**欧翔

**制作公司：**重庆高戈广告有限责任公司

**导演：**秦平

**音乐：**阿达

重庆高戈广告有限责任公司

**声音及字幕：**

字幕：低密度、全生态。立体交通，企业云平台，100万人的财富中心！200%超高实得率。合金。

**创意说明：**

采用实拍结合三维动画，通过按下一个按钮，实现场景切换，从视觉上直观的表现项目“颠覆传统企业空间理念”这一特质。影片设计出一个充满未来感和科技感的庞大场景，以云层中的多维立体城市来喻意耀凯合金项目为企业发展所提供的广阔空间。

**客户：**重庆耀凯子置业有限公司
**产品/品牌：**耀凯合金
**篇名：**入市篇
**创意总监：**杨畅
**创意：**王音
**文案：**王音
**美术指导：**陈达彬
**设计：**李军
**制作：**杨彦 贾俊锋 陈立
**制作公司：**重庆巨蟹数码影像有限公司
**制片：**杨世洪
**导演：**熊建
**摄影：**陈磊
**剪辑：**凌刚琴
**音乐：**凌刚琴
**动画：**杨彦 熊建

**诚信，是彼此信任的陪伴和守护。诚信，是历经岁月的不离不弃。**

二十余年来，万通地产不断绿色“诚”长——住了多年的社区公共区域，因万通出资，可以翻修改建，历久增值；老旧社区的生态环境，因万通公益基金会资助，可以旧貌新颜，生机盎然；使用了十年的绿色健康住宅核心设备，因十年保修承诺，可以历经风雨，安枕无忧……

一项项绿色诚信行为的背后，是秉持“客户第一”的万通地产多年来对客户的体贴与关怀，是万通地产对客户诚信与责任的行为表达，更是万通绿色公司发展战略的深耕和拓展。

以诚信为地基，筑建万通绿色家园。

客户：万通
产品/品牌：万通地产
篇名：绿色诚长篇
创意总监：王文华
创意：王文华 刘志坚
文案：王文华
设计总监：刘志坚
设计：刘志坚
制作：谭世军

北京视新天元广告有限公司

**绿色与诚信，用行动来说话。**

“真是变样了！”，每一个经过北京什刹海社区的居民都会有这样的感叹。在这个老旧社区，通过万通公益基金会资助，NGO组织北京爱思创新机构组织动员什刹海地区社区居民开展了社区绿色种植、社区垃圾处理与循环利用，改善老旧社区生态景观和生态服务功能。绿色新生，旧貌新颜。

在北京、天津、成都、杭州等地，万通公益基金会在50多个社区都在资助开展着这样的生态社区改善项目，直接惠及20多万社区居民。万通地产每年拿出利润的0.5%捐赠给万通公益基金会，用于这些社会公益事业。除此之外，万通地产还参与创建并连续十年资助阿拉善SEE生态协会，致力于西部地区荒漠化治理；作为理事单位，参与发起创立壹基金。

**绿色与诚信，用行动来说话。**

成都万通金牛新都会的业主是自豪的，因为开发商邀请他们一起参与社区景观规划。在基础景观规划的框架下，业主们根据自己的需要，纷纷建言献策，提出了100多条问题与建议。经过设计师、开发商与业主的沟通之后，最终将这些建议充分地融入到了社区景观建设中。在这里，我的景观我做主。

对业主体贴和关怀的宣言，是秉持“客户第一”的万通地产多年来诚信对待每一名业主，视客户为终生的伙伴。这些行动是万通地产诚信与责任的行为表达，更是万通绿色公司发展战略的深耕和拓展。

以诚信为地基，筑建万通绿色家园。

客户：万通　产品/品牌：万通地产　篇名：倾听篇
创意总监：王文华　创意：王文华 刘志坚　文案：王文华
设计总监：刘志坚　设计：刘志坚　制作：谭世军

北京视新天元广告有限公司

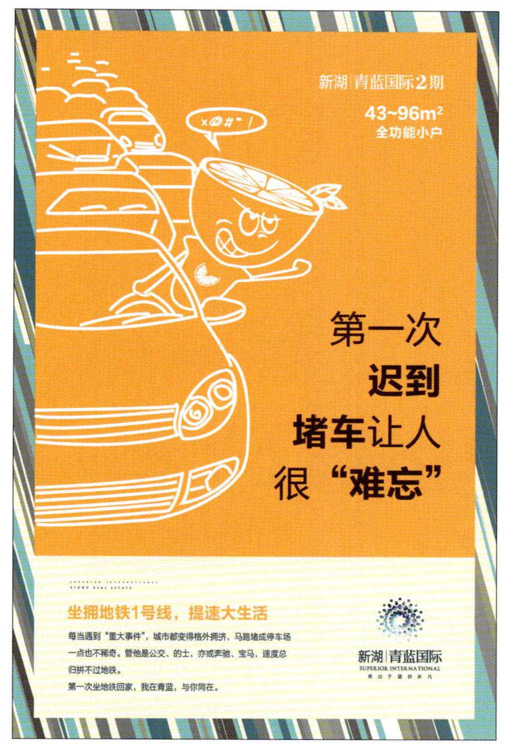

**客户：**新湖地产　**产品/品牌：**新湖青蓝国际　**篇名：**第一次微信篇

**创意总监：**代志恒　**创意：**佟晓姝　**文案：**侯南 郭菁菁

**美术指导：**代志恒　**设计：**孙莹　**制作：**孙莹

**沈阳精图企划有限公司**

客户：新湖地产
产品/品牌：新湖青蓝国际
篇名：青果篇
创意总监：代志恒
创意：代志恒
文案：刘欢
美术指导：代志恒
设计：孙莹
制作：孙莹

沈阳精图企划有限公司

| | | |
|---|---|---|
| 客户：新湖地产 | 产品/品牌：新湖青蓝国际 | 篇名：娱乐圈篇 |
| 创意总监：代志恒 | 创意：代志恒 侯南 | 文案：侯南 郭菁菁 |
| 美术指导：代志恒 | 设计：孙莹 | 制作：孙莹 |

沈阳精图企划有限公司

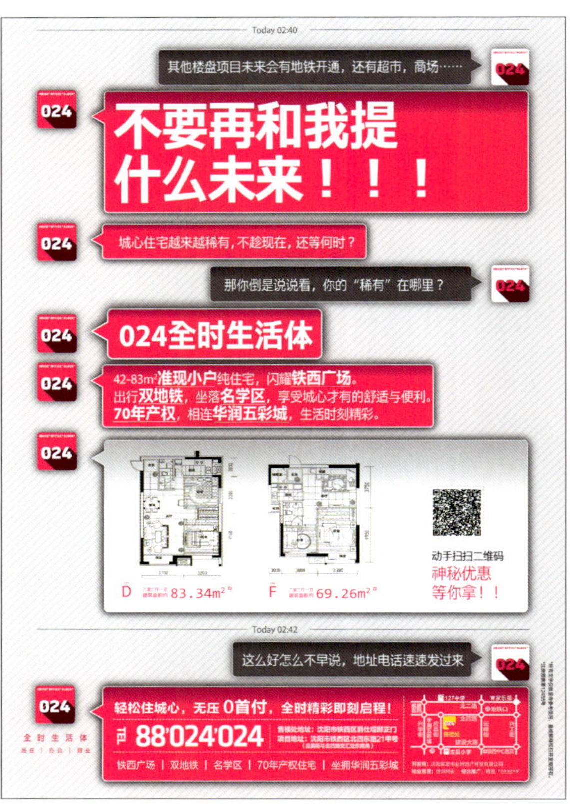

客户：能发伟业
产品/品牌：024全时生活体
篇名：不要和我谈未来篇
创意总监：陈佳怡
创意：李健　王娜娜
文案：李健
美术指导：王娜娜
设计：王娜娜
制作：王娜娜　韩冰

沈阳精图企划有限公司

**客户：**保亿置业（杭州）有限公司
**产品/品牌：**保亿丽景山松果
**篇名：**松果篇
**创意总监：**许群
**创意：**应丰
**文案：**赵向红
**美术指导：**齐杰
**设计：**冯杰

杭州捷群广告有限公司

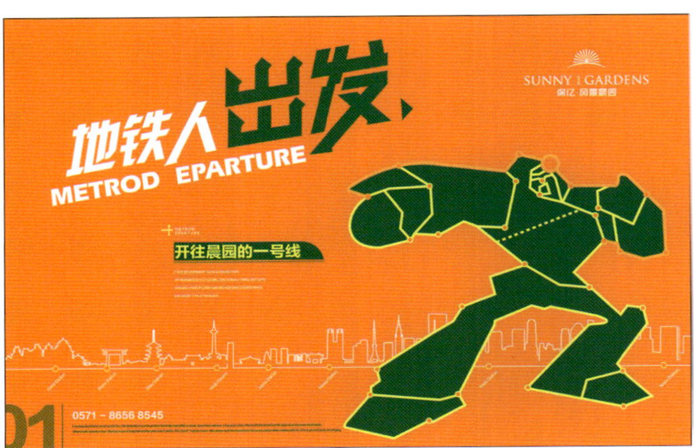

**客户：**保亿置业（杭州余杭）有限公司
**产品/品牌：**保亿风景晨园
**篇名：**地铁人篇
**创意总监：**许群
**创意：**许群
**文案：**应丰
**美术指导：**齐杰
**设计：**陈大海

**客户：**保亿置业（杭州余杭）有限公司
**产品/品牌：**保亿风景晨园
**篇名：**云朵篇
**创意总监：**许群
**创意：**许群
**文案：**应丰
**美术指导：**齐杰
**设计：**高斐斐

**杭州捷群广告有限公司**

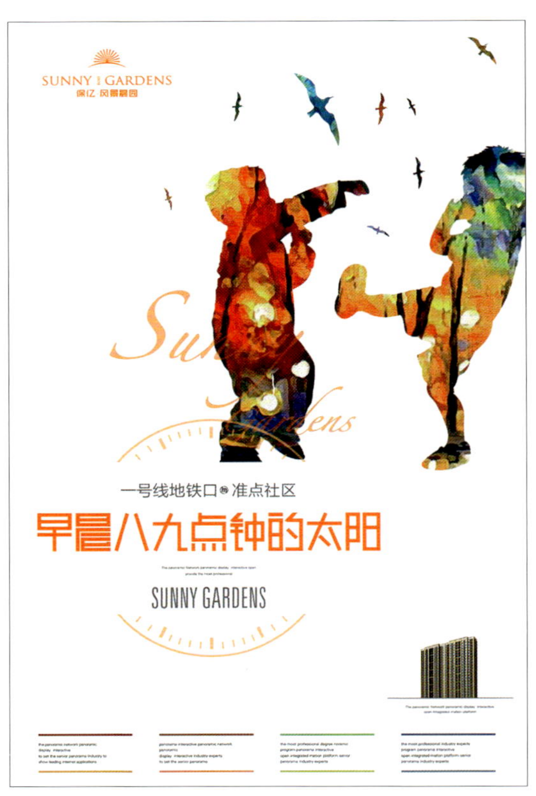

客户：保亿置业（杭州余杭）有限公司　　产品/品牌：保亿风景晨园　　篇名：剪影篇

创意总监：许群　　创意：许群　　文案：应丰

美术指导：齐杰　　设计：陈明德

客户：保亿置业（杭州）有限公司
产品/品牌：保亿老友山
篇名：老友山篇
创意总监：许群
创意：应丰
文案：赵向红
美术指导：齐杰
设计：吴浩

杭州捷群广告有限公司

**客户：**保亿置业（杭州）有限公司 **产品/品牌：**保亿老友山 **篇名：**老友山篇
**创意总监：**许群 **创意：**应丰 **文案：**赵向红
**美术指导：**齐杰 **设计：**熊明珠

杭州捷群广告有限公司

客户：杭州明朗置业有限公司　　产品/品牌：朗诗田园绿郡　　篇名：健康篇
创意总监：许群　　创意：许群　　文案：白兴林
美术指导：齐杰　　设计：高嘉

杭州捷群广告有限公司

客户：杭州良渚文化村开发有限公司
产品/品牌：万科良渚文化村秋荷坊
篇名：荷叶篇
创意总监：许群
创意：许群
文案：全小全
美术指导：齐杰
设计：高斐斐

杭州捷群广告有限公司

客户：杭州良渚文化村开发有限公司　产品/品牌：万科良渚文化村七贤郡　篇名：梦想篇
创意总监：许群　创意：许群　文案：全小全
美术指导：齐杰　设计：徐军海

杭州捷群广告有限公司

客户：杭州万科　产品/品牌：万科公园大道　篇名：树林人剪影篇
创意总监：许群　创意：许群　文案：许群
美术指导：齐杰　设计：冯杰

杭州捷群广告有限公司

客户：郡原地产
产品/品牌：公元里
篇名：包豪斯篇
创意总监：钱丐建
创意：钱丐建
文案：周宏
美术指导：沈路晖
设计：吴斐然

杭州行其道广告有限公司

客户：万通地产　　产品/品牌：上园国际　　篇名：园隐篇
创意总监：钱丐建　　创意：钱丐建　　文案：周宏
美术指导：沈路晖　　设计：吴斐然

## 杭州行其道广告有限公司

客户：华润新鸿基　产品/品牌：之江九里–润庄　篇名：江山名胜篇

创意总监：钱丐建　创意：钱丐建　文案：周宏

美术指导：沈路晖　设计：吴斐然

杭州行其道广告有限公司

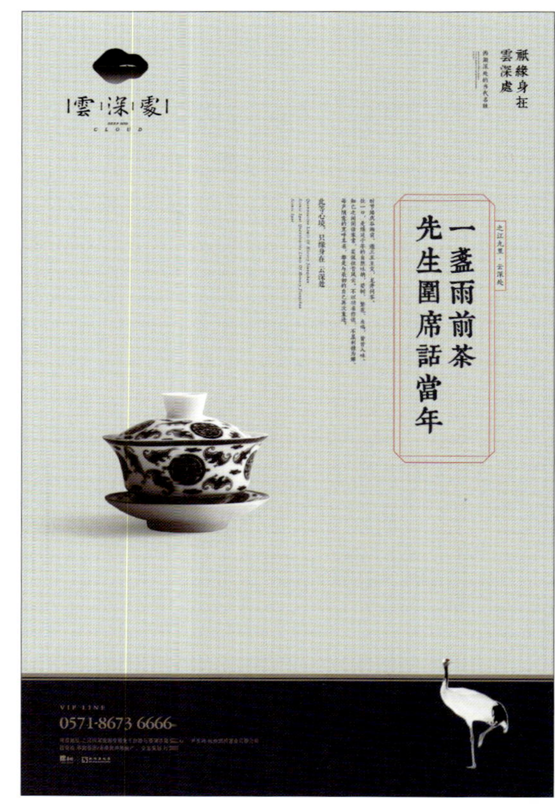


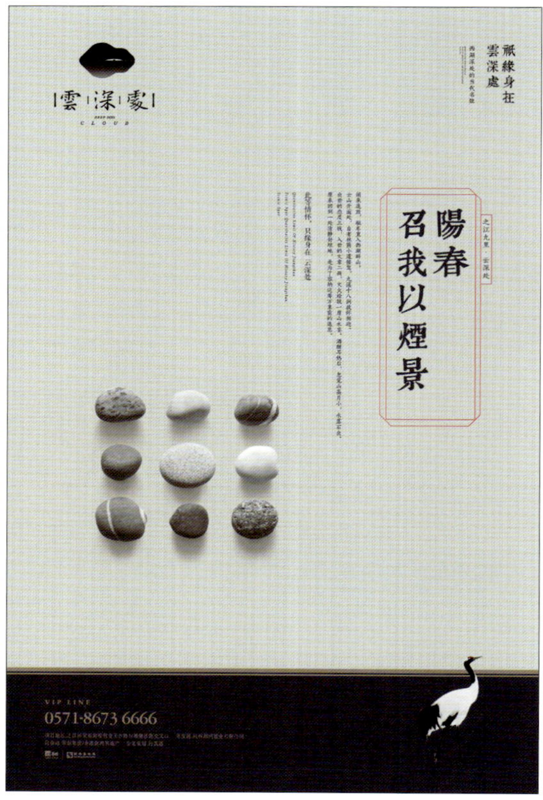

客户：华润新鸿基
产品/品牌：之江九里–云深处
篇名：仙鹤篇
创意总监：钱丐建
创意：钱丐建
文案：周宏
美术指导：沈路晖
设计：吴斐然

杭州行其道广告有限公司

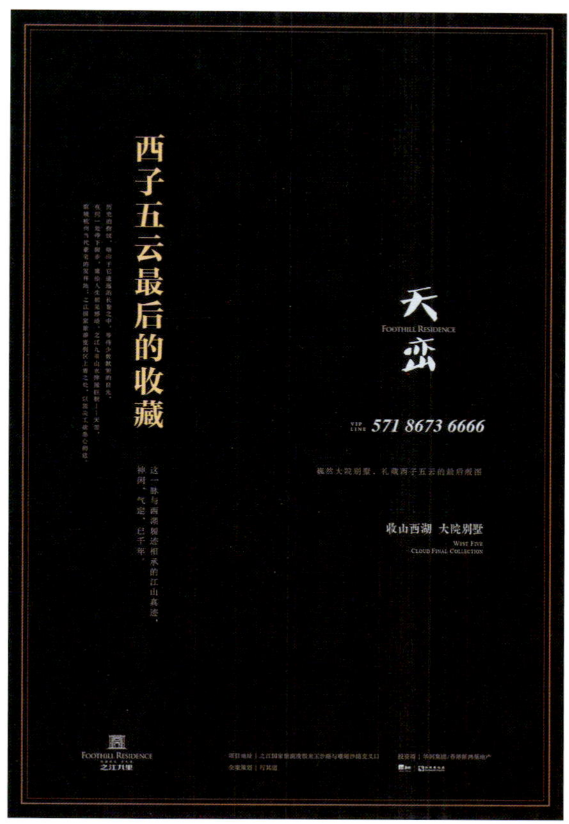

客户：华润新鸿基　产品/品牌：之江九里-天峦　篇名：西子五云篇
创意总监：钱丐建　创意：钱丐建　文案：周宏
美术指导：沈路晖　设计：吴斐然

杭州行其道广告有限公司

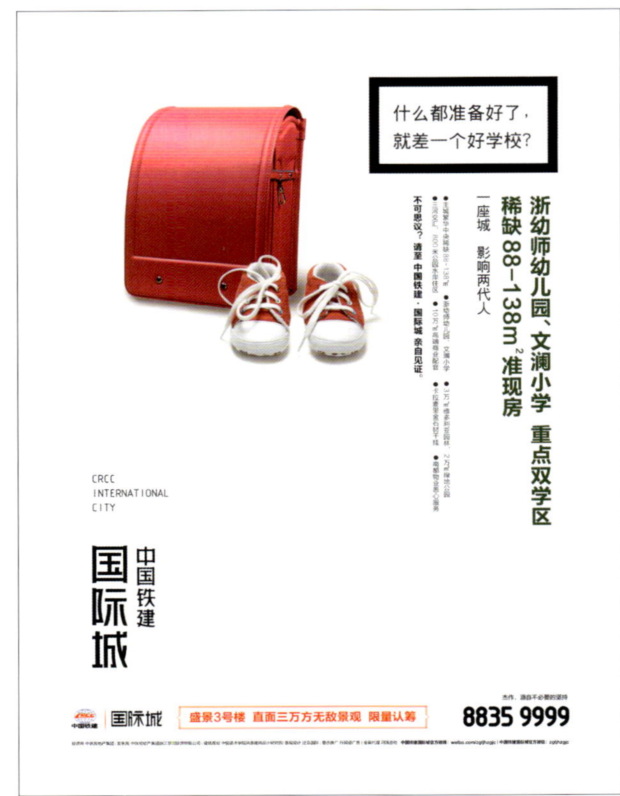


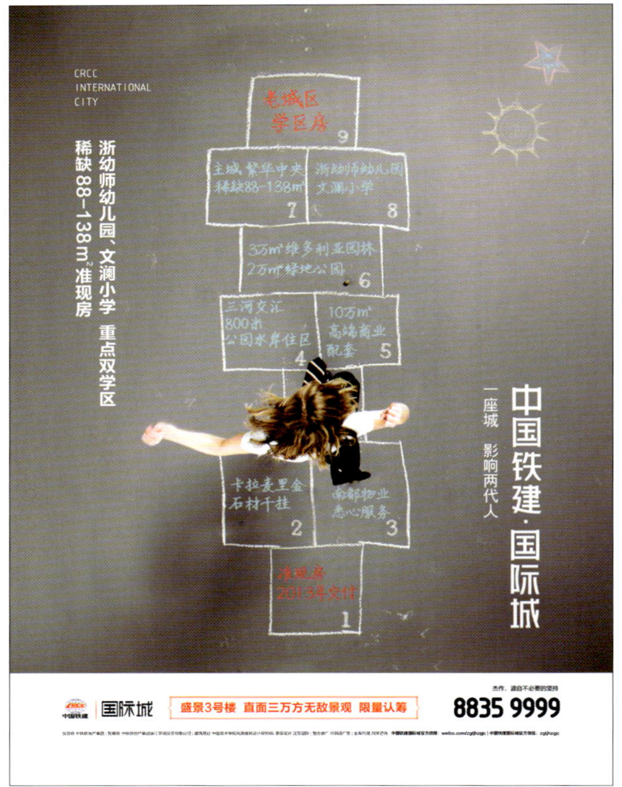


客户：中国铁建
产品/品牌：国际城
篇名：学区房篇
创意总监：钱丐建
创意：钱丐建
文案：周宏
美术指导：沈路晖
设计：蔡豪

杭州行其道广告有限公司

**客户：**浙江正方置业有限公司　**产品/品牌：**蓝湾上林院楼组别墅组团璟台　**篇名：**穹顶篇

**创意总监：**许群　**创意：**许群　**文案：**蒋国强

**美术指导：**齐杰　**设计：**吴永盛

**杭州捷群广告有限公司**

客户：浙江大华房地产开发有限公司
产品/品牌：大华西野风韵　　篇名：月亮篇
创意总监：许群　　创意：许群　　文案：蒋国强
美术指导：齐杰　　设计：吴灿

杭州捷群广告有限公司

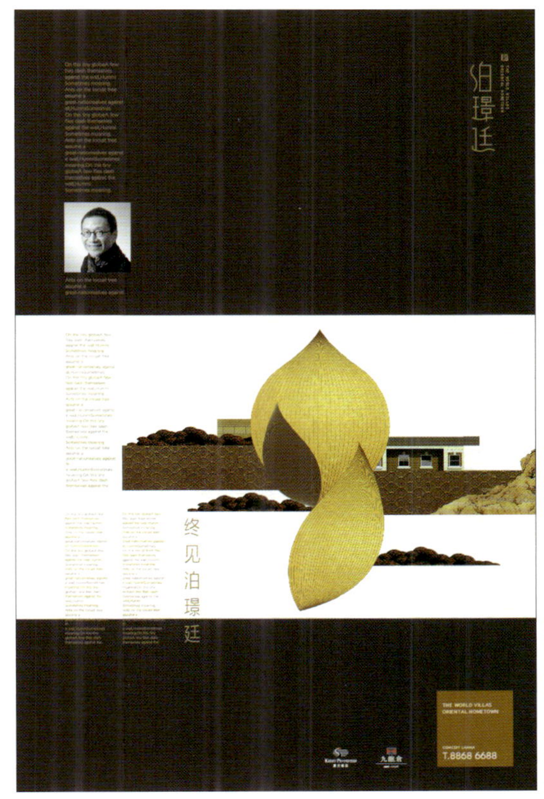

**客户：**宁波瑞峰房地产开发有限公司
**产品/品牌：**泊璟廷
**篇名：**荷花-水-建筑篇
**创意总监：**许群
**创意：**许群
**文案：**张广培
**美术指导：**齐杰
**设计：**冯杰

杭州捷群广告有限公司

客户：桐庐大奇山郡置业有限公司
产品/品牌：宋都大奇山郡
篇名：山水篇
创意总监：许群
创意：许群
文案：许群
美术指导：齐杰
设计：熊明珠

杭州捷群广告有限公司

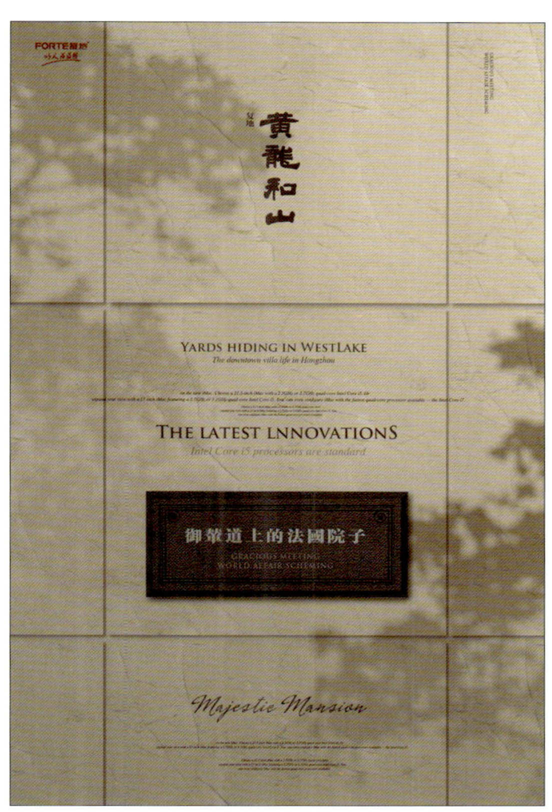


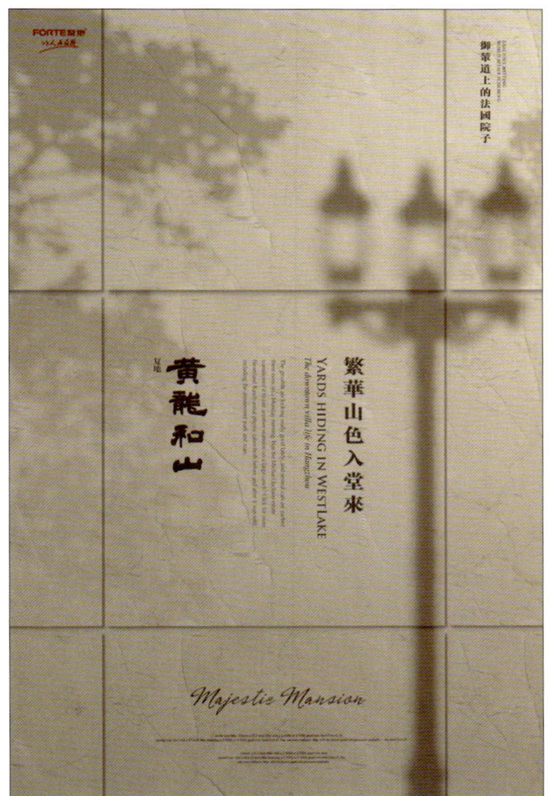


客户：浙江博城置业有限公司
产品/品牌：复地黄龙和山
篇名：门牌篇
创意总监：许群
创意：许群
文案：蒋国强
美术指导：齐杰
设计：吴永盛

杭州捷群广告有限公司

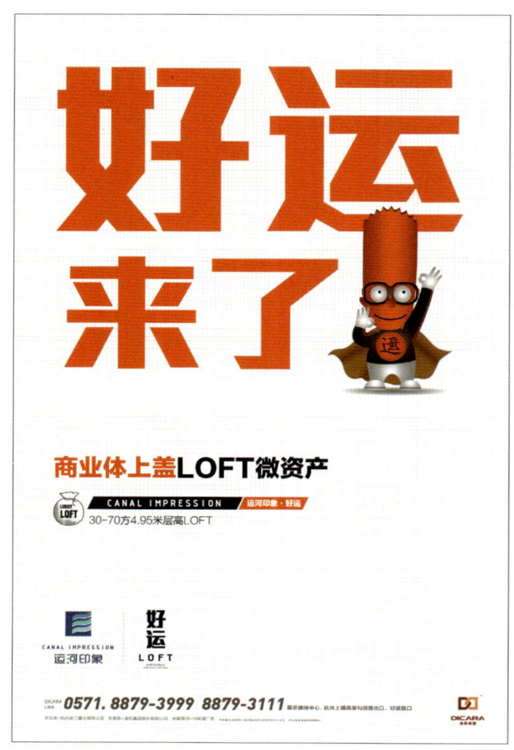

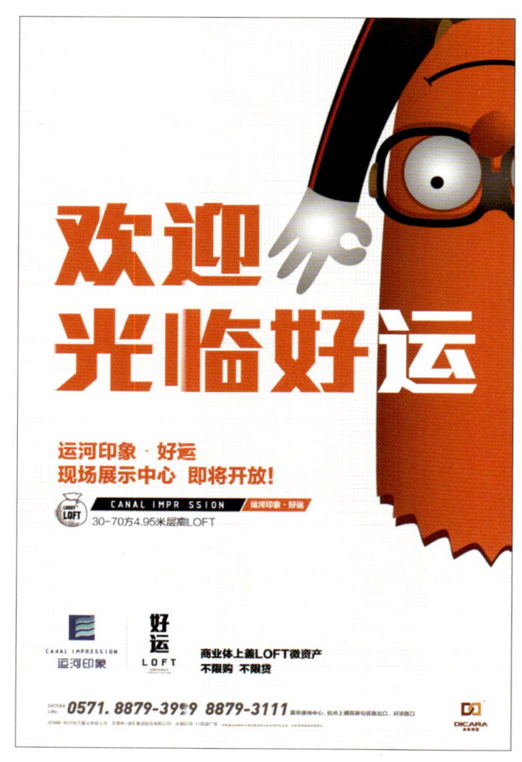


客户：迪凯集团　　产品/品牌：运河印象　　篇名：好运招人篇

创意总监：李聿文　　创意：李聿文　　文案：陈萤

美术指导：沈路晖　　设计：吴斐然

杭州行其道广告有限公司

客户：远洲集团
产品/品牌：望府
篇名：仙鹤篇
创意总监：钱丐建
创意：钱丐建
文案：周宏
美术指导：肖信杰
设计：肖信杰

杭州行其道广告有限公司

客户：龙湖地产　产品/品牌：时代天街　篇名：X篇
创意总监：钱丏建　创意：钱丏建　文案：周宏
美术指导：肖信杰　设计：肖信杰

杭州行其道广告有限公司

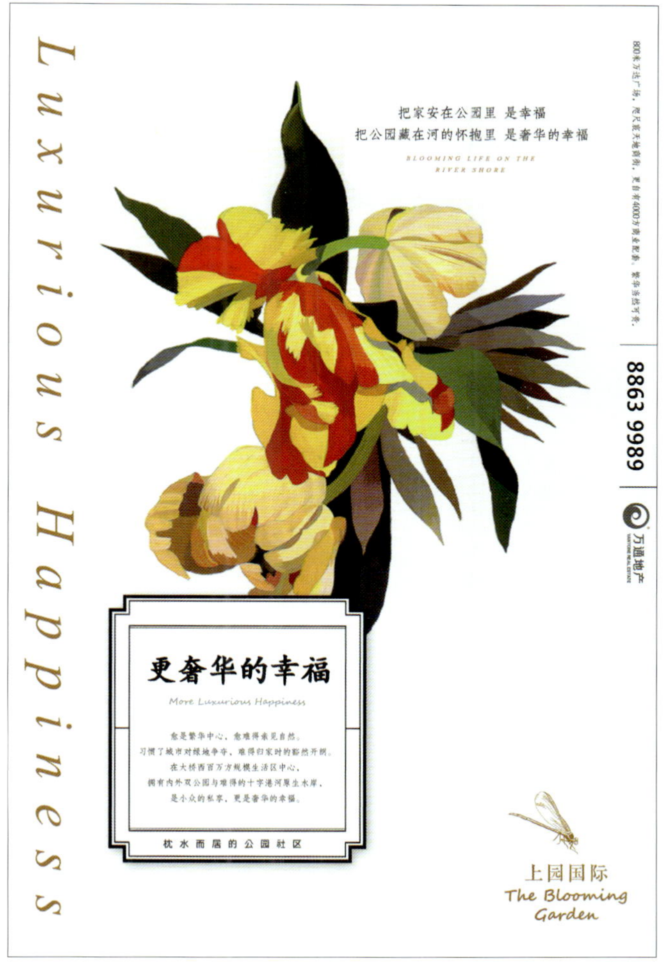


客户：万通地产　　产品/品牌：上园国际　　篇名：鲜花篇

创意总监：钱丏建　　创意：钱丏建　　文案：周宏

美术指导：肖信杰　　设计：肖信杰

杭州行其道广告有限公司

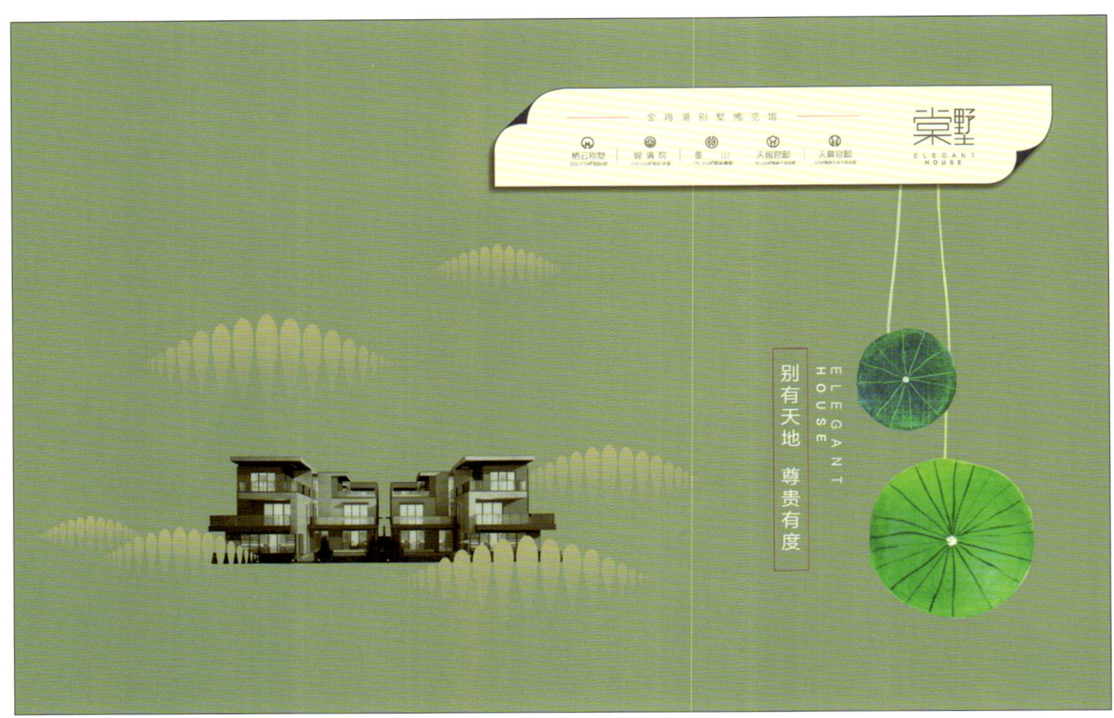

客户：仁恒置地（苏州） 产品/品牌：仁恒棠墅 篇名：荷叶篇
创意总监：许群 创意：许群 文案：许群
美术指导：齐杰 设计：高斐斐

**篇名：**大象篇

**篇名：**品牌篇

**客户：**广东广佛现代产业服务园开发建设有限公司　**产品/品牌：**中企绿色总部

**创意总监：**许俭　**创意：**许俭　**文案：**钟潇

**美术指导：**姚志斌　**设计：**黑马广告创意群

广东黑马广告有限公司

篇名：藤树屋篇

篇名：藤灯篇

篇名：藤吊篮篇

客户：梧州天河房地产有限公司
产品/品牌：天河·山海观
创意总监：谭夏阳
创意：谭夏阳 赖祖发
文案：肖龙
美术指导：赖祖发
设计：赖祖发
制作：赖祖发

广州市蓝光通达广告有限公司

**客户**：喀什发展集团
**创意总监**：孙晓飞
**创意**：余军荣
**文案**：李游
**美术指导**：聂刚
**设计**：聂刚

零点星传媒集团星弧广告有限公司

篇名：财神篇

篇名：关公篇

篇名：官神篇

客户：水岸华都
创意总监：丁闽 赵亮 罗百君
策略总监：罗百君
文案：罗百君
美术指导：万亿

珠海华发文化传播有限公司

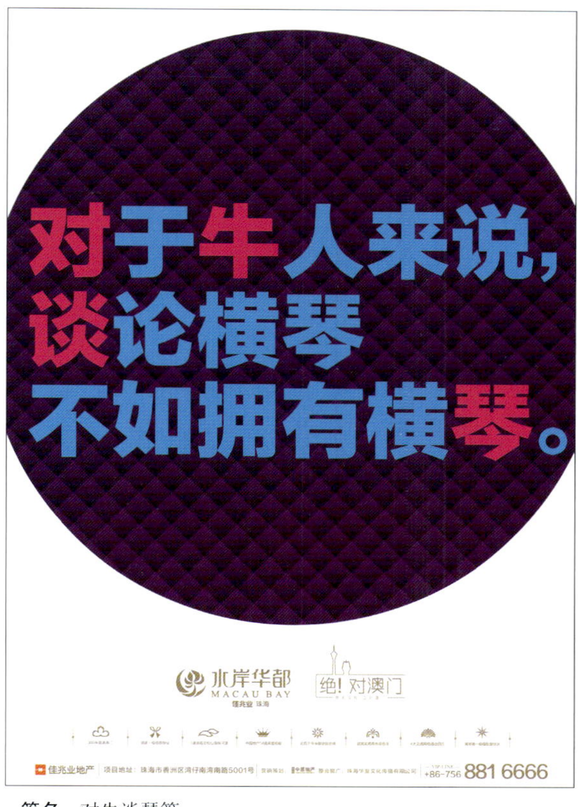


篇名：对牛谈琴篇

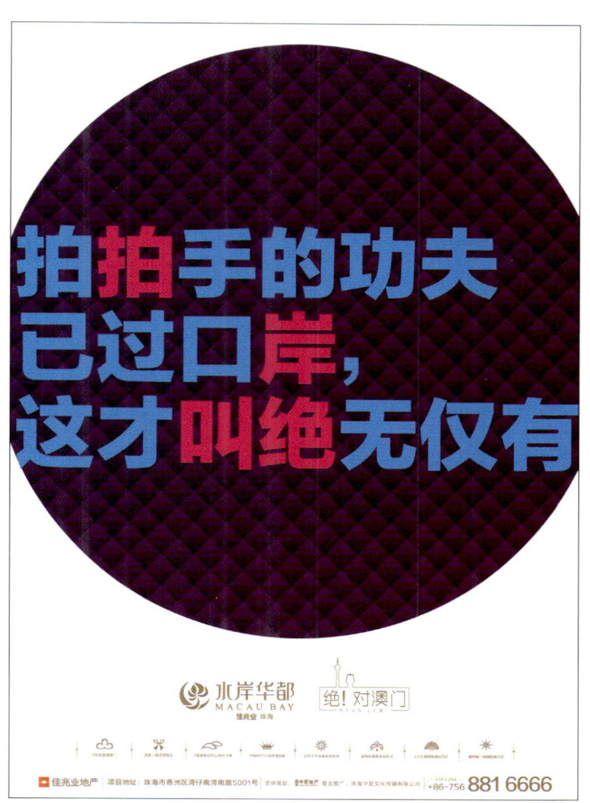


篇名：拍岸叫绝篇

篇名：笑澳江湖篇

客户：水岸华都
创意总监：丁闽 赵亮 罗百君
策略总监：罗百君
文案：罗百君
美术指导：万亿

珠海华发文化传播有限公司

客户：重庆国奥实业发展有限公司
产品/品牌：重庆国奥村别墅
篇名：万科西九别墅篇
创意总监：蔡宇
创意：李晓林
文案：陈韬
美术指导：欧翔
设计：欧翔

重庆高戈广告有限责任公司

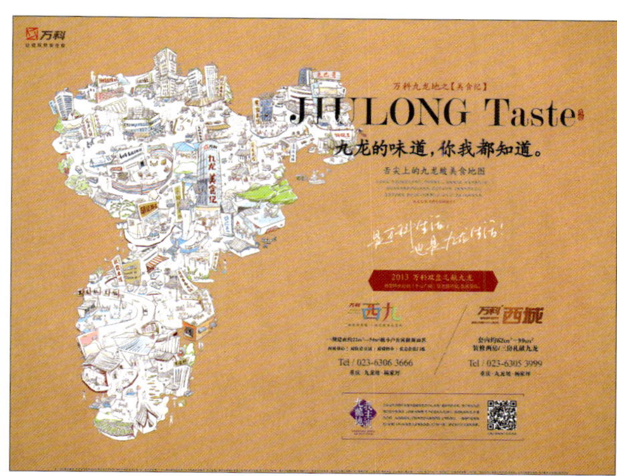

篇名：手绘地图报版篇

篇名：手绘形象报版篇

客户：重庆万科银翔置业有限公司　产品/品牌：万科西九商业SOHO
创意总监：姚程 李晓林　创意：李晓林　文案：李晓林
美术指导：欧翔　设计：欧翔

重庆高戈广告有限责任公司

客户：重庆金隅大成开发有限公司
产品/品牌：南山郡二期汀澜岸
篇名：南山郡汀澜岸篇
创意总监：蔡丹 沈彤
创意：蔡丹 沈彤
文案：文婷
美术指导：段继伦
设计：彭友

重庆高戈广告有限责任公司

客户：保利（重庆）投资实业有限公司
产品/品牌：保利山庄
篇名：保利江上明珠篇
创意总监：许彬 张丽莎
创意：许彬
文案：张丽莎
设计：许彬

重庆高戈广告有限责任公司

客户：重庆葆成房地产开发有限公司　产品/品牌：保利爱尚里　篇名：爱不宜迟篇
创意总监：蔡丹 蔡宇　创意：蔡丹 蔡宇　文案：张丽莎 文婷
美术指导：段继伦　设计：唐凯

重庆高戈广告有限责任公司

篇名：包二奶篇

篇名：老贼洗钱篇

篇名：养小三篇

客户：中国水电建设集团房地产绵阳长兴有限公司
产品/品牌：中国水电海赋外滩
创意总监：赵克强
创意：赵克强
文案：赵克强
设计：张辉辉 邓伟

绵阳莱德广告有限责任公司

客户：陕西千层浪房地产开发有限公司
产品/品牌：西安达观天下
篇名：玉石篇
创意总监：许群
创意：许群
文案：张广培
美术指导：齐杰
设计：骆乐

杭州捷群广告有限公司

篇名：老妈篇

篇名：老爸篇

篇名：狗狗篇

客户：湖南和泓房地产开发有限公司
产品/品牌：太绿-梅溪湖
创意总监：龚珏瑾
创意：Anyway
文案：Anyway 张章章 刘宇晨
美术指导：苏哲
设计：TheSue 侯艺颖
制作：TheSue

长沙反正广告有限公司

**声音及字幕：**

旁白：重返童年，一买就GO!MAZDA一购祭，交车就送东京迪斯尼双人游，优惠价值最高9万元，回厂健检也能天天抽喔，一购祭。

**创意说明：**

暑假是每年汽车业的促销大战期，如何能在众多促销中突破重围，抓住消费者目光，进而刺激销售是此次的目标任务。今年暑假，要让MAZDA的车主"重返童年，快乐放暑假"交车就送东京迪斯尼双人游。

**客户：**马自达
**产品/品牌：**夏季促销
**篇名：**重返童年篇
**创意总监：**常一飞 薛瑞昌 鲁思贞
**文案：**鲁思贞 陈薏函
**美术指导：**曾伟凯
**制作公司：**大演制作
**导演：**许文宗
**客务总监：**侯宜欣
**客务服务：**刘盈劭 陈佳汉 陈泰锜

时报广告奖执行委员会·智威汤逊广告股份有限公司

**声音及字幕：**

旁白、字幕：是什么让梦想成为热爱？是未知的世界；是在路上的感觉；是挫折；是不言放弃；是信念；是关爱；是感动的喜悦。热爱，就在每个人心中。梦想，热爱。五羊–本田。

**创意说明：**

什么是梦想，热爱？梦想，是高度，代表追求；热爱，是态度，表达情感；从一段旅程、一条赛道、一段岁月和用户一起，用体验去感受，去阐释对梦想的热爱，去感受一份来自五羊本田高端摩托感动的喜悦。

**客户：**五羊本田

**篇名：**梦想・热爱篇

**创意总监：**薛祖勋

**创意：**肖映

**文案：**肖映 蒋凌嘉

广州平方广告有限公司

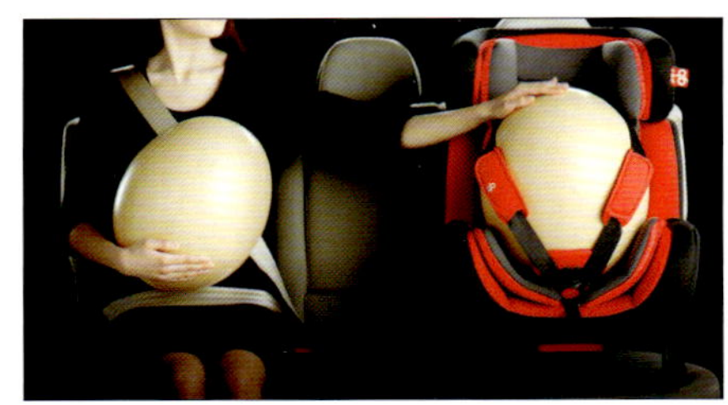

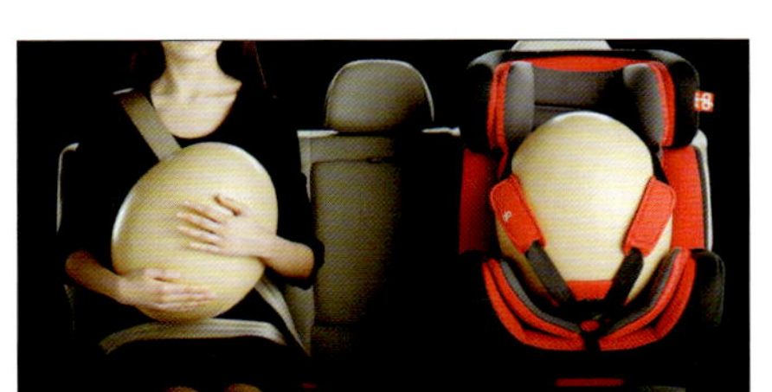

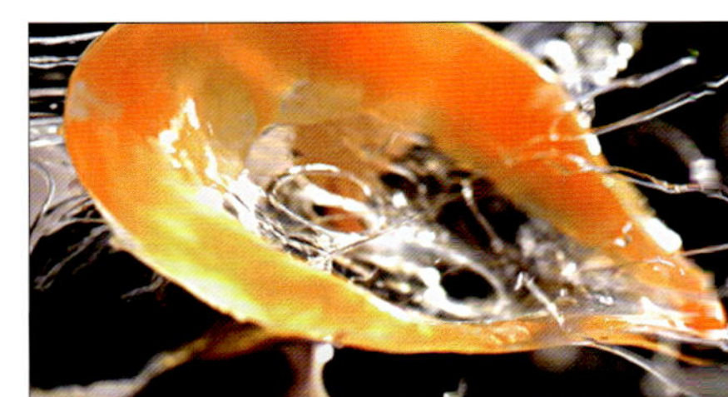

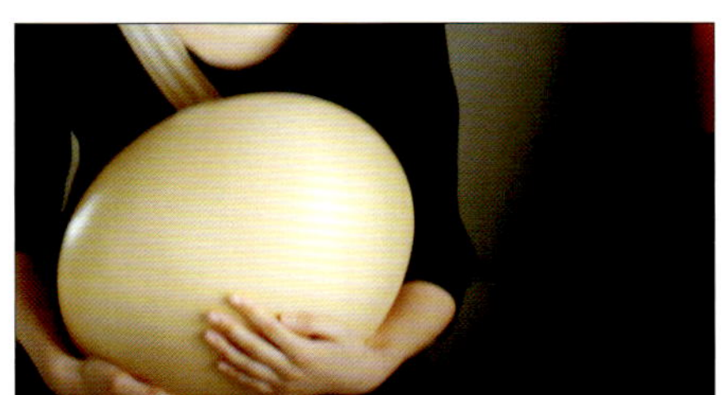

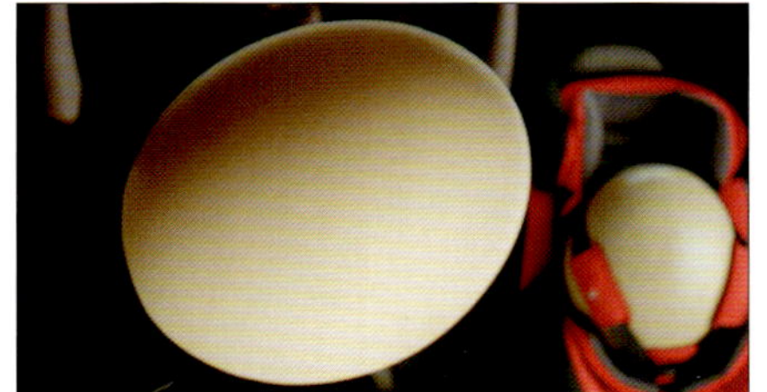

**声音及字幕：**

旁白、字幕：好孩子汽车安全座更安全。好孩子。

男：弟弟没了。

**创意说明：**

在调查中我们发现，很多妈妈习惯在乘车的时候将孩子抱在怀里，这样的做法很不安全，但是要说服她们并不容易，怎样才能让她们意识到这一点呢？我们用易碎的鸡蛋做为载体，暗指可爱的宝宝，对妈妈们进行恐怖诉求。通过孩子的可爱笑声与鸡蛋打破瞬间的紧张感的巨大反差，营造出强烈的戏剧化冲突，像一柄利剑深深地刺到妈妈们的心里。结尾画龙点睛，让另一只鸡蛋沮丧的说“弟弟没了”，无疑更增加了广告片的戏剧性。面对这么可怕的情况，妈妈们还能无动于衷吗？

**客户：**好孩子集团
**产品/品牌：**好孩子安全座椅
**篇名：**鸡蛋篇
**创意：**叶茂中营销策划机构

客户：陆虎汽车
篇名：从容入胜篇
创意总监：王文华
创意：赵亚凡
文案：王刚
设计：赵亚凡
制作：赵亚凡

北京视新天元广告有限公司

客户：JEEP自由客　产品/品牌：自由客
创意总监：王文华　创意：张钦辉　文案：张钦辉
设计总监：刘志坚　设计：张钦辉　制作：张钦辉

北京视新天元广告有限公司

篇名：丛林篇

篇名：沙漠篇

客户：绵阳华瑞汽车有限公司　产品/品牌：金杯智尚S30

创意：第八事业部　文案：第八事业部　设计：第八事业部

广东省广告股份有限公司

篇名：凸镜篇

篇名：分界牌篇

篇名：指引牌篇

客户：广汽吉奥汽车有限公司
产品/品牌：奥轩GX5
创意：第一事业部
文案：第一事业部
设计：第一事业部

广东省广告股份有限公司

篇名：碰瓷篇

篇名：耍赖篇

客户：华晨汽车集团控股有限公司　产品/品牌：华晨汽车
创意：第八事业部　文案：第八事业部　设计：第八事业部

广东省广告股份有限公司

客户：昌河铃木汽车
产品/品牌：利亚纳A6
篇名：成长篇
创意总监：周来
创意：周来 杜莹
文案：吴凤婵 李旭东
设计：杜滢

客户：重庆长安铃木汽车有限公司
产品/品牌：天语SX4
篇名：英雄篇
创意总监：高峰
创意：长安铃木组
文案：封海华 郑伟
美术指导：袁晴 戴捷 戴高乐 杨雪松
设计：袁晴

博报堂创意广告（上海）有限公司

客户：德国大众进口车
产品/品牌：大众CC
篇名：V6篇
创意总监：于建滨
创意：于建滨
文案：于建滨
美术指导：白万宇
设计：白万宇
制作：白万宇

目朗国际品牌设计顾问（北京）有限公司

篇名：大象篇

篇名：鲸鱼篇

客户：华晨汽车集团控股有限公司　产品/品牌：大海狮
创意：第八事业部　文案：第八事业部　设计：第八事业部

广东省广告股份有限公司

**客户：**PLC倒车雷达　**篇名：**视而不见的危险篇
**创意总监：**成韦宏　**创意：**熊颖达 雷磊　**文案：**雷磊
**美术指导：**熊颖达　**设计：**罗诗蓓

**篇名：**鳗鱼篇

**篇名：**鲶鱼篇

**客户：**丰田通商（中国）有限公司　**产品/品牌：**丰通刹车片
**创意：**第四事业部　**文案：**第四事业部　**设计：**第四事业部

广东省广告股份有限公司

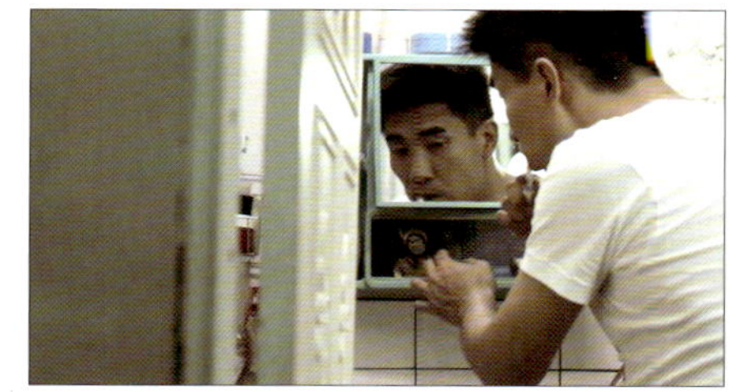

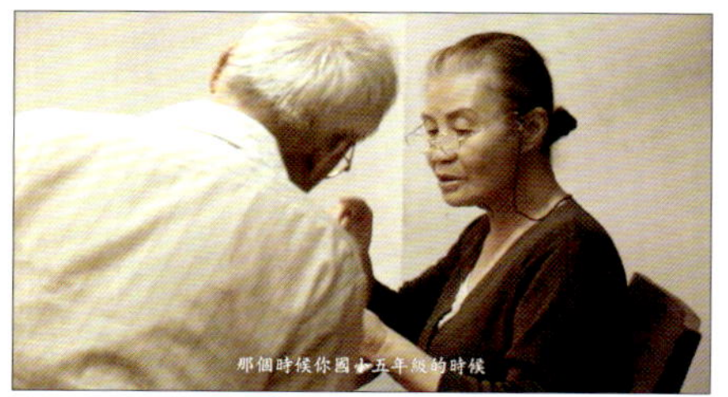

**声音及字幕：**

儿子：我人现在休假回台北，有什么问题，我上海那边的同事能处理啊！我们保持Email联络。好！OK，OK，好。不说了，不说了，好。我来我来，爸 。

父亲：那么快?

儿子：对啊！现在直航，比去高雄还方便啊！

父亲：回来多久啊?

儿子：呃，大概两个礼拜吧！

……

母亲：真的啊！太好啦！好高兴喔！多吃多吃！儿子快回来我好高兴喔！好高兴喔！儿子回来我好高兴。

字幕：家里收藏着一种爱，叫做《怕忘记》怕孩子踢被着凉，怕孩子没吃饱，怕孩子学坏，但最怕的是…忘记了这些事。爱，在家！

**创意说明：**

樱花提出了新的品牌主张—爱在家，但爱和家是私人又巨大的人生命题，如何宣传，并让大众产生共鸣？ 我们深入观察台湾现今家庭形态，挖掘不同面向的亲情议题，最后挑选四个动人的真实故事，用文字诉说这四种家庭关系，诠释四种爱的模样。 以最朴实的文字故事，传递最深刻的情感，让人们重新忆起那些属于家的爱，并鼓励他们现在去创造这些美好。

**客户：**樱花品牌
**产品/品牌：**樱花
**篇名：**妈妈的内存已满篇
**创意总监：**常一飞 叶坤树
**文案：**陈俪文
**美术指导：**李崇铭 林美满
**制作公司：**引力制作
**导演：**沈羿铨
**客务总监：**詹政友 朱秉政
**客务服务：**郭恒

时报广告奖执行委员会 · 智威汤逊广告股份有限公司

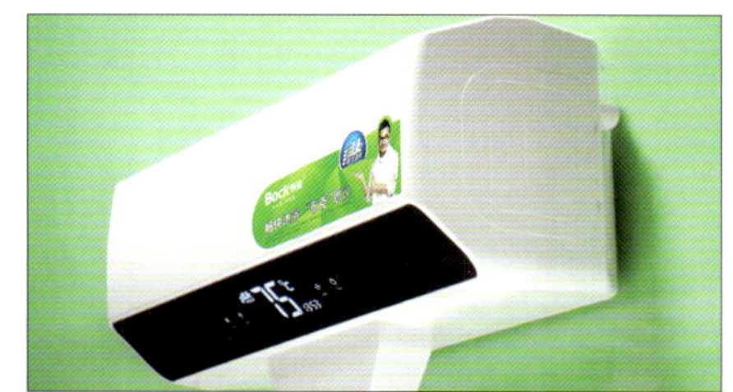

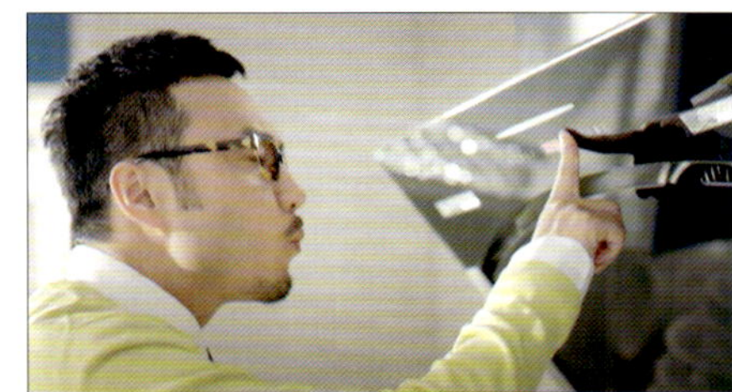

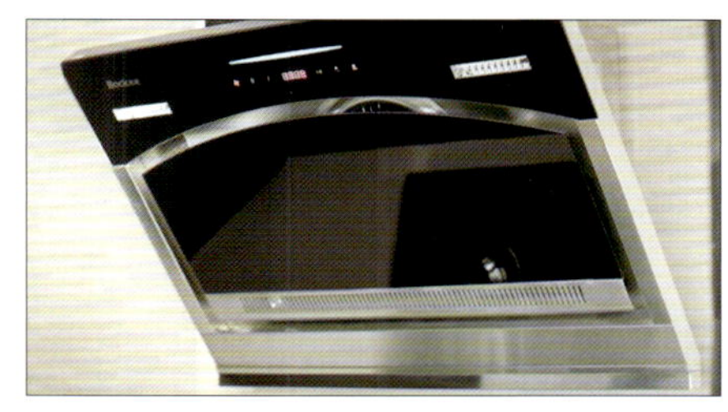

**声音及字幕：**

字幕：品牌代言人——汪涵。

旁白：畅快沐浴，不可思议，布克热水器。

汪涵：超强吸力，不可思议。

旁白：布克吸油烟机。

汪涵：我的家，我的爱，布克厨卫。

**创意说明：**

怎样表现布克吸油烟机的强劲吸力呢？答案就是，楼上运作的布克吸油烟机能把楼下的人都吸到天花板上。创意用夸张的表现手法来吸引消费者的眼球。此外，汪涵搞怪的表演会让观众忍俊不禁，增强广告记忆点。

**客户：**布克厨卫
**产品/品牌：**布克吸油烟机
**篇名：**品牌篇
**创意总监：**桑田
**创意：**余乔珊
**文案：**余乔珊
**美术指导：**卢韵霖
**制作公司：**广州市千里马广告有限公司
**制片：**全明杰
**导演：**李锦鹏
**摄影：**王穗光
**监制：**桑田

广州市千里马广告有限公司

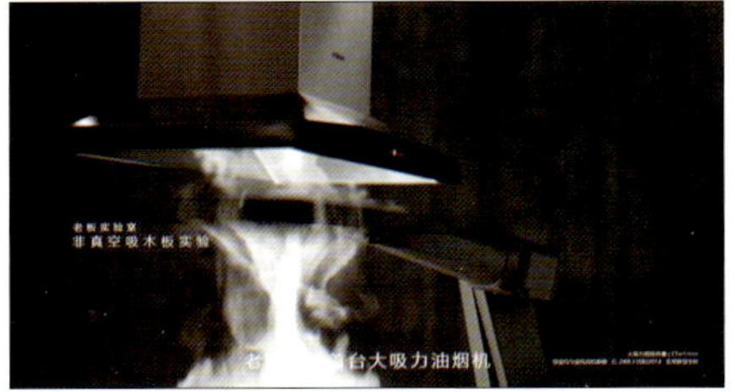

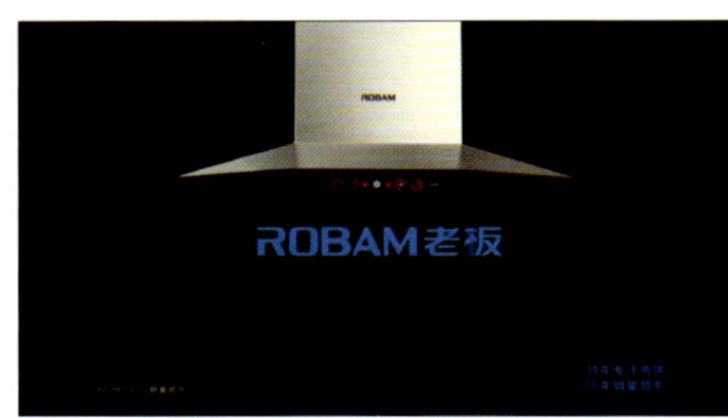


**声音及字幕：**

字幕：老板实验室，360°龙卷吸烟实验。老板实验室，非真空吸木板实验。

旁白、字幕：34年专注高端，老板推出首台大吸力油烟机。今天，中国每卖出10台大吸力油烟机，就有6台是老板。老板，大吸力油烟机。

**创意说明：**

以实验的方式，简单直观地向消费者传递出老板吸油烟机等于大吸力的信息点。同时，高科技实验室环境的营造也为老板电器树立了专业的品牌形象。从科技感的实验室过渡到温馨的家庭环境，形象而亲切的表明在中国家庭中——每10台大吸力油烟机就有6台是老板，进而点明老板电器在行业中的领导地位。

**客户：** 老板电器
**产品/品牌：** 大吸力吸油烟机
**篇名：** 实验篇
**创意总监：** 冯骏 张川
**文案：** 程文慧
**美术指导：** 周庭英
**制作公司：** 雅博影视

上海卓越形象广告传播有限公司

**声音及字幕：**

旁白：家，是舞台；家，是乐园；家，是港湾；享受生活的美好，让家取悦自己。皇朝家私，我的家。

字幕：香港皇朝家私。悦享生活，皇朝家私我的家。

**创意说明：**

家是什么？家是舞台，家是乐园，家是港湾！创意通过林志玲的优雅演绎，阐述其对家的理解，带出皇朝家私"悦享生活"的品牌理念，调性奢华而不失时尚感。

**客户：**香港皇朝家私集团有限公司
**产品/品牌：**皇朝家私
**篇名：**家的意义篇
**创意总监：**桑田
**创意：**郑海山
**文案：**郑海山
**美术指导：**李敏
**制作公司：**广州市千里马广告有限公司
**制片：**彭俊
**导演：**曹庭榕
**剪辑：**YY
**音乐：**幻响元素

**声音及字幕：**

字幕：左右品牌，幸福大使——杨澜。

旁白、字幕：幸福，是身坐的正。幸福，是心放的平。幸福，不是你能左右多少，而是有多少，在你左右。幸福不远，就在左右。左右沙发。

**创意说明：**

今天的社会，很多人都奔跑在追名逐利的道路上，行色匆匆。这支广告将沙发的属性与幸福的概念结合，并且巧妙地代入品牌名称。通过杨澜的“发声”唤起茫茫都市人对家的回归、对身边点滴幸福的关注！成功的塑造了“左右沙发”的品牌形象。

**客户：**左右家私有限公司
**产品/品牌：**左右沙发
**篇名：**左右篇
**创意：**北京天下美传广告有限公司

北京天下美传广告有限公司

**声音及字幕：**

字幕：国家大剧院总设计师——保罗·安德鲁。

旁白、字幕：从巴黎到中国，从设计到时尚，时装是生活的艺术，衣柜是时装的建筑，一个阶层的生活方式，好莱客衣柜，世界之作。

**创意说明：**

杰作与杰作的对话，大师与大师不约而同的赞叹，一切源自对设计、生活、艺术孜孜不倦的追求，成就了让世界为之惊叹的世界之作，这就是好莱客大师之作。

**客户：**好莱客
**产品/品牌：**衣柜
**篇名：**大师篇
**创意总监：**方棱
**创意：**方棱
**文案：**李道波 鱼子由

广州平方广告有限公司

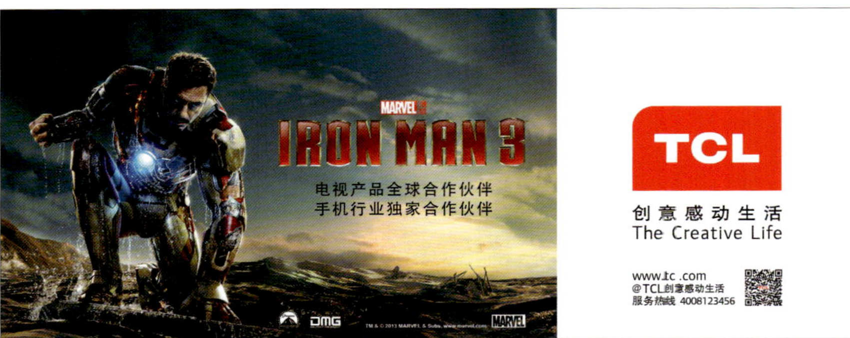

客户：TCL集团
产品/品牌：TCL
篇名：钢铁侠篇
创意总监：李毅东
创意：李毅东
设计：汤炽威

广东广旭广告有限公司

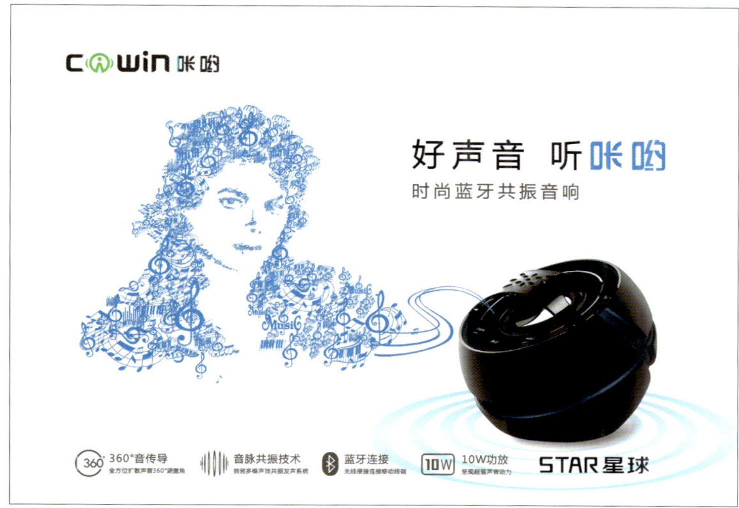


篇名：MJ篇

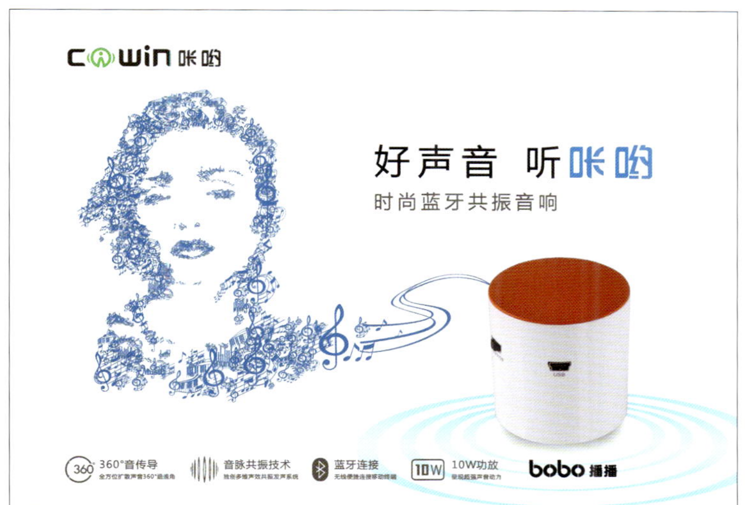


篇名：梦露篇

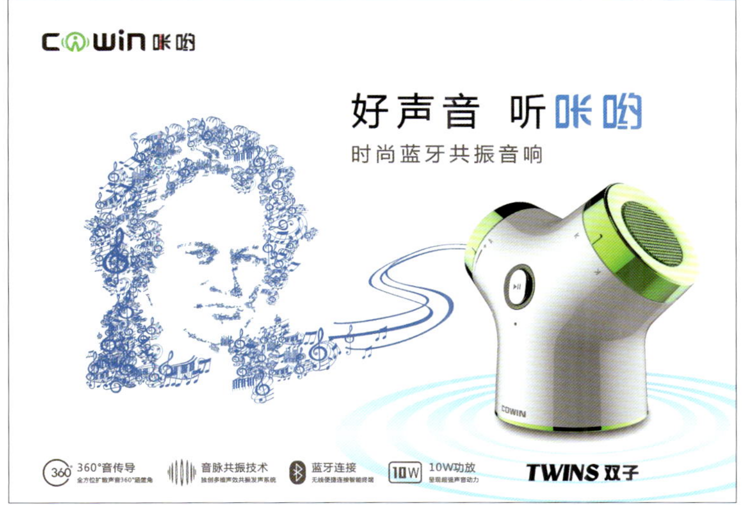


篇名：贝多芬篇

客户：魅动
产品/品牌：咔哟
创意总监：叶峰
创意：叶峰
文案：李华林
美术指导：叶峰 林坤明
设计：林坤明
制作：林坤明

采纳品牌营销机构

客户：老板电器
产品/品牌：大吸力吸油烟机
篇名：大吸力篇
创意总监：冯骏 张川
文案：程文慧
美术指导：周庭英
设计：陆佳旌

上海卓越形象广告传播有限公司

客户：飞利浦　　产品/品牌：烤面包机
创意总监：王文华　　创意：李依然　　文案：李依然
设计总监：韩华　　设计：李依然　　制作：李依然

北京视新天元广告有限公司

篇名：上下篇

篇名：来回篇

**客户：** Tokuyo（督洋按摩器）
**产品/品牌：** 咖美腿机
**创意总监：** 陈悌元 萧惠文 洪金财
**文案：** 陈悌元 萧惠文
**美术指导：** 洪金财 张暐苓
**插画/计算机绘图：** 磨磨影像整合
**客务总监：** 魏薇珊
**客务服务：** 郑婧筠
**计算机特效：** 磨磨影像整合
**制片：** 任庆恒

时报广告奖执行委员会 · 博达华商广告股份有限公司

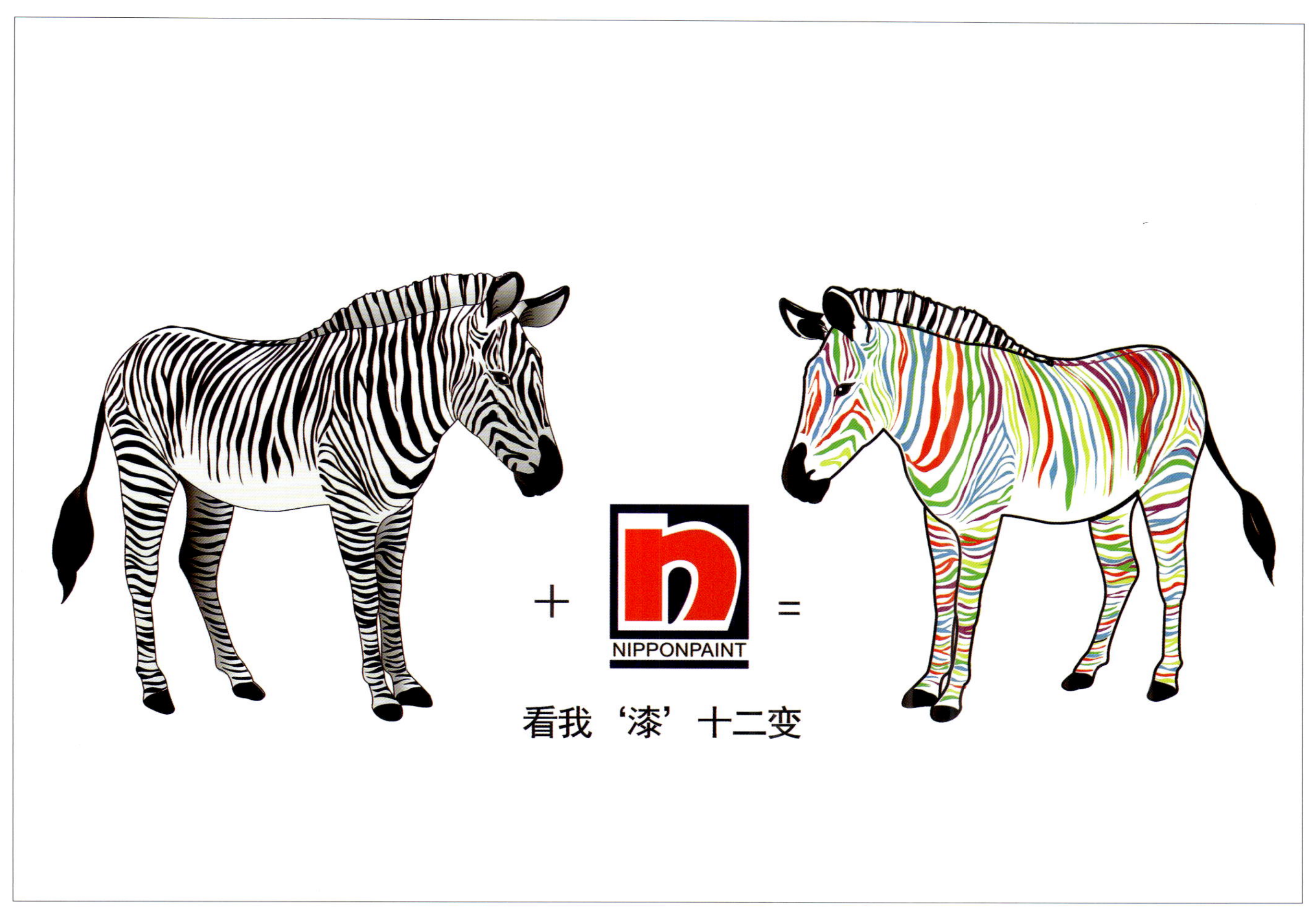


客户：立邦涂料（中国）有限公司
产品/品牌：立邦漆
篇名：看我漆十二变篇
创意总监：董毅
创意：王文毅
文案：王文毅
美术指导：亢晓东
设计：王文毅
制作：王文毅

北京互通联合国际广告有限公司

篇名：冰山篇

篇名：山崖篇

客户：东莞市威利塑胶有限公司　产品/品牌：瑜美人瑜伽垫
创意总监：陈文欢 杨斌　创意：詹宏洲　文案：陈文欢
美术指导：詹宏洲　设计：詹宏洲　制作：詹宏洲

广东峰尚品牌顾问机构

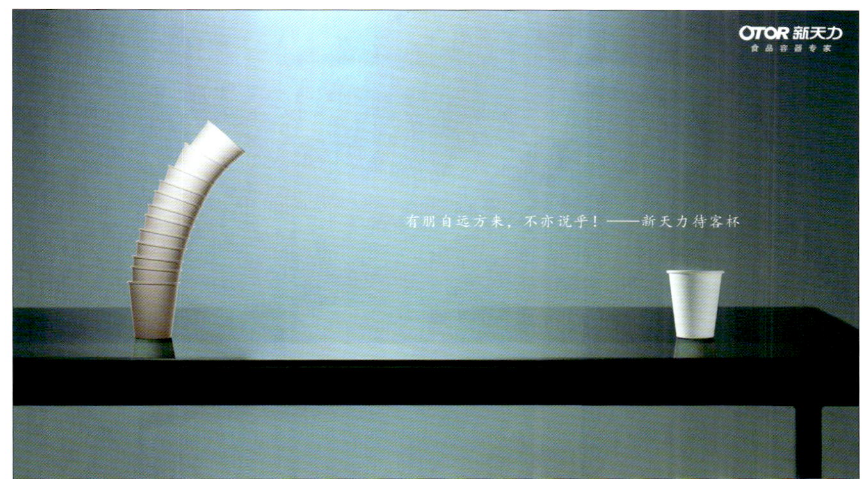


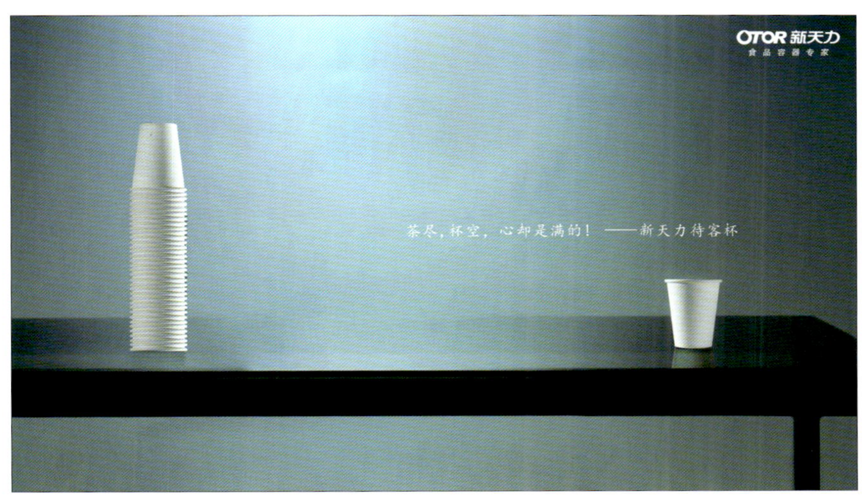


**客户：**浙江新天力容器科技有限公司　**产品/品牌：**新天力待客杯　**篇名：**新天力待客杯篇
**创意总监：**周来　**创意：**周来　**文案：**吴凤婵 熊珊
**设计：**周上嗣　**制作：**周上嗣

采纳品牌营销机构

**声音及字幕：**

太太：喂？

歹徒：人在我手里，准备五百万。

太太：喂喂！喂！

浩子、阿翔：不要动！

阿翔：味味A排骨鸡面。

浩子、阿翔：厚，有够香！

**创意说明：**

本片以另类的破案方式表现味味A排骨鸡面的鲜香。顺着鸡面的香味寻找到歹徒，不经意间引出排骨鸡面的特点——再远，再难，香味都闻得到。

**客户：**味丹
**产品/品牌：**味味A排骨鸡面
**篇名：**追踪篇
**创意总监：**周俊仲 陈慧馨
**文案：**陈慕慈
**美术指导：**赖孟琪
**插画/计算机绘图：**邱文毅
**客务总监：**林智巨 李若祯
**客务服务：**林智巨
**制片公司：**玺而
**制片：**邱文毅
**导演：**陈玉勋
**音乐：**视元素

时报广告奖执行委员会·李奥贝纳股份有限公司

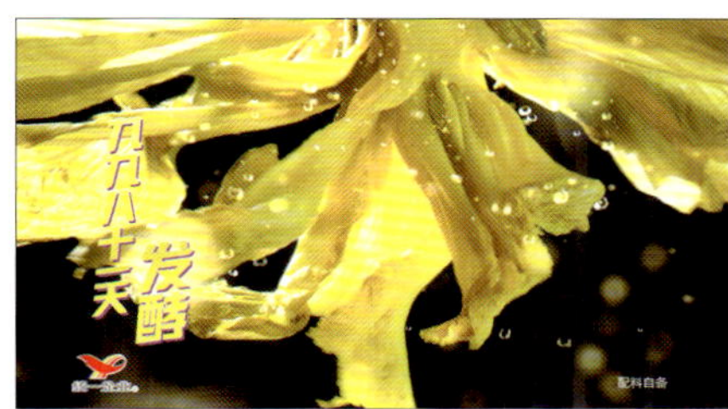

**声音及字幕：**

字幕：代言人——汪涵。

旁白、字幕：教育宗师——孔子。钓鱼宗师——姜太公。老坛酸菜方便面宗师不是我，是统一老坛，传统老坛，九九八十一天发酵，这酸爽才正宗。统一100老坛酸菜牛肉面。

**创意说明：**

统一老坛酸菜牛肉面开创了方便面一个新品类，是老坛酸菜方便面的宗师。通过汪涵扮演各个宗师，来强调统一老坛的正宗口味和宗师地位，利用汪涵百变的造型和丰富的表情，传递给消费者统一老坛的正宗地位。

**客户：**统一

**产品/品牌：**统一老坛酸菜牛肉面

**篇名：**宗师篇

**创意总监：**杨舸 景晔

**创意：**上海同盟广告有限公司

**文案：**张宝

**美术指导：**杨林 阳海松

上海同盟广告有限公司

**声音及字幕：**

旁白：中国好味道。

字幕：人呢？看我的。都回来了。

旁白、字幕：老卤慢炖，香透入味。统一来一桶卤肉面，一桶香天下。

**创意说明：**

统一卤肉面最大的特点就是“香”，在TVC中都要表现出“香”。TVC一开始设置了一个小小的悬念——何老师和大家走散了，该如何在人群中找到大家哪？何老师灵机一动，拿出了统一卤肉面。我们采用分屏的形式，来表现卤肉面的“香”，一步步的制作所散发的香味，就已经吸引了大家，当整碗卤肉面端上来时，一个卤香蘑菇云散开。别说大家了，连厨师都被吸引过来了。可以见得统一卤肉面是多香了。

**客户：**统一
**产品/品牌：**统一卤肉面
**篇名：**吸引篇
**创意总监：**杨舸 景晔
**创意：**上海同盟广告有限公司
**文案：**张宝
**美术指导：**杨林 阳海松

上海同盟广告有限公司

**声音及字幕：**

歌词：营养丰富的大米就是我小可俐！小可俐！优质健康米。我爱小可俐！香喷喷的就是小可俐！优质南方米，美味又健康，越吃越好吃的就是小可俐。煮饭就用小可俐。小可俐。

儿童：妈妈，再来一碗。

**创意说明：**

影片将通俗易懂的歌词融入大家熟悉的旋律，通过轻松欢快的广告歌，结合温馨充满童趣的画面让观众认识小可俐、了解小可俐、记住小可俐，借助广告歌的传播力达到快速传播品牌、拉动销售的目的。

**客户：**东莞市新泰粮食有限公司
**产品/品牌：**小可俐大米
**篇名：**唱歌篇
**创意总监：**吴秋菊
**创意：**刘子扬
**美术指导：**胡丽丽
**制作公司：**广州圣龙广告有限公司
**制片：**圣龙制作组
**制作总监：**吴秋菊
**导演：**黄小忻
**摄影：**顾洪伟
**剪辑：**陈伟军
**三维：**欧列卡
**音乐：**肖健

广州圣龙广告有限公司

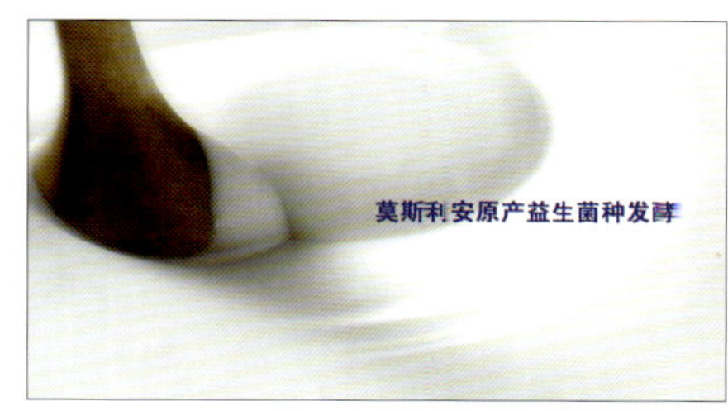

**声音及字幕：**

旁白、字幕：长寿村，吸引着世界的目光。我们探索莫斯利安，只为健康生活。莫斯利安，莫斯利安酸奶，采用莫斯利安原产益生菌种发酵。莫斯利安，长寿村的神奇秘密，此刻与世界分享！新鲜我的生活，光明！

**创意说明：**

莫斯利安作为国内首款高端常温酸奶，希望传递的不仅只是健康，还有源自“长寿村”自然纯朴的健康生活方式。莫斯利安以长寿老人众多而闻名于世，它的神奇之处在哪儿呢？我们抱着敬畏的态度，去探寻、去感悟，保持一种尊重自然的态度去呈现原生原味的珍贵酸奶，这也正是莫斯利安追求“极致”的品牌精神体现。回到原点，回到亲近自然的方式，或许是对生活最深层次的领悟境界。

**客户：**光明乳业股份有限公司
**产品/品牌：**莫斯利安酸奶
**篇名：**长寿村篇
**创意总监：**梁爽
**创意：**刘青霞
**文案：**罗克
**美术指导：**刘青霞
**制作公司：**中宣影视公司
**制片：**吴春杰
**导演：**吴有音
**摄影：**沈宗辉

上海梅高创意咨询有限公司

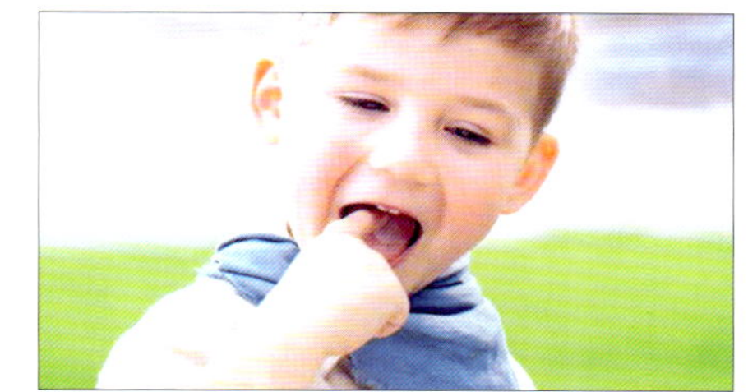

**声音及字幕：**

字幕：荷兰海普诺凯乳业博物馆，始于1897。北大医学验证氨基酸、OPO优化配方。母爱，从1897开始，澳优海普诺凯。

旁白：荷兰海普诺凯，始于1897。只采用荷斯坦“母亲牛”纯正奶源，延续一个多世纪的品质和荣耀。北大医学验证。氨基酸、OPO优化配方。解开母乳完美吸收的奥秘。母爱，从1897开始，澳优海普诺凯。

**创意说明：**

“海普诺凯1897”幼儿配方奶粉，是澳优海普诺凯产品线中最高端的一款奶粉。本创意超越了普通婴幼儿奶粉广告的常规模式，采用了穿越年代的梦幻故事情节，凸显了品牌作为荷兰百年制乳企业与生俱来的贵族气息，而片中“荷兰母亲牛”的元素更向受众传达出本产品是纯粹荷兰原装进口的奶源优势。

**客户：**澳优乳业（中国）有限公司
**产品/品牌：**澳优海普诺凯1897
**篇名：**博物馆篇
**创意总监：**刘小莉
**文案：**何琼
**美术指导：**卢韵霖
**设计：**周晓冰
**制作公司：**天音睿豹整合传播
**制片：**蓝倩怡
**导演：**谢卓贤
**摄影：**陈承翼
**剪辑：**大於影像
**音乐：**艾高
**动画：**卡卡

**声音及字幕：**

男：如果时间可以倒转，可以再给我一次机会吗？

女：芭菲是完美，芝士是浓情，完美浪漫，芭菲芝士。中街大果，法式冷冻甜点系。

**创意说明：**

为将产品优势转化为打动目标市场的选购理由，我们锁定了“法式浪漫”的创作方向，设计出“完美浪漫”的广告主题和“让时光倒转”这个充满法式风格的完美浪漫方式；同时设计品类名称“法式冷冻甜点系”。整个广告被一个小清新风格的有关表白的浪漫故事包裹，产品被设计成推动故事发展的关键元素。

**客户：**沈阳中街冰点城食品有限公司
**产品/品牌：**中街大果法式冷冻甜点
**篇名：**爱的表白篇
**创意总监：**孙颖
**创意：**辛璐
**文案：**辛璐
**制作公司：**沈阳智为传奇广告有限公司
**制片：**林路
**导演：**高鹏
**摄影：**陈乐毅
**剪辑：**宋建
**音乐：**宋建
**动画：**高阳 孙璐璐

**声音及字幕：**

旁白、字幕：雅客鸡蛋糕，好多好多好多鸡蛋在里面。雅客鸡蛋糕，小心会下蛋哦！雅客。

**创意说明：**

雅客鸡蛋糕区别于竞争对手的利益点是蛋糕的鸡蛋含量相对较高，如何表现雅客鸡蛋糕的这一利益点？单纯的原料数据丝毫引起不了消费者的注意，我们通过“鸡蛋”、“小鸡”之间最直观的联想，以幽默风趣且形象化的创意，让周迅以戏剧化的手法，由享受吃鸡蛋糕转化为被包围在一群小鸡中，演绎出“小心会下蛋哦！”，让人会心一笑的同时，又记住了产品，会下蛋的鸡蛋糕！形象化了雅客鸡蛋糕的鸡蛋含量丰富。

**客户：**福建雅客食品有限公司
**产品/品牌：**雅客鸡蛋糕
**篇名：**下蛋篇
**创意：**叶茂中营销策划机构

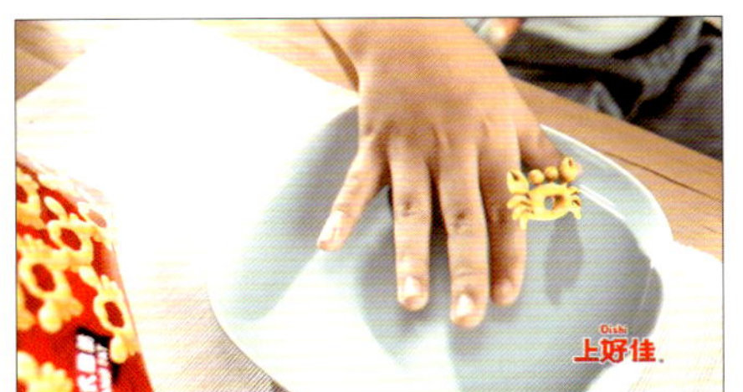

**声音及字幕：**

男孩：嗯，要吃掉统统吃掉。

螃蟹：嘿嘿嘿嘿。

男孩：吃掉吃掉统统吃掉。

螃蟹：啊！！

男孩：哦，嘿。

旁白：吃掉吃掉，蟹味逸族。

字幕：蟹味逸族“吃掉吃掉”。

旁白、字幕：上好佳。

旁白：逃掉，逃掉。

**创意说明：**

有时候，零食对于孩子来说，并不只是食物，而是玩乐的伙伴，恰好，蟹味逸族的形状就是一只有趣的螃蟹。所以，一场孩子跟“螃蟹”之间的故事就发生了。用孩子的“吃掉吃掉”，与螃蟹的“逃掉逃掉”，两者之间有趣的行为跟语言，将上好佳蟹味逸族的好吃与好玩呈现出来。

**客户：**上好佳控股有限公司

**产品/品牌：**蟹味逸族

**篇名：**吃掉吃掉篇

**创意：**余霞

**文案：**余霞

**美术指导：**徐永豈 章一翔

**制作公司：**浙江博采传媒有限公司

**制片：**金科

**导演：**徐永豈

**摄影：**阿福

**剪辑：**杨丽苗

**音乐：**上海同步音乐制作有限公司

**声音及字幕：**

旁白、字幕：阻挡爱情发生的不是距离，不是年龄，不是身份，而是你我的勇气，不犹豫，别等待，如果爱，勇敢爱。金帝巧克力，产业链，好产品，中粮。

**创意说明：**

金帝TVC通过画面分隔的形式表达阻挡爱情发生的，不是距离，不是年龄，更不是身份，只要敢爱，就可以突破障碍，勇敢在一起。

**客户：**中粮集团有限公司
**产品/品牌：**金帝巧克力
**篇名：**敢爱篇
**创意：**品牌研究院
**文案：**品牌研究院
**设计：**品牌研究院

广东省广告股份有限公司

**声音及字幕：**

唱：嘿，春光好咧，春光美，春光椰子香甜甜咧。

妈妈：浓浓椰奶，天然植物蛋白，三重低温慢熬，熬出春光椰子糖。嗯，好浓。

儿子：嗯，好香。浓浓椰香，爱上春光，海南春光食品。

**创意说明：**

本片将“浓浓椰香”的产品卖点，结合“浓浓亲情”的情感元素，在美丽的海南椰林沙滩搭建一个童话般的椰子屋，通过一对母子以原生态的方式熬制椰子糖的美景，浓情在这里一一展现。本片力求从视觉和听觉上让消费者对产品的美味充满期待，对品牌背后的故事有着美好的联想。

**客户：**文昌市春光食品有限公司
**产品/品牌：**春光椰子糖
**篇名：**亲情篇
**创意总监：**刘小莉
**美术指导：**卢韵霖
**设计：**周晓冰
**制作公司：**天音睿豹整合传播
**制片：**朱穗花
**导演：**谢卓贤
**摄影：**陈承翼
**剪辑：**何景祥
**音乐：**罗韵刚
**动画：**黄艳邦

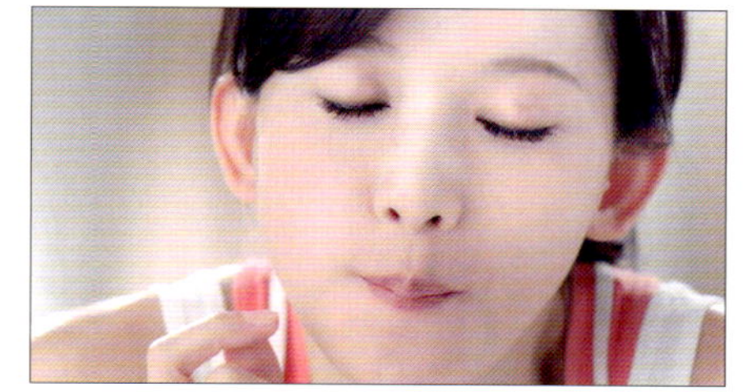

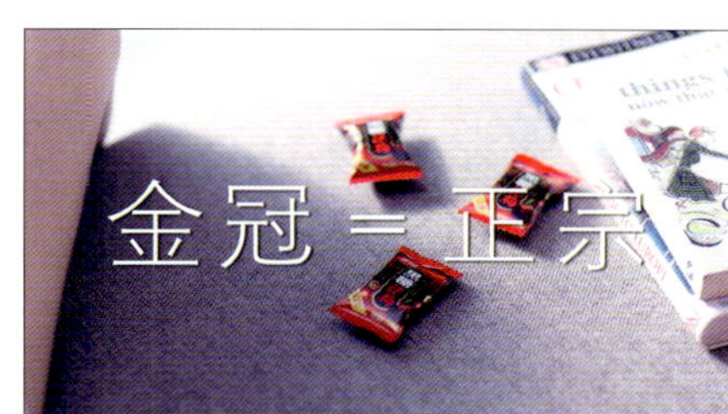

**声音及字幕：**

旁白：咦？金冠黑糖话梅糖，纯正黑糖加上等梅肉，酸酸甜甜，无敌好吃，这正宗的味道，才是我喜欢的，金冠黑糖话梅糖就是正宗。黑糖话梅糖，我只选金冠。

字幕：黑糖+话梅；金冠=正宗；升级版全新上市；金冠，传承幸福，分享快乐。

**创意说明：**

借助林志玲强大的知名度和影响力，配合林志玲对小资生活的完美演绎，一方面强化金冠黑糖话梅糖的好吃、正宗，另一方面提升产品本身的品质感。

**客户：**金冠（中国）食品有限公司
**产品/品牌：**金冠话梅糖
**篇名：**正宗好吃篇
**创意总监：**桑田
**创意：**郑海山
**文案：**郑海山
**美术指导：**李敏
**制作公司：**广州市千里马广告有限公司
**制片：**全明杰
**导演：**曹庭榕
**剪辑：**YY
**音乐：**肖健

**篇名：**商务篇

**声音及字幕：**

旁白：嗞嗞，嗞嗞，嗞嗞。嗞嗞是检验有味的唯一标准，嗞嗞有味就是有味。

**篇名：**采摘篇

**声音及字幕：**

旁白：嗞嗞，嗞嗞，嗞嗞。嗞嗞是检验有味的唯一标准，嗞嗞有味就是有味。

**创意说明：**

在视觉和听觉上共同演绎与品牌关联性极强的"嗞嗞"，塑造鲜明的品牌形象及个性。

（注：本系列广告中的《检验篇》已刻入光盘。）

**客户：**湖南小龙王食品有限公司

**产品/品牌：**嗞嗞有味

**创意总监：**尹云从 孙国汀

**创意：**创意三组

**文案：**杨元佳 许诗淮

**美术指导：**孙国汀

**制作公司：**上海盛美

**制片：**杨峥嵘

**导演：**苏俊

## 长沙盛美广告有限公司

**篇名：**对笑篇

**声音及字幕：**

男女："我"。"你"。"要不，我们"？

男：知道吗，男女对笑时，往往女子最先眨眼，不信，你笑笑？

女：有空多笑笑，天天寻开心。

**篇名：**假笑篇

**声音及字幕：**

女：欧巴。

男：我不要看到你流泪。

男：据观察，人类假笑时左边嘴角会偏高一些，不信，你笑笑？

女：有空多笑笑，天天寻开心。

**创意说明：**

运用对冷知识的好奇心，使人们看过广告后产生对各种笑容的尝试，娱乐的过程中对广告产生好感，从而传递"寻开心"快乐至上的品牌主张。（注：本系列广告中的《大笑篇》已刻入光盘。）

**客户：**小龙王食品有限公司
**产品/品牌：**寻开心
**创意总监：**尹云从 孙国汀
**创意：**创意四组
**文案：**刘洲
**美术指导：**孙国汀
**制作公司：**上海盛美
**制片：**杨峥嵘
**导演：**苏俊

**长沙盛美广告有限公司**

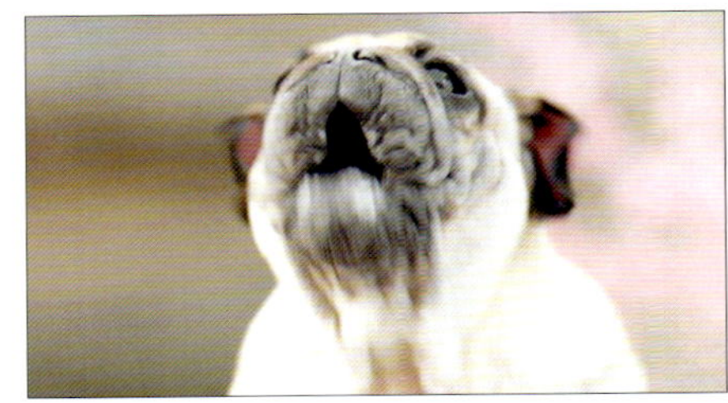

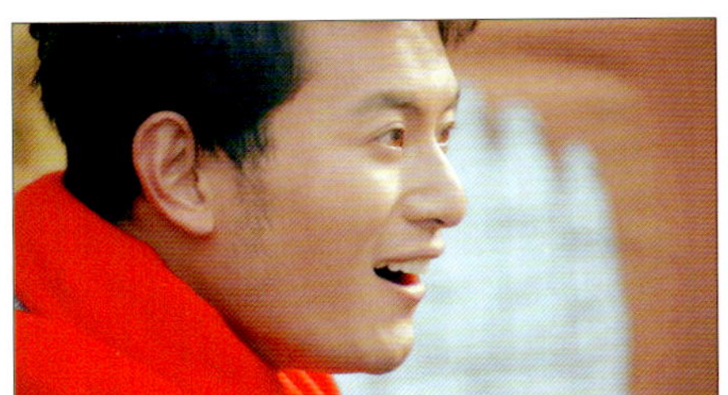

**声音及字幕：**

男：你说，我今年的运道旺不旺？旺不旺？旺不旺？

狗：旺！

旁白：新年好运道，天天寻开心。

**创意说明：**

什么才是真正的寻开心？我们用一种自娱自乐的方式告诉了消费者。

**客户：**湖南小龙王食品有限公司
**产品/品牌：**寻开心
**篇名：**寻旺篇
**创意总监：**尹云从 孙国汀
**创意：**创意四组
**文案：**刘洲
**美术指导：**孙国汀
**制作公司：**上海盛美
**制片：**杨峥嵘
**导演：**苏俊

长沙盛美广告有限公司

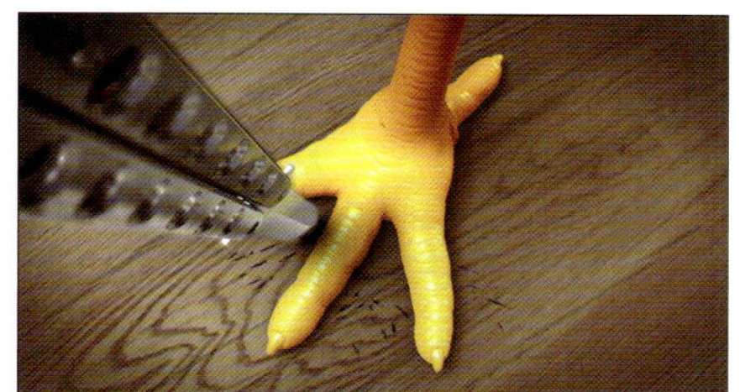
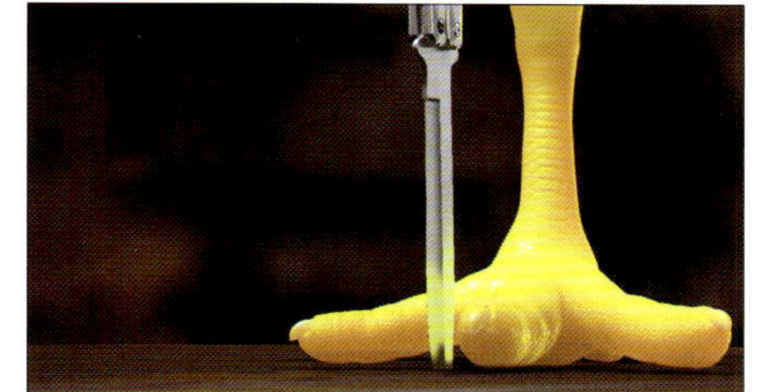

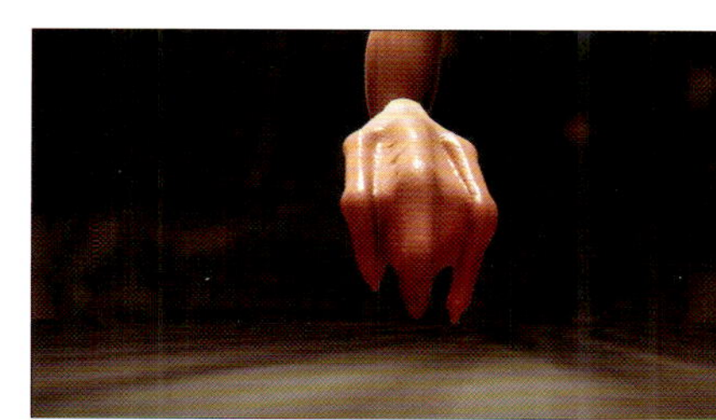

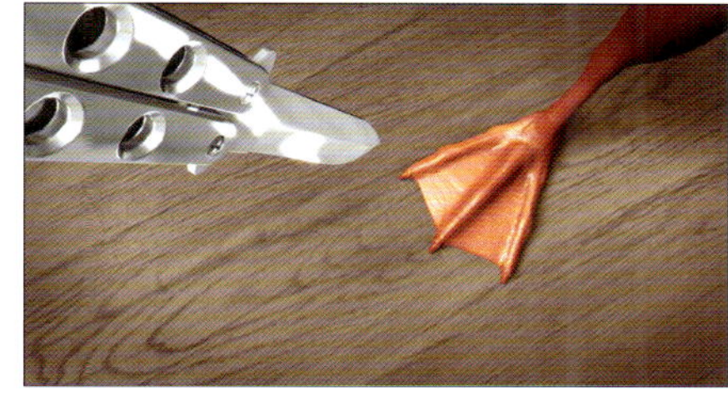

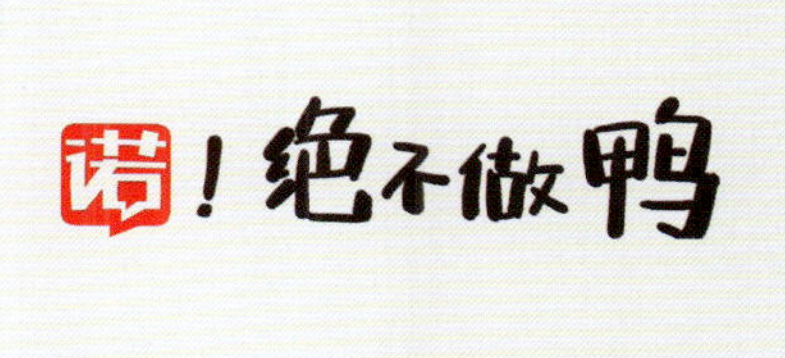

**声音及字幕：**

旁白：有请下一位选手。

旁白、字幕：诺，绝不做鸭！南诺信盐焗鸡。

**创意说明：**

用鸡鸭生理差异凸显鸡的优势,幽默地表现了“专注于盐焗鸡生产”的品牌姿态。趾间插刀？来吧，反正绝不做鸭！

**客户：**广东南诺信食品工业有限公司
**产品/品牌：**南诺信盐焗鸡
**篇名：**趾间插刀篇
**创意总监：**尹云从 宋启源
**创意：**创意一组
**文案：**唐文婷 彭淑兰
**美术指导：**刘亚明
**设计：**邝勇超 黄敏 龙赛
**制作公司：**上海盛美
**制片：**杨峥嵘
**导演：**苏俊

长沙盛美广告有限公司

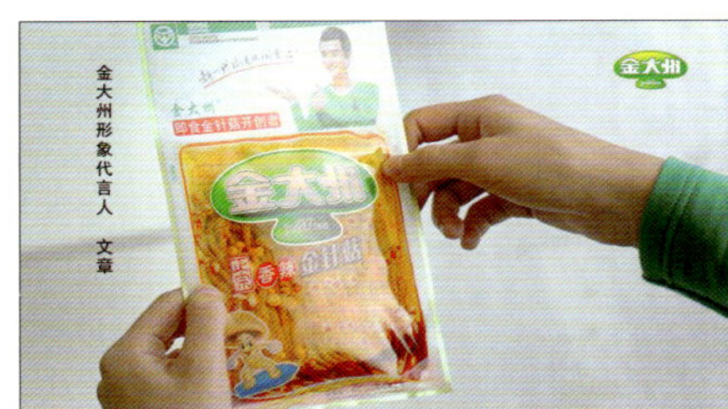


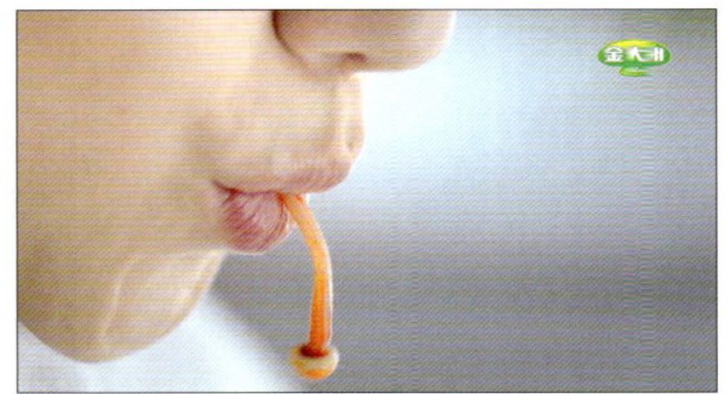

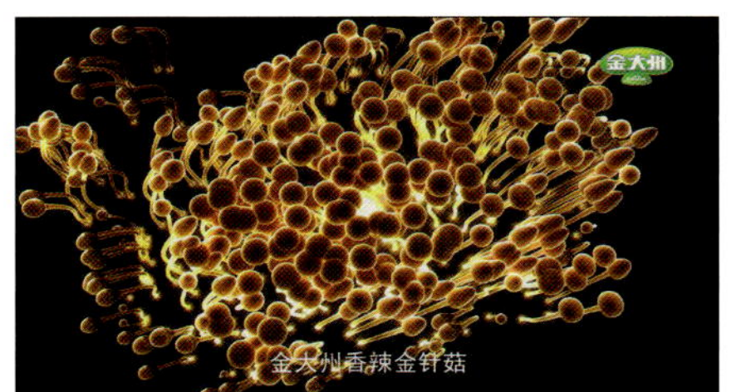

**声音及字幕：**

字幕：金大州形象代言人——文章。

旁白、字幕：金大州香辣金针菇，香得正宗，辣得舒服。香辣金针菇，就是金大州。

**创意说明：**

鲜明的色彩、俊男美女的组合，轻快的快节奏、时尚前沿的拍摄手法，引起年轻受众群的关注，“香、辣、爽、脆”的产品卖点与代言人略带夸张的表演，将年轻人阳光与激情的生活态度与产品卖点进行完美结合。

**客户：**金大州实业
**产品/品牌：**金大州香辣金针菇
**篇名：**文章篇
**创意总监：**梁剑华
**制作公司：**成都左岸映像广告传媒有限公司
**制作：**成都左岸映像广告传媒有限公司
**导演：**沈严
**摄影：**李雪涛
**剪辑：**左岸后期
**音乐：**左岸后期
**动画：**左岸后期

成都左岸映像广告传媒有限公司

**声音及字幕：**

歌词：乌江榨菜，炒肉、烧汤、夹馒头、蒸鱼、焖肉、涮火锅、送粥、泡面、下米饭、乌江榨菜三洗三榨，中国好味道。

**创意说明：**

本片通过直接呈现榨菜的多种用途，引导消费者在多种情境下都可食用榨菜，从而扩大榨菜的市场，同时借助京剧脸谱元素结合Rap，让整个广告片富含文化底蕴又不失时尚元素，通篇以红色的脸谱作为背景，画面的变换仅在菜品上，使整支片子单纯、有力，记忆度高。

**客户：** 四川涪陵榨菜集团
**产品/品牌：** 乌江榨菜
**篇名：** 脸谱篇
**创意：** 叶茂中营销策划机构

**声音及字幕：**

旁白：好侍咖喱。

歌词：好味道，好心情。炒一炒，煮一煮，咖喱块放进去，大家好心情，好味道，好心情，百梦多咖喱。

字幕：好侍。

旁白：我还要。

字幕：苹果+蜂蜜。

旁白、字幕：好侍。

**创意说明：**

大家一起来苹果屋吃好侍咖喱喽！这次是小朋友们自己动手做咖喱，简单又美味！

**客户：**好侍食品株式会社
**产品/品牌：**好侍咖喱
**篇名：**苹果屋篇
**创意总监：**繁田智雄
**美术指导：**付彬彬
**制作公司：**上海葵友广告有限公司
**制片：**杨斌 俞玮鑫
**导演：**许超
**摄影：**刘政铨
**剪辑：**林铷
**音乐：**解易

株式会社ADK/上海葵友广告有限公司

**声音及字幕：**

旁白：千禾头道原香。精选东北非转基因大豆，历经36道工序，酿足180天，只榨取第一道原汁精华，入口鲜香。

旁白、字幕：头道原香，味道更好。

**创意说明：**

“味道”食品广告永远的主题，帅气的厨师、鲜活的海鲜、都没有吸引顾客的目光，失落郁闷的情绪中，千禾产品的出现，色泽与美味的结合，蜂拥而至的顾客，惊讶的厨师、骄傲的促销小姐，幽默气氛中将影片推向高潮。

**客户：**千禾味业
**产品/品牌：**千禾头道原香
**篇名：**超市篇
**创意总监：**梁剑华
**创意：**梁剑华
**文案：**刘潇
**制作公司：**成都左岸映像广告传媒有限公司
**制片：**成都左岸映像广告传媒有限公司
**导演：**陈刚
**摄影：**小庄
**剪辑：**左岸后期
**音乐：**左岸后期
**动画：**左岸后期

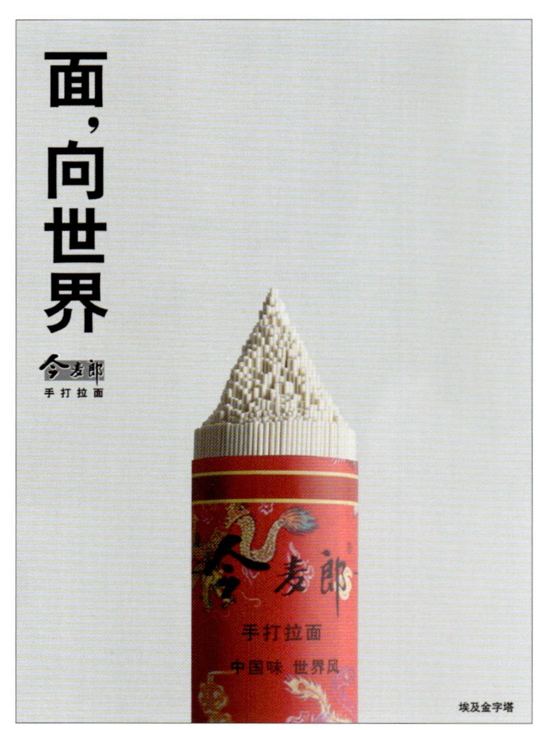


篇名：埃及金字塔篇

篇名：瑞士再保险大厦篇

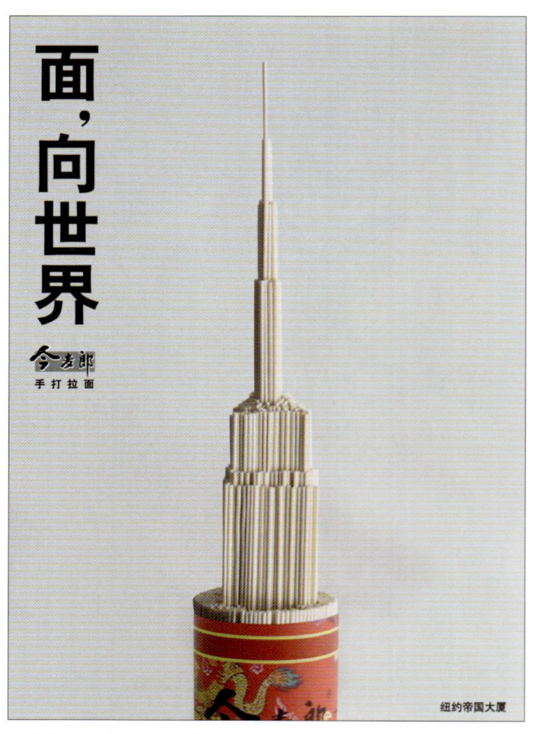


篇名：纽约帝国大厦篇

篇名：比斯迪拜塔篇

客户：今麦郎食品有限公司　产品/品牌：今麦郎手打拉面
创意总监：张增辉　创意：张增辉　文案：姚方
美术指导：李晖　设计：任鲲　制作：郑建丽

浙江高速广告有限责任公司

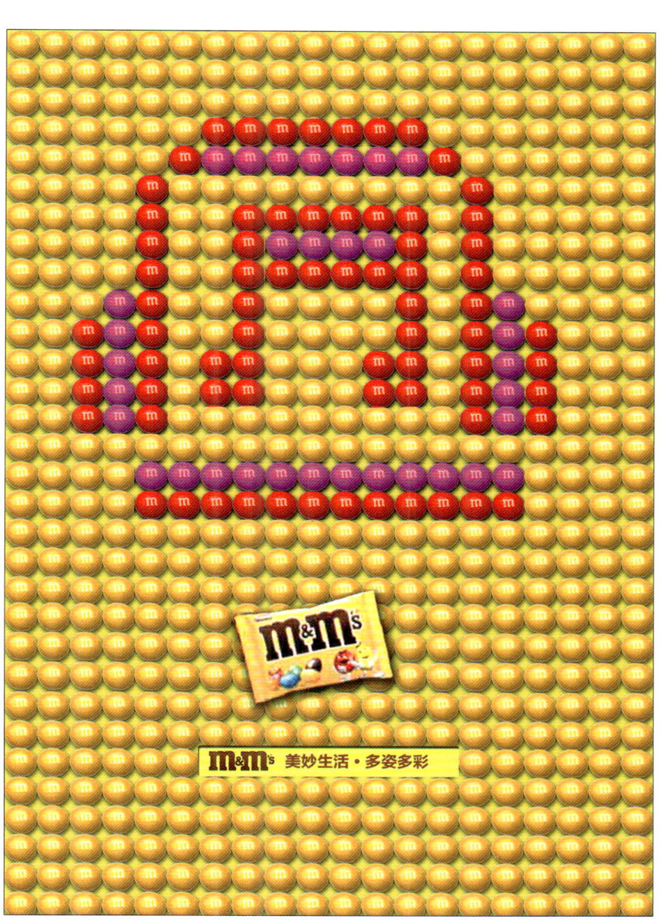


客户：mm豆
产品/品牌：mm豆
篇名：美妙篇
创意总监：王文华
创意：赵亚凡
文案：赵亚凡
设计：赵亚凡
制作：赵亚凡

北京视新天元广告有限公司

**篇名：** 纪念日篇

**篇名：** 考试篇

**篇名：** 花瓶篇

**客户：** 中粮集团有限公司
**产品/品牌：** 金帝巧克力
**创意：** 品牌研究院
**文案：** 品牌研究院
**设计：** 品牌研究院

**篇名：**存钱罐篇

**篇名：**杯子篇

**篇名：**盘子篇

**客户：**中粮集团有限公司
**产品/品牌：**金帝脆心巧克力
**创意：**品牌研究院
**文案：**品牌研究院
**设计：**品牌研究院

篇名：纯土豆篇

篇名：脆滋味篇

客户：上好佳（中国）有限公司　产品/品牌：上好佳醇脆薯片
创意总监：张增辉　创意：张增辉　文案：姚方
美术指导：李晖　设计：任鲲　制作：郑建丽

浙江高速广告有限责任公司

篇名：庆胜利篇

篇名：戴戒指篇

篇名：算算术篇

**客户：**广东南诺信食品工业有限公司　**产品/品牌：**南诺信盐焗鸡
**创意总监：**尹云从 宋启源　**创意：**创意一组　**文案：**唐文婷 彭淑兰
**美术指导：**刘亚明　**设计：**邝勇超 黄敏 龙赛

长沙盛美广告有限公司

篇名：假笑篇

篇名：大笑篇

篇名：对笑篇

客户：小龙王食品有限公司
产品/品牌：寻开心
创意总监：尹云从 孙国汀
创意：创意四组
文案：刘洲
美术指导：孙国汀

长沙盛美广告有限公司

篇名：子弹篇

篇名：拜天地篇

客户：中椒英潮辣业发展有限公司
产品/品牌：中椒英潮蒜蓉辣酱
创意：叶茂中营销策划机构

篇名：青蒜篇

篇名：辣椒篇

篇名：洋葱篇

客户：广东佳隆食品股份有限公司
产品/品牌：青芥辣酱
创意：第五事业部
文案：第五事业部
设计：第五事业部

篇名：分手篇

篇名：婚礼篇

客户：广东佳隆食品股份有限公司　　产品/品牌：青芥辣酱
创意：第五事业部　　文案：第五事业部　　设计：第五事业部

广东省广告股份有限公司

篇名：吊丝猫篇

篇名：大公鸡篇

篇名：土豪狗篇

客户：江苏益客
产品/品牌：爱鸭
创意总监：叶峰
创意：叶峰 刘海玲
文案：叶峰 刘海玲
美术指导：刘海玲
设计：刘海玲
制作：刘海玲

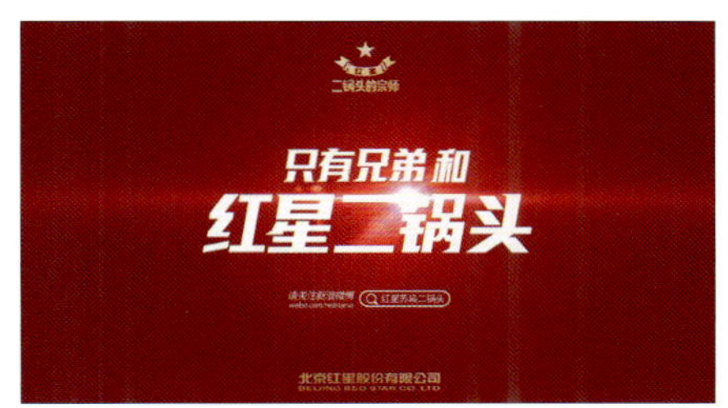


**声音及字幕：**

字幕：没有掩饰、没有距离、没有预约，没有理由，没有座次，没有致辞，没有款待不周，没有先干为敬，只有兄弟和红星二锅头。

**创意说明：**

本创意是采用不同兄弟之间在一起聚会时的真实场景作为TVC的主视觉，并通过兄弟之间没有距离、掩饰等洞察作为贯穿整条片子的文案诉求，表达出红星二锅头的内在兄弟精神，以循序渐进的方式震撼人心。

**客户：**北京红星股份有限公司
**产品/品牌：**红星二锅头
**篇名：**兄弟篇
**创意：**第五事业部
**文案：**第五事业部
**设计：**第五事业部

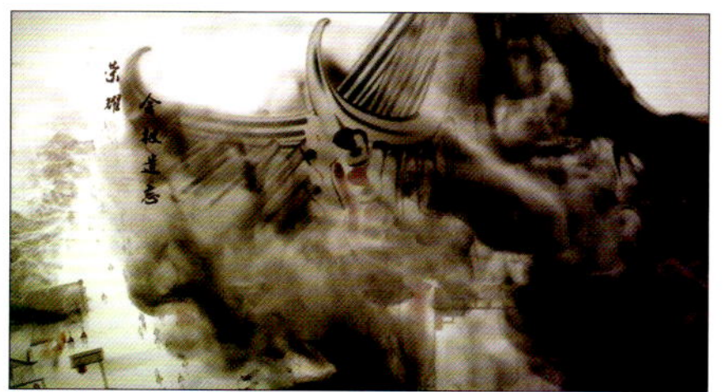

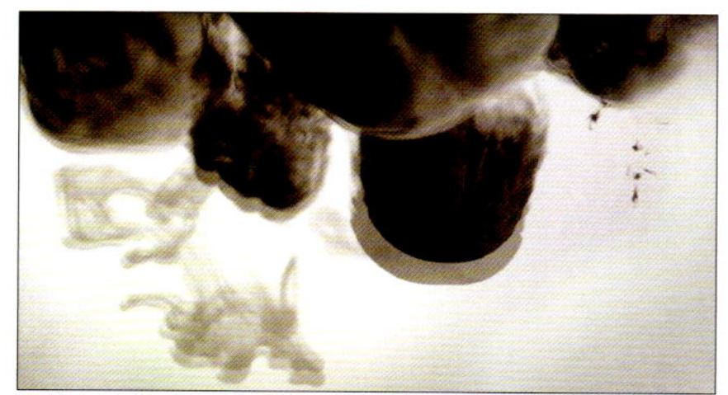

**声音及字幕：**

旁白、字幕：荣耀会被遗忘，成就会被超越，地位会被取代，历史转瞬即逝，唯有心无疆，方能域无界，伊力封坛年份酒。

**创意说明：**

运用国画水墨的手法（国画中水墨与水彩的运用恰恰与时间的流淌，形意相呼应），描绘曾经美满甲天下的街区，曾经一览众山的小山峰，已被一一遗忘，取代。阐述了荣耀、成就、地位、历史等等现代人梦寐以求的永恒，最终敌不过时间的流逝。最终"唯有心无疆，方能域无界。"是伊力封坛年份酒传达的人生理念。无疆无界，方为永恒。

**客户：**乌鲁木齐福隆天源商贸有限公司
**产品/品牌：**伊力封坛年份酒
**篇名：**国画篇
**创意：**第四事业部
**文案：**第四事业部
**设计：**第四事业部

**声音及字幕：**

旁白、字幕：1979年，缘是天时；1992年，缘是地利；2001年，缘是人和；2012年，成大事，必有缘。国缘，今世缘酒业。

**创意说明：**

作为杀向一线阵营的高端酒品牌，国缘酒跳脱比拼历史、工艺、品味等具体利益点的传统做法，站在品牌的高度，通过鲜明独特的品牌文化，形成稳固的品牌归属。如何解读国缘“成大事，必有缘”的诉求？对于国缘目标受众——政商界人群而言，天时、地利、人和就是成就人生的缘。本片创意以企业家人生经历为线索，展现时代、机遇、人脉对成功的重要意义，而国缘酒贯穿始终，成为成功契机的催化剂。

**客户：**今世缘酒业
**产品/品牌：**国缘酒
**篇名：**成大事必有缘篇
**创意总监：**王春笑
**创意：**夏超 李燕
**文案：**陶朋 沈栩竹

**中视金桥广告有限公司**

**声音及字幕：**

旁白、字幕：这是我们不变的标志，因为唐朝；这是我们不舍的情结，由于唐朝；这是我们不忘的技艺，回味唐朝；剑南春。

**创意说明：**

2013年剑南春成为标王后，由2004版原班团队翻拍，延续经典三段式。唐人街、唐装等中国符号与剑南春并列，展现唐文化与品牌的传承渊源，衬托产品文化理念与独属品味。制作上更具匠心：手工绘制唐人街牌楼、著名设计师亲承制作的唐装、全部定制的背景乐女墙釉砖，既强调了表现元素的质感，又保持了整体一致性，更让受众感受品牌与时俱进的发展理念与创新精神。

**客户：**剑南春集团
**产品/品牌：**珍藏级剑南春
**篇名：**唐朝篇
**制作总监：**曾柯
**文案：**饶苑菁
**制作公司：**北京亚诗圣凰广告有限公司
**代理公司：**成都天之涯文化传播有限公司
**导演：**李易威
**摄影：**李炳强
**美术：**杨志文
**剪辑：**蔡仲彦
**制片：**贺迎

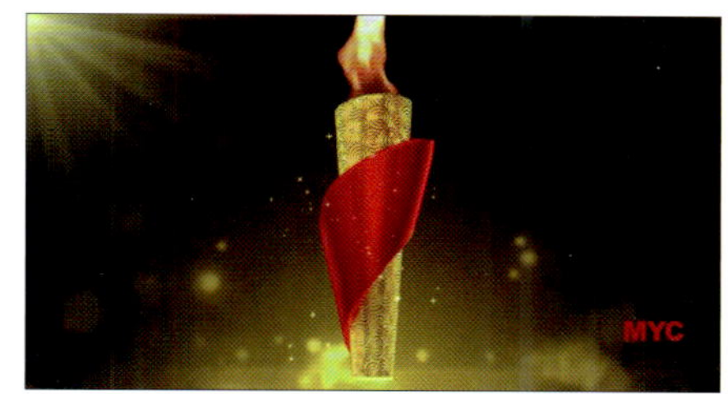


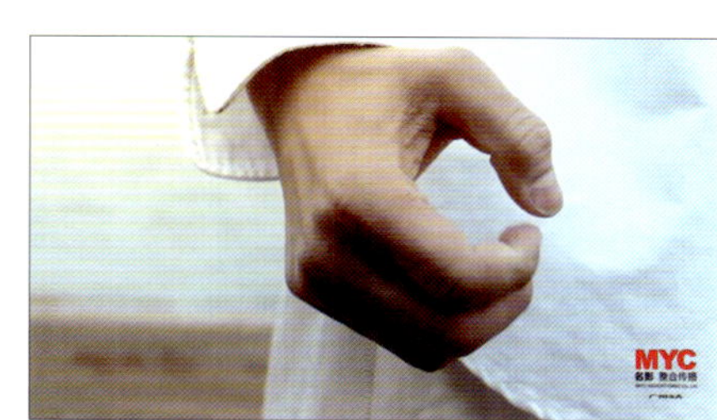


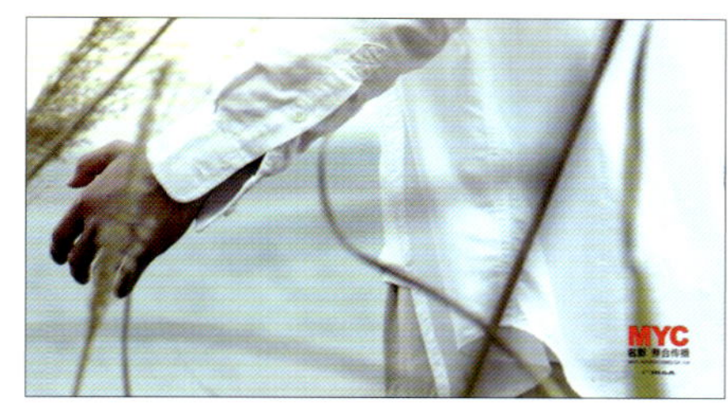

**声音及字幕：**

旁白：拳头，举起来是拼，放下去是忍。握紧有舍，松开有得。真男人，刚柔并济，如意张弛，拳头酱香，中国贵州茅台镇。

**创意说明：**

以邹市明的视角，诠释舍与得之间的生活智慧。本片重在将拳击精神和拳头酱酒的品牌内涵巧妙结合，塑造高端大气的品牌形象。

（注：本系列广告中的《历练篇》已刻入光盘。）

**客户：** 贵州拳头酒业有限公司
**产品/品牌：** 拳头酒
**篇名：** 张弛篇
**创意总监：** 何炳均
**创意：** 北京盛初
**文案：** 黄伟 彭商城
**美术指导：** 阿ken
**制作公司：** 广州名影广告有限公司
**制片：** 金兰明
**导演：** 何炳均
**摄影：** 梁振智
**剪辑：** 黄伟
**音乐：** 保罗

广州名影广告有限公司

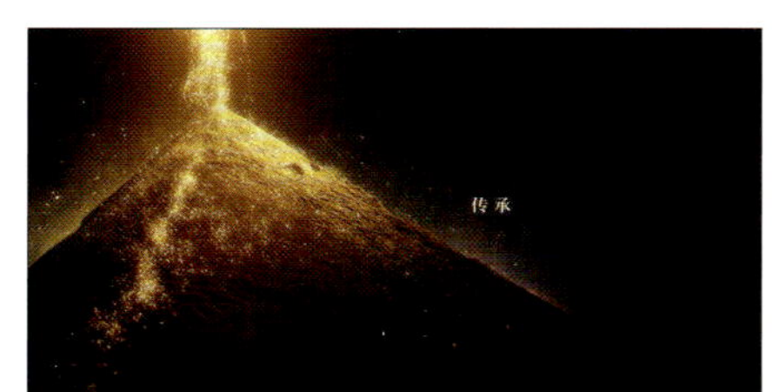

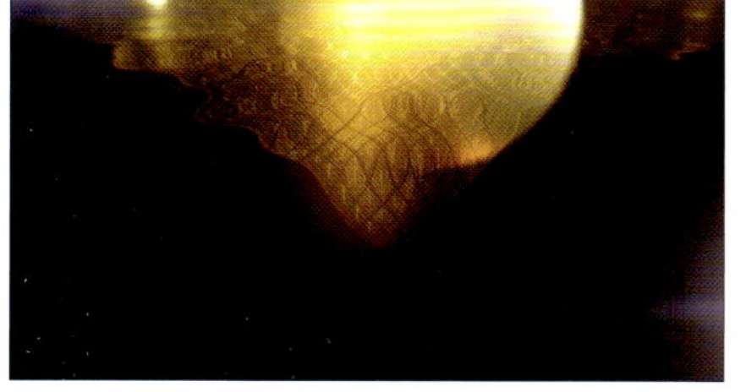

**声音及字幕：**

旁白、字幕：传承，为了超越。超越，才可定义。星河湾老原酒，经典之上再造经典，星河湾集团。

**创意说明：**

漫长的历史，不断的涌现经典，它们也在时光里，被不断的超越。星河湾老原酒“经典之上，再造经典”影视创作以“新、老”金字塔的时光幻变，象征星河湾老原酒，传承经典，超越经典，再造经典的历程。

**客户：** 星河湾酒业有限公司
**产品/品牌：** 星河湾老原酒
**篇名：** 星河湾老原酒篇
**制作公司：** 成都泽宏嘉瑞文化传播有限公司
**制片：** 杨晓玉
**导演：** 姚力
**剪辑：** 雷贵华
**音乐：** 罐头音乐
**动画：** 王迅

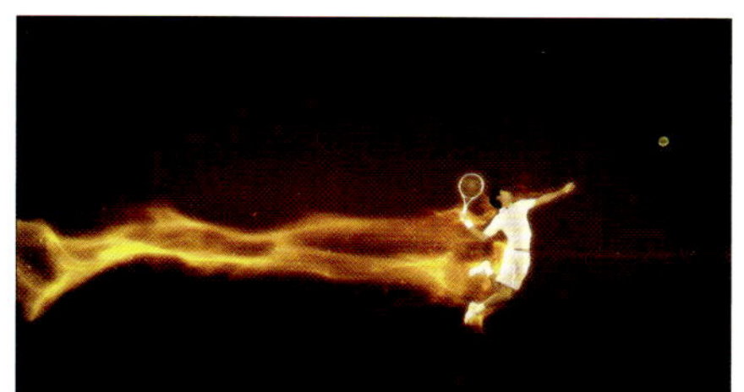

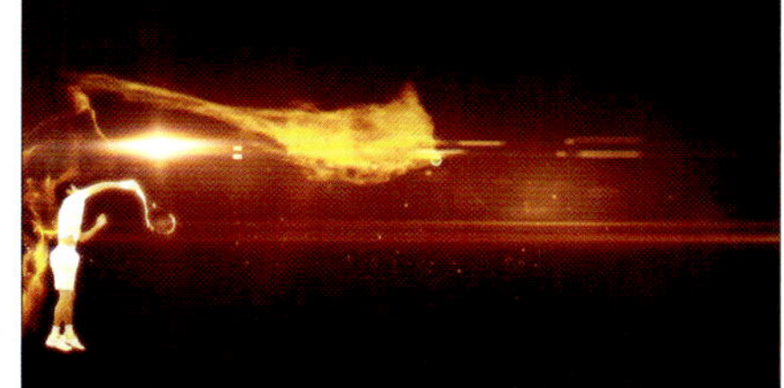

**声音及字幕：**

旁白：600年，优雅精神，恒久典藏，水井坊——中国网球公开赛白金赞助商。

**创意说明：**

延续水井坊品牌传统、庄重、优雅的品牌性格，水井坊"中国网球公开赛"TVC创作以故宫红墙为创意元素，融合当代网球运动员优雅的挥球身姿，以更加典雅的视觉角度，将象征浑厚历史的故宫与优雅精神的中网球场完美融合。

**客户：**四川水井坊股份有限公司

**产品/品牌：**水井坊

**制作公司：**成都泽宏嘉瑞文化传播有限公司

**制片：**杨晓玉

**导演：**陈文捷

**摄影：**曹钦宇

**剪辑：**雷贵华

**音乐：**罐头音乐

**动画：**王迅

**成都泽宏嘉瑞文化传播有限公司**

**声音及字幕：**

男主人：还记得当年咱们踩着箱套喝雪花儿吧？

朋友甲：咋不记得呢！

朋友丙：爽啊！

朋友乙：总咱俩抬！

朋友丙：嗯。

男主人：来，吹一个。

朋友乙：嫂子，我来。

女主人：不用，雪花换小箱了。

男主人：可不，小塑箱，12瓶。

朋友乙：轻巧儿多了。

朋友甲：就是新鲜。

旁白、字幕：雪花塑箱，轻装上市。

**创意说明：**

整个广告突出一种浓重的地方风情。多年未见的老友，距离和时间让友谊变得愈加真挚、热烈，恰似这数十年陪伴的雪花啤酒，从当年红箱套的美好回忆，到如今小塑箱的热情欢聚。在当地百姓的真实生活中将广告信息自然、生动地呈现，进而将广告主题（新鲜生活，轻松畅享）植入目标市场的心智，完成产品利益与受众情感的成功对接。

**客户：**华润雪花啤酒（辽宁）有限公司
**产品/品牌：**雪花啤酒
**篇名：**老友重逢篇
**创意总监：**孙颖
**创意：**辛璐
**文案：**辛璐
**制作公司：**沈阳智为传奇广告有限公司
**制片：**林路
**导演：**吕品
**摄影：**沙金城
**剪辑：**李贾轩 艾阳
**音乐：**艾阳
**动画：**高阳

**声音及字幕：**

歌词：织一段绿色光芒，追一场快乐梦想。全生态与世界分享，我要的就是，我爽天下爽。

旁白：我爽天下爽，全生态漓泉啤酒。

字幕：漓泉啤酒。全生态好水酿好酒。中国驰名商标。

**创意说明：**

开启啤酒，顿时如同被带入一个奇幻刺激的生态世界，与人一起在空中飞舞，在一座座遍布丛林、瀑布的悬浮岛间穿跃，还有什么比这更有吸引力？在这里我们通过超现实的表现手法，为观众营造一场充满神奇、前所未见的生态体验，让他们对漓泉啤酒带来的全生态理念产生更强烈的感受。

**客户：**燕京啤酒（桂林漓泉）股份有限公司
**产品/品牌：**漓泉啤酒
**篇名：**奇幻旅程篇
**创意总监：**杨惠中 吴书锦
**文案：**蒋晓霄
**制作公司：**观池
**导演：**Crius

上海梅高创意咨询有限公司

**声音及字幕：**

旁白、字幕：近年来我们发现年轻的台湾人。普遍有姿势不良的问题，而且日夜严重。你知道吗？要解决这个问题，只要多喝水，因为喝水时，除了头颈部能仰起，背部也会自然挺直，矫正不良姿势，一秒钟就能完成。抬头挺胸多喝水，做个堂堂正正的好青年。找个理由多喝水。

**创意说明：**

我们找了一些喝水的理由，看似歪理，却又有其根据，这次要告诉年轻人的是，抬头挺胸多喝水，一秒钟就可矫正驼背。

**客户：**味丹
**产品/品牌：**多喝水
**篇名：**矫正篇
**创意总监：**龚大中
**文案：**许力心
**美术指导：**吴至伦 刘耀文
**导演：**罗景壬
**摄影：**林以婷
**客务总监：**庄若芸
**客务服务：**许淑婷 陈昱安

时报广告奖执行委员会·奥美广告股份有限公司

**声音及字幕：**

旁白：怕上火，就喝王老吉。

字幕：传世185年，正宗凉茶，王老吉；怕上火，就喝王老吉。

**创意说明：**

本创意延续王老吉广告一贯风格——欢乐的氛围，时尚的调性。在强调王老吉正宗凉茶地位的同时，通过展现夏日海滩中由王老吉带来的热闹欢乐、清爽感受，传达“怕上火，就喝王老吉”的品牌核心诉求，来迎合促进王老吉的夏日销售。

**客户：**王老吉大健康产业有限公司
**产品/品牌：**王老吉
**篇名：**夏日清凉篇
**创意总监：**桑田
**创意：**郑海山
**文案：**郑海山
**美术指导：**Jang Je Jeen
**制作公司：**广州市千里马广告有限公司
**制片：**彭俊
**导演：**Kang Ju Hyuch
**摄影：**LEE SOO

广州市千里马广告有限公司

**声音及字幕：**

旁白、字幕：喝乐虎，提神抗疲劳，补充能量。累了，喝乐虎，提神抗疲劳，激发能量。困了，喝乐虎，提神抗疲劳。喝乐虎，激发正能量。

**创意说明：**

乐虎，是食品饮料巨头达利集团进入功能饮料市场推出的首款产品，其功能卖点是提神抗疲劳，品牌口号为“喝乐虎，激发正能量”，TVC锁定年轻白领目标人群，着力表现驾车与加班两个典型消费时机，整体调性活力阳光进取。产品上市后，迅速赢得消费者青睐。

**客户：**达利集团
**产品/品牌：**乐虎氨基酸维生素功能饮料
**篇名：**功能篇
**创意总监：**刘峻成
**美术指导：**冯日
**导演：**彭建森
**制作公司：**北京海润新时代广告有限公司

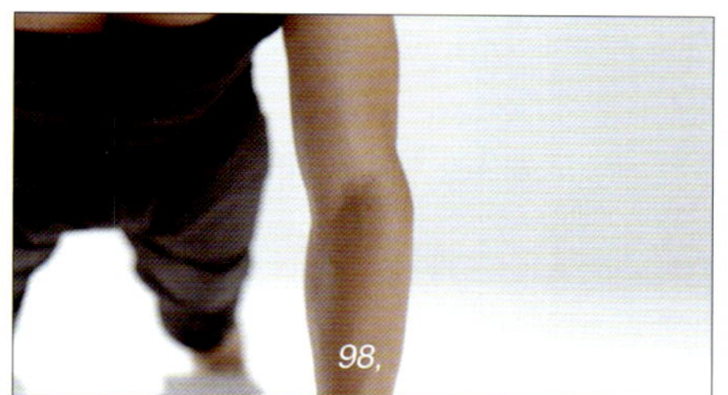


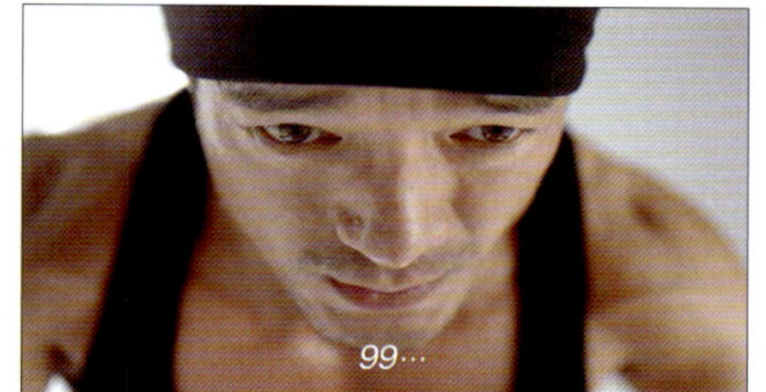


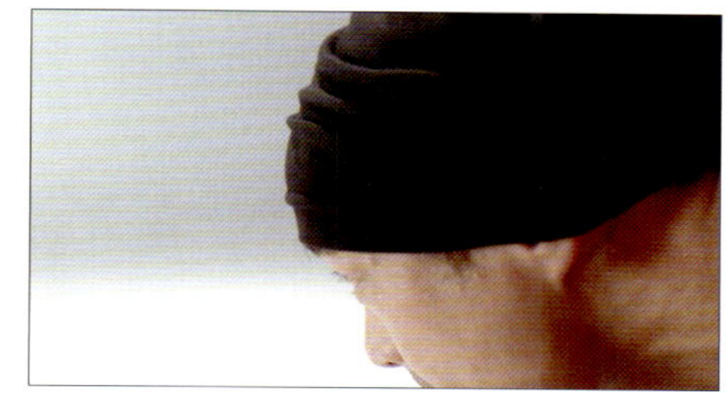

**声音及字幕：**

旁白、字幕：96，97，98，99…100，101，102…乐源能量王，能量之王。

**创意说明：**

乐源能量王，是维生素运动饮料，属于功能型饮料。对于维生素运动饮料而言，早已过了市场教育期。基于市场、产品、媒体计划支持等等，我们觉得乐源能量王应该做的是：如何让自己在众多运动型功能饮料品牌中跳脱出来？广告应做到四两拨千斤的效果。因此，有了《俯卧撑篇》这支广告，单纯、有记忆度，能从其他广告中跳出来，也能引发目标消费人群的共鸣——很多男生都有比赛做俯卧撑的经历，或者跟别人较劲、或者跟自己较劲，俯卧撑这样的运动能很好地展现力量之美、能量之最。

**客户：**浙江乐源生物工程有限公司
**产品/品牌：**乐源能量王
**篇名：**俯卧撑篇
**创意总监：**章子华
**创意：**王惠卿
**文案：**王惠卿
**美术指导：**章一翔
**制作公司：**浙江博采传媒有限公司
**制作：**浙江博采传媒有限公司
**制片：**金科
**导演：**Ragehimself
**摄影：**杨忠福
**剪辑：**杨丽苗
**音乐：**顾烨
**后期：**肖佳 陈超

浙江博采传媒有限公司

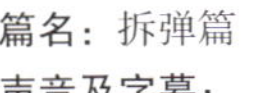

**篇名：**拆弹篇

**声音及字幕：**

军官：先喝水。

男兵：老大，如果我。

军官：先剪蓝的，再剪红的，剪完红线就OK了。

女兵：老大，吃饭。

军官：怎么又没菜？

男兵：唉，你新来的喔？

军官：要我讲几次？ 蔬果摄取不足，生病的机率比别人多50% 。像我这么重视生命的人，一定要呷菜。

男兵：老大。

女兵：老大。

男兵：老大，危险阿！老大！

女兵：老大。

军官：多谢啦！

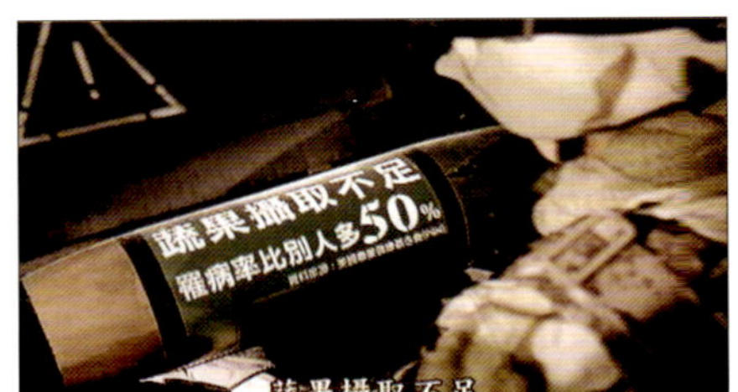

**篇名：**战火篇

**声音及字幕：**

男兵：老大老大，便当来阿！

军官：怎么没菜？像我这么重视生命的人一定要呷菜，你难道不知道？蔬果摄取不足，生病的机率比别人多50% 。今天我一定要呷到菜。

男兵：老大，危险阿，老大！

**创意说明：**

给生活忙碌的目标消费者一个必须摄取蔬菜的理由，而波蜜果菜汁就是最方便的蔬果来源。

**客户：**波蜜果菜汁

**产品/品牌：**波蜜果菜汁

**创意总监：**游明仁 詹育卿

**文案：**李伯勋 庄仟廷

**美术指导：**詹育卿 陈柏男 施家军

**导演：**罗景壬

**制片公司：**ADK联旭广告

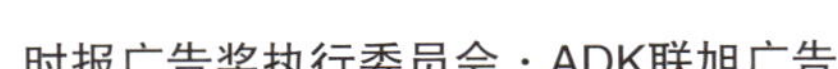

时报广告奖执行委员会·ADK联旭广告

篇名：切篇

篇名：雷篇

篇名：崔篇

客户：北京红星股份有限公司
产品/品牌：红星二锅头
创意：第五事业部
文案：第五事业部
设计：第五事业部

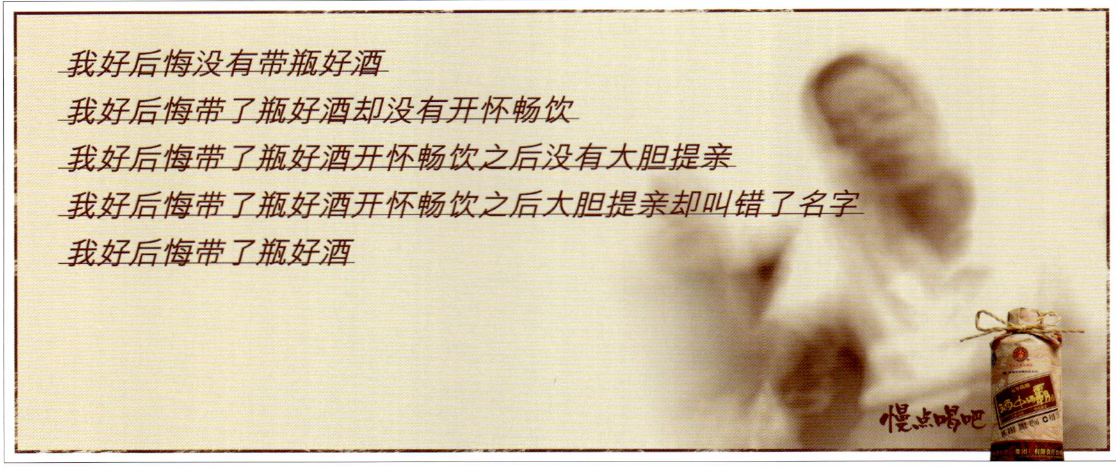


**篇名：**岳父篇

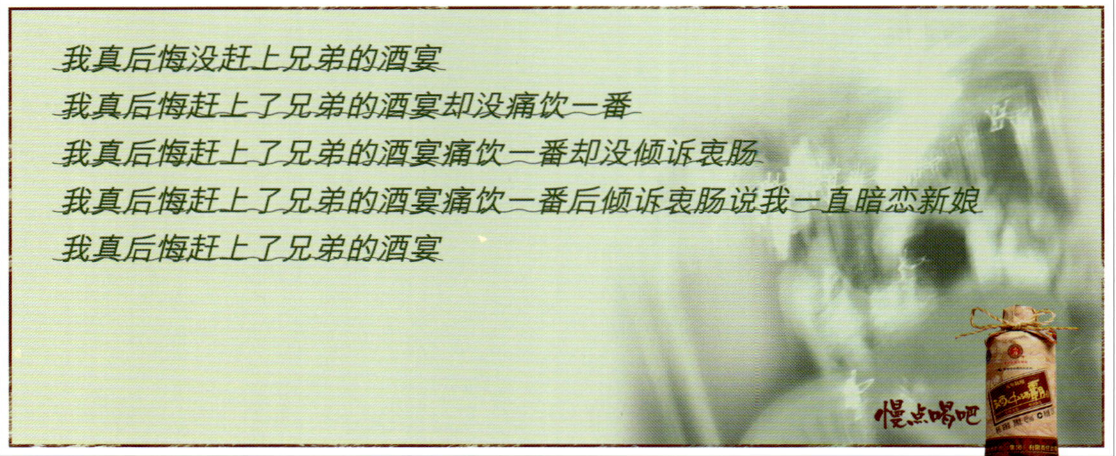


**篇名：**兄弟篇

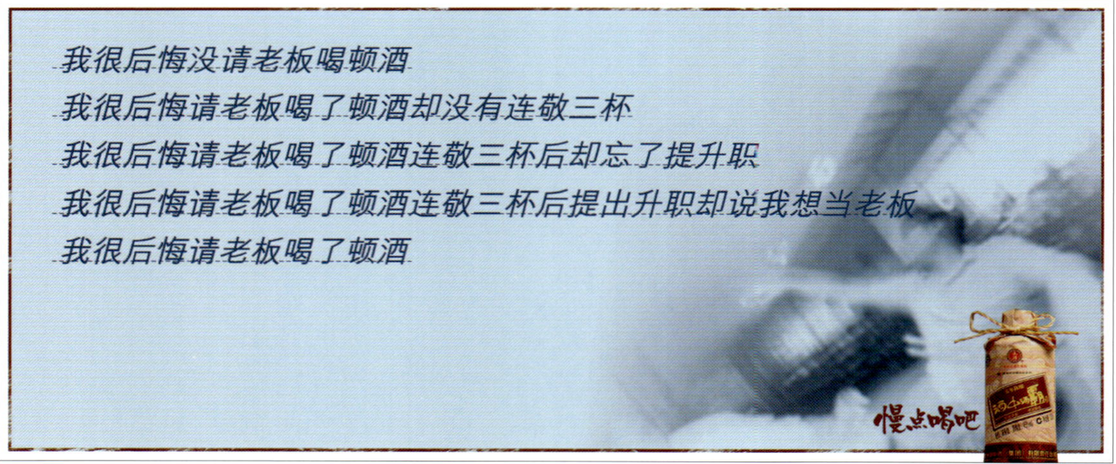


**篇名：**老板篇

**客户：**长沙湘贵实业有限公司　**产品/品牌：**酒中酒霸
**创意总监：**龚珏瑾　**创意：**Anyway　**文案：**Anyway 张章章 曹彤茜
**美术指导：**苏哲　**设计：**TheSue PPT　**制作：**TheSue PPT

长沙反正广告有限公司

**篇名：**中秋节篇

**篇名：**春节篇

**篇名：**父亲节篇

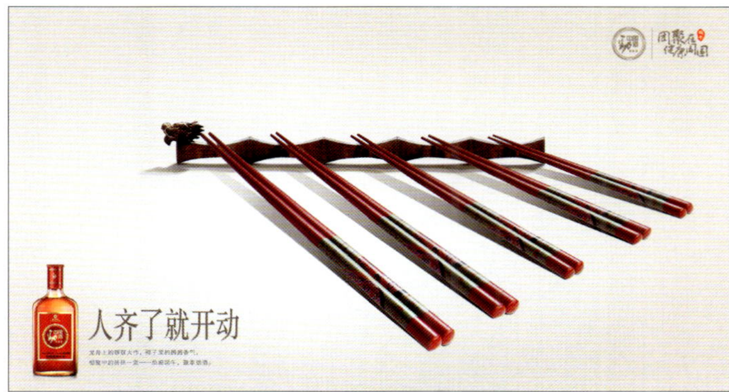


**篇名：**端午节篇

**客户：**劲牌公司
**产品/品牌：**中国劲酒
**创意：**第五事业部
**文案：**第五事业部
**设计：**第五事业部

广东省广告股份有限公司

篇名：刺绣篇

篇名：年画篇

篇名：剪纸篇

客户：北京华夏鸿盛商贸有限公司
产品/品牌：皇城根酒
创意总监：彭致邦
创意：彭致邦
文案：何炳源
美术指导：张洪福
设计：陈鸿飞 林勋骏 向嘉琪
制作：麦柳青

广州蓝火文化传播有限公司

篇名：淬柔诱惑篇

篇名：深冷鲜酿篇

客户：青岛啤酒公司
产品/品牌：新派啤酒
创意总监：梁爽
创意：刘青霞
文案：梅晓琴
美术指导：韦钊
设计：韦钊

**客户：**燕京啤酒（桂林漓泉）股份有限公司
**产品/品牌：**漓泉啤酒
**篇名：**悬浮岛篇
**创意总监：**杨惠中 吴书锦
**文案：**李香

上海梅高创意咨询有限公司

**客户：**重庆冰点矿泉水有限公司
**产品/品牌：**冷山苏打水
**创意总监：**周晶 张云帆
**创意：**张云帆
**文案：**何迟 雷云 黄文婷
**美术指导：**陈扬

重庆高戈广告有限责任公司

**篇名：**小丑篇

**篇名：**怪兽篇

**客户：**卡夫食品有限公司　**产品/品牌：**麦斯威尔特浓咖啡

**创意总监：**方昕　**创意：**任君　**文案：**胡浩 卢利沙 张洁

**美术指导：**张译文　**设计：**康筱辰 张译文　**插画：**康筱辰

**篇名：**试卷篇

**篇名：**唇印篇

**客户：**北京澳特舒尔保健品开发有限公司　**产品/品牌：**和其正

**创意总监：**方昕　**创意：**周敏　**文案：**方昕 张莎莎

**美术指导：**张译文　**设计：**孟宪友

客户：伽法　产品/品牌：伽法　篇名：滤泡的美味篇
创意总监：王文华　创意：吴瑞頔　文案：吴瑞頔
设计总监：刘志坚　设计：吴瑞頔　制作：吴瑞頔

北京视新天元广告有限公司

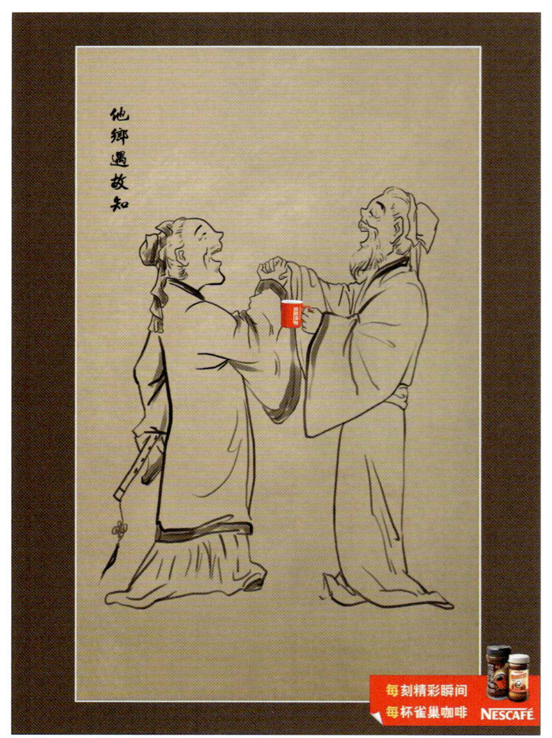


篇名：他乡遇故知篇

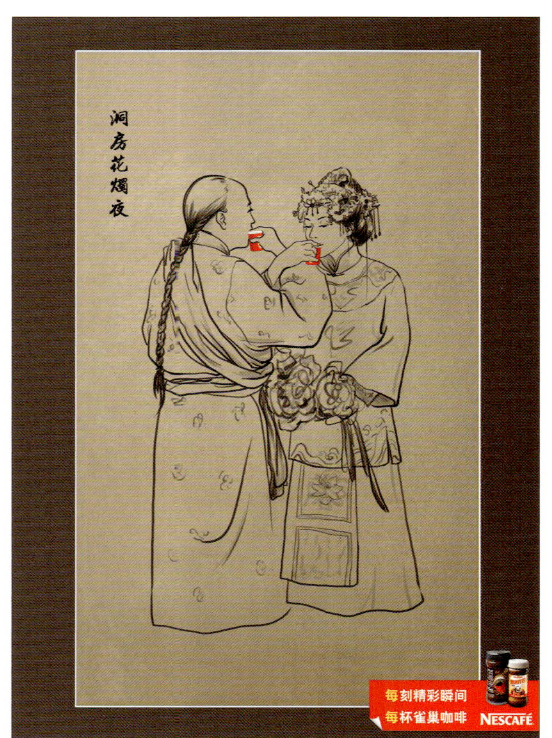


篇名：洞房花烛夜篇

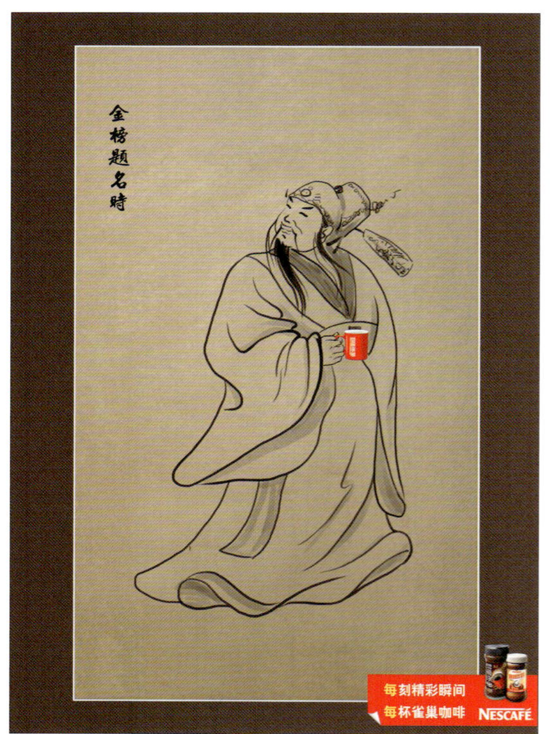


篇名：金榜题名时篇

篇名：眼睛篇

客户：雀巢集团　产品/品牌：雀巢咖啡
创意总监：董毅　创意：闻天雪　文案：闻天雪
美术指导：亢晓东　设计：闻天雪　制作：闻天雪

北京互通联合国际广告有限公司

客户：红牛
产品/品牌：红牛
篇名：眼睛篇
创意总监：王文华
创意：吴瑞峋
文案：吴瑞峋
设计总监：刘志坚
设计：吴瑞峋
制作：吴瑞峋

北京视新天元广告有限公司

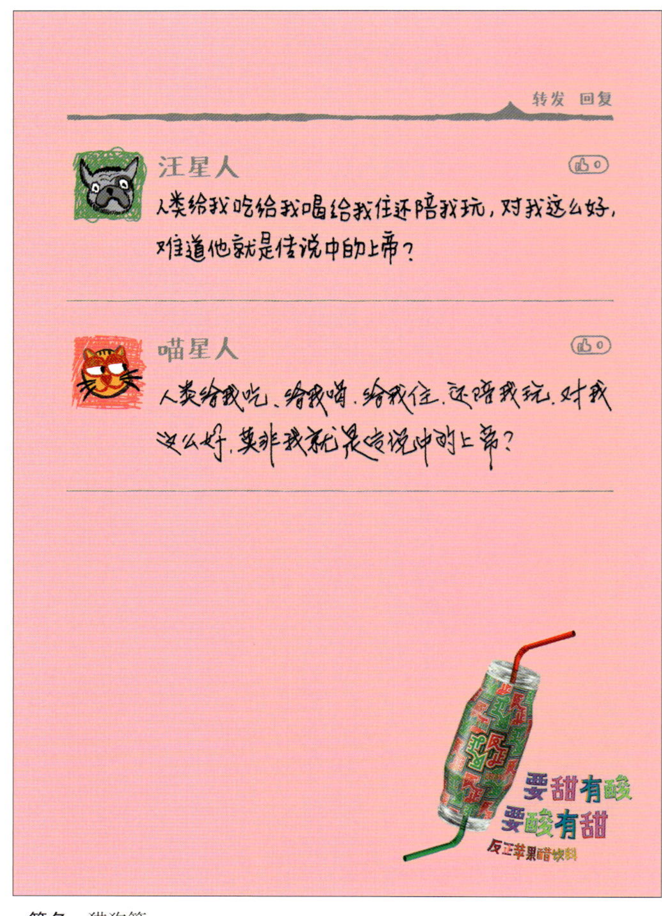


篇名：猫狗篇

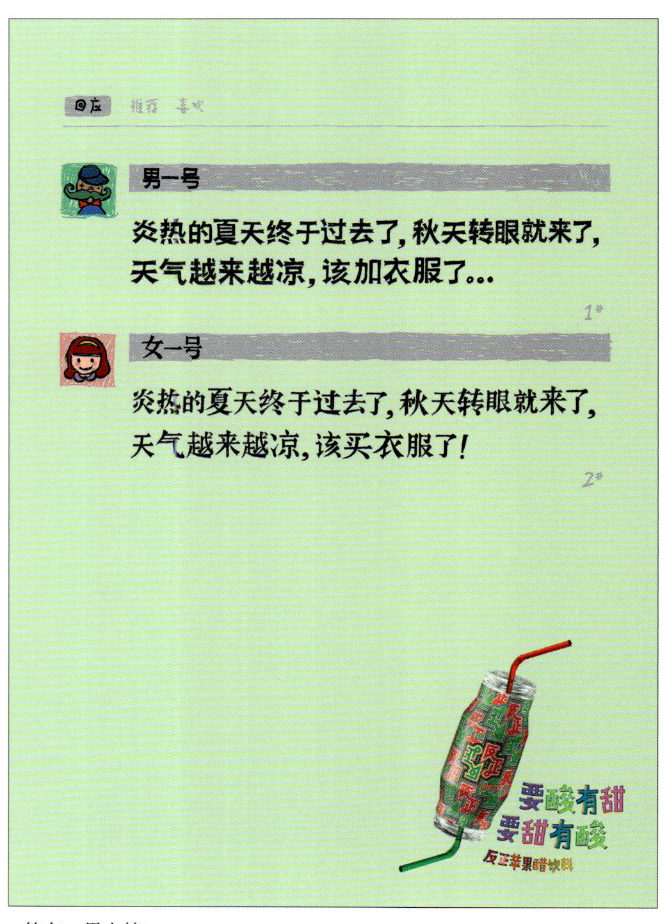


篇名：男女篇

客户：长沙湘贵实业有限公司
产品/品牌：反正苹果醋
创意总监：龚珏瑾
创意：Anyway
文案：Anyway 张章章 曹彤茜
美术指导：苏哲
设计：TheSue PPT
制作：TheSue PPT 张志伟

长沙反正广告有限公司

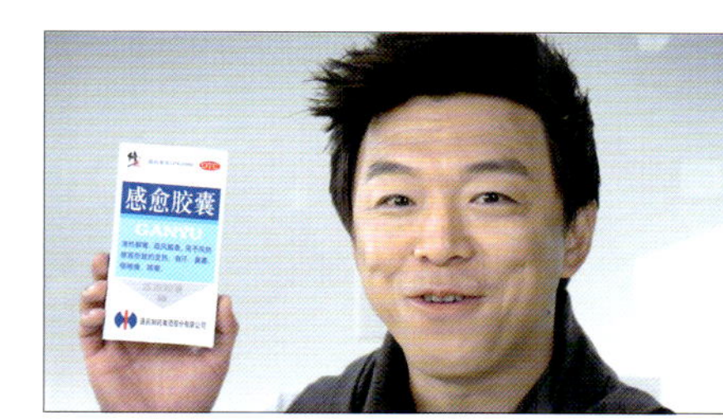

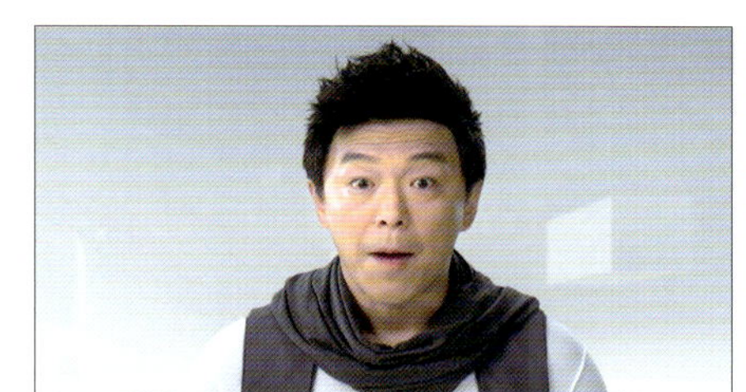

**声音及字幕：**

旁白：阿嚏！感冒了？多大个事呀！

旁白、字幕：打喷嚏，流鼻涕，咳嗽，发烧，没力气。

旁白：各种感冒找感愈，修正牌感愈胶囊，修正药业。感冒了，找感愈啊，那都不是事儿。

**创意说明：**

清新的纯色背景，诙谐轻松的配乐，简洁而又独具创意的广告词，以及代言明星出色到位的演技，完美融合在一起。以超级符号和代言明星相结合的方式，成功凸显了产品所需要表达出的功效诉求，巧妙地将产品专属记忆符号根植在受众心中，让目标受众观看过程中会心一笑，于轻松的氛围中不知不觉对“那都不是事儿”的广告语和广告产品留下深刻记忆。

**客户：**修正药业
**产品/品牌：**修正牌感愈胶囊
**篇名：**那都不是事儿篇
**创意总监：**张芫嘉
**创意：**张芫嘉
**文案：**郑阳
**美术指导：**关关
**制作公司：**吉林省中麒影视制作有限公司
**导演：**艾长久

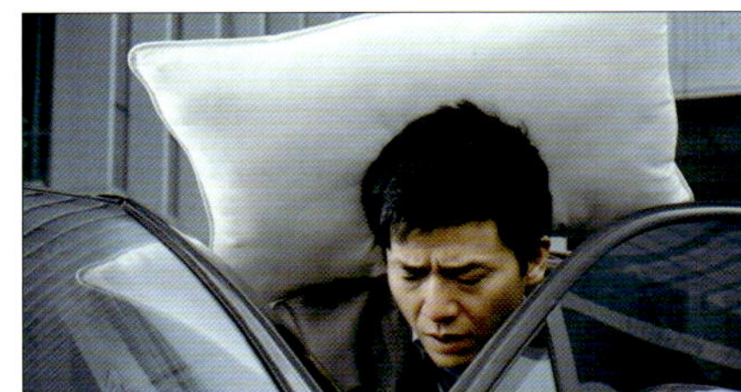

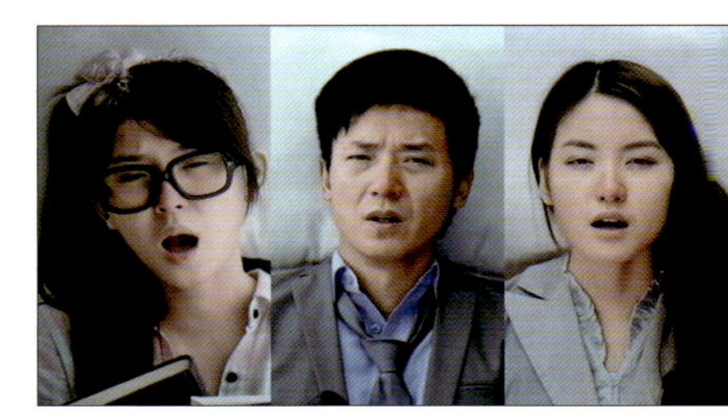
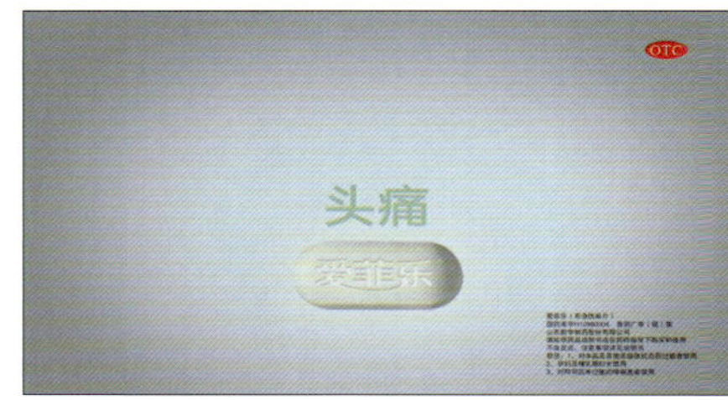

**声音及字幕：**

男：感冒了，一吃药就犯困。

女甲：感冒了，一吃药就犯困。

女乙：感冒了，一吃药就犯困。

合：感冒药，很困扰。

旁白、字幕：用爱菲乐吧！爱菲乐有效缓解感冒引起的头痛，发热，鼻塞，更没有嗜睡困扰，治感冒，不瞌睡。“爱”让感冒没“困”扰。爱菲乐，新华制药。

**创意说明：**

爱菲乐感冒药拥有“治感冒，不瞌睡”的卖点。如何体现？创意充分运用“枕头”这一关联元素。感冒时因吃药犯困（后脑勺粘枕头）而碰上种种困扰，解决办法当然是用爱菲乐感冒药，最终传达“爱，让感冒没困扰”。

**客户：**山东新华制药股份有限公司
**产品/品牌：**爱菲乐感冒药
**篇名：**枕头篇
**创意：**第十二事业部
**文案：**第十二事业部
**设计：**第十二事业部

广东省广告股份有限公司

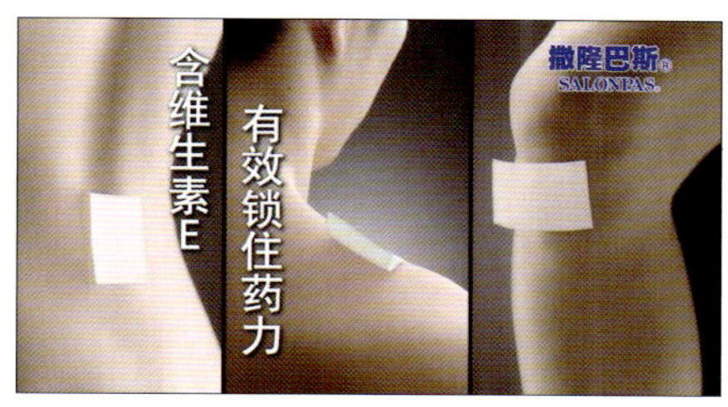

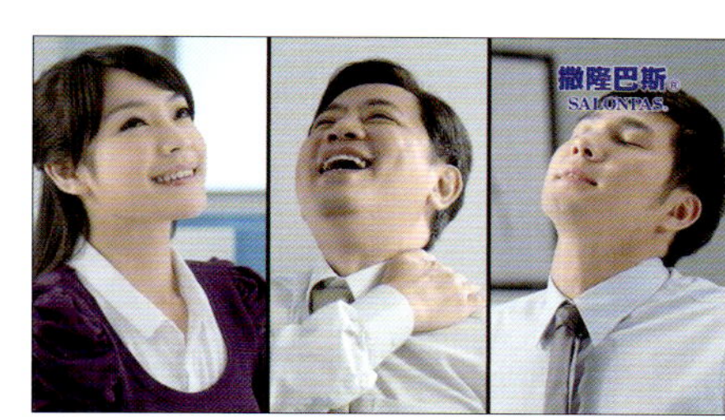

**声音及字幕：**

字幕：肩颈痛、关节痛、腰痛。

小S：都疼成这样了，干嘛不找大名鼎鼎的撒隆巴斯。撒隆巴斯原装进口。

字幕：阵痛贴片，小小一片，有效锁住药力，深入渗透，贴走疼痛。薄荷的，特清凉，撕贴特方便，还不粘人。

旁白、字幕：疼痛交给撒隆巴斯。

**创意说明：**

来自日本的撒隆巴斯镇痛贴剂，畅销50多个国家，2012年首次登陆中国。创意策略将产品定位为“疼痛的世界级解决方案”，因此，创意选取拥有国际化背景的小S作为产品代言人，通过小S生动的演绎，带出产品核心利益：“疼痛，就找撒隆巴斯”。

**客户：**日本久光制药株式会社
**产品/品牌：**撒隆巴斯
**篇名：**小S篇
**创意总监：**张洁
**创意：**张洁
**文案：**朱元明
**美术指导：**杨明德
**设计：**窦怿坤
**制作：**省广合众（北京）国际传媒广告有限公司
**制作公司：**台北大演制作
**制片：**张国书 胡亦晴
**导演：**李光纬
**摄影：**胡婻山
**剪辑：**徐海东
**音乐：**元素影音制作公司
**动画：**台北大演制作

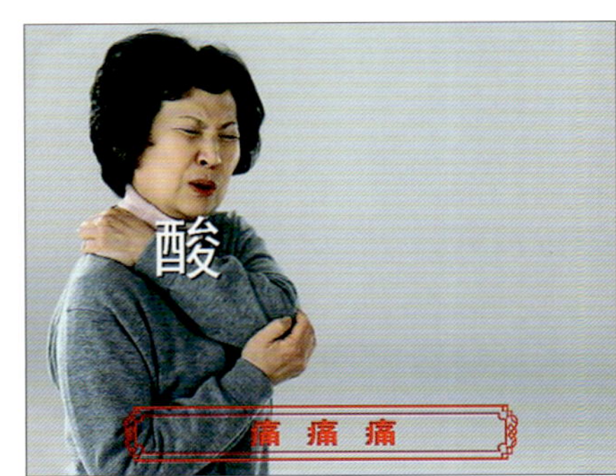


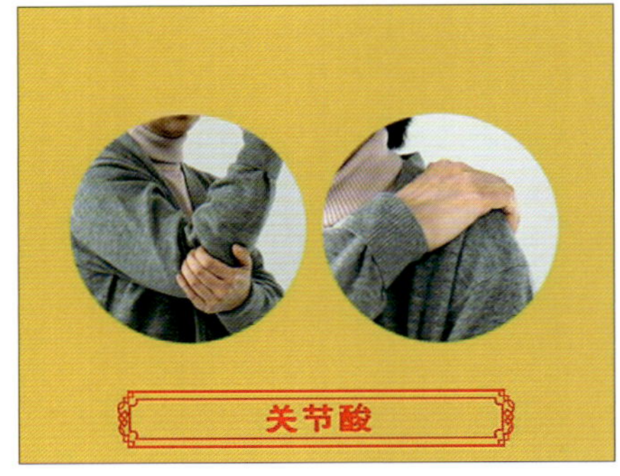

**声音及字幕：**

歌词：刘大妈今年53。风湿骨痛好多年，腰腿痛、准下雨，关节酸、要变天。快赶上天气预报员了。痛痛痛，酸酸酸，金顶药业钻山风，解了大妈老疑难，井冈山里植物药，百年名方代代传。腰不痛、腿不酸，关节灵活跑得欢，金顶药业钻山风，专治风湿腰腿痛。阴天下雨没酸痛，再不当天气预报员。

**创意说明：**

一位街道大妈说自己是天气预报员，因为大妈腰酸背痛就准会阴天下雨，比天气预报还准。形象幽默，便于记忆，同时彰显产品对症，功效明显。

**客户：** 金鼎药业
**产品/品牌：** 钻山风
**篇名：** 天气预报员篇
**创意总监：** 张家诺
**创意：** 张家诺
**文案：** 张家诺
**美术指导：** 李捷
**制作公司：** 灵动影视
**制片：** 王文良
**导演：** 张家诺
**摄影：** 刘振航
**剪辑：** 徐晓飞
**音乐：** 同步音乐

上海灵动广告有限公司

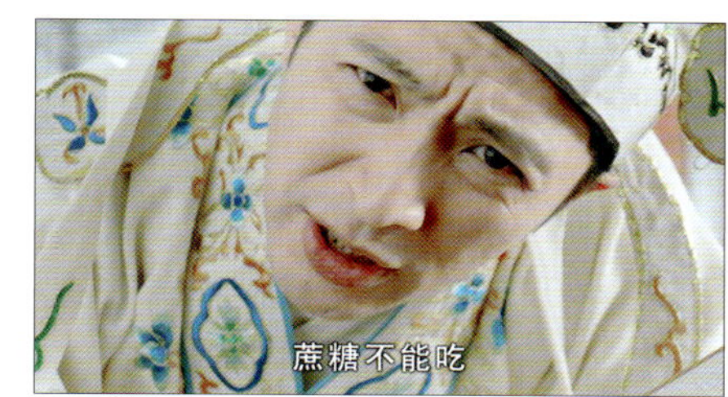

**声音及字幕：**

旁白、字幕：得了三高真辛苦，人人叫我糖伯虎。过节亲朋来拜望，礼品我要看清楚，蔗糖不能吃，低聚糖不能喝，石斛多糖也不行。懂我糖伯虎，只有雪源康。雪源康，三高人群首选礼品。

**创意说明：**

本片巧借大家耳熟能详唐伯虎的形象，同时用谐音“糖伯虎”来双关心脑血管病的“三高”人群，有明确记忆点，诙谐幽默。

**客户：**华信药业
**产品/品牌：**雪源康
**篇名：**糖伯虎篇
**创意总监：**甘伟
**创意：**甘伟
**文案：**甘伟
**美术指导：**李捷
**制作公司：**灵动影视
**制片：**王文良
**导演：**张家诺
**摄影：**刘振航
**剪辑：**徐晓飞
**音乐：**同步音乐

上海灵动广告有限公司

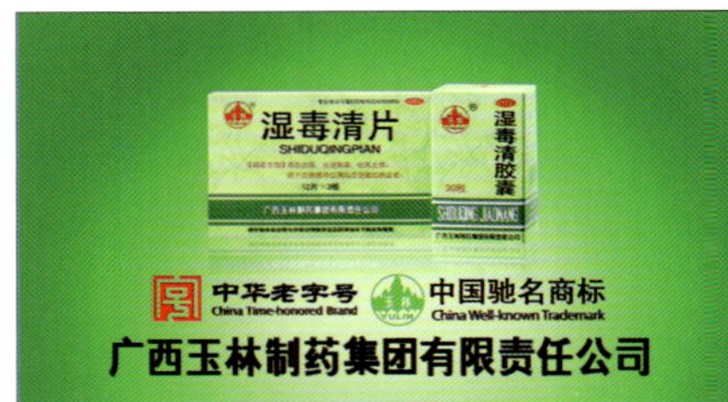


**声音及字幕：**

旁白、字幕：痒痒痒……痒死我了。不怕，用玉林牌湿毒清胶囊，由内而外，排出湿毒，祛风止痒。止痒，就用玉林牌湿毒清胶囊，玉林制药。耶。

**创意说明：**

男主角遭遇“痒”的画外音侵扰，却无法躲避，以夸张又不失幽默的形象，延续了“提出问题解决问题”的思路。不同年龄、不同性别的邻居发出了“痒痒痒”的画外音，交待了湿毒清的目标受众群，又引出产品作为止“痒”的解决方案。代言人曾志伟强化了产品的优质功效，同时标志性“耶”的经典动作，又留下了深刻记忆点和品牌联想。

**客户：**广西玉林制药集团有限责任公司
**产品/品牌：**玉林牌湿毒清胶囊
**篇名：**曾志伟篇
**创意总监：**马嘉
**创意：**李易威
**制作总监：**钟彬 王皓
**制作公司：**北京亚诗圣凰广告有限公司
**导演：**李易威
**摄影：**温德光
**美术：**杨志文
**剪辑：**蔡仲彦
**制片：**贺迎

**声音及字幕：**

男A：老伙计，过节好啊！

男B：好啊！老杜。呦，孩子又给你买富硒康啦！

男A：不麻烦儿女啦，我自己买的。富硒康，调节免疫，增强体质，富硒长寿又健康。

儿子：爸。

孙子：爷爷。

儿媳：您的富硒康。

男A：常喝富硒康，生活高质量。

旁白、字幕：华信药业。

**创意说明：**

硒是人体不可缺少的微量元素，富硒康，是安徽华信药业与北大合作研发的保健品，在江浙皖地区已热销20年。此次，富硒康选择著名演员杜雨露代言，并没有采用常见的名人推荐方式，而是让杜老演绎我们身边亲切可爱的老人“老杜”形象。本片中，他与老伙计视频聊天，塑造了健康老人热爱生活的形象，话里话外透出的一丝炫耀，又恰如其分地表现了老年人也懂得自己关心自己为儿女分忧的父母心，符合保健品市场从礼品化到常态化的消费趋势。

（注：本系列广告中的《缺席篇》已刻入光盘。）

**客户：**安徽华信药业

**产品/品牌：**富硒康

**篇名：**视频聊天篇

**创意总监：**刘峻成 冯日

**导演：**齐宏

**制片：**张磊 尹宝剑

**制作公司：**北京海润新时代广告有限公司

**声音及字幕：**

旁白、字幕：前一秒雨水，后一秒阳光。只在加勒比，才有稀有针叶樱桃，它是自然的礼物。发现它，爱上它。养身堂天然维生素C，为天然而生，养生堂出品。

字幕：养生堂。

**创意说明：**

“前一秒雨水，后一秒阳光”一句话，带出加勒比特有的环境特征，以此展现与众不同的针叶樱桃。并通过超现实的画面表现，突出了“为天然而生”的主诉求，来展现针叶樱桃这一大自然的馈赠，它的独特与稀有，它，就是自然的礼物。整个TVC空灵，大气，唯美，符合养生堂天然维C一向来的品牌调性。

**客户：**海南养生堂药业有限公司
**产品/品牌：**天然维生素C
**篇名：**天空之城篇
**创意总监：**李炼
**创意：**余霞
**文案：**余霞
**美术指导：**李炼
**制作公司：**浙江博采传媒有限公司
**制片：**王笑宇 Hugo
**导演：**Geoffroy
**摄影：**杨忠福

**声音及字幕：**

旁白、字幕：远离疲惫，活出精彩。韩智炫牌鹿鼎通，唤醒年轻基因，活力从此绽放，拒绝衰老，我要漂亮，我是蔡妍，我为韩智炫代言。累了就吃鹿鼎通，韩智炫。

**创意说明：**

保持年轻活力、活得漂亮，活出精彩；是韩智炫鹿鼎通胶囊所带给女性的美丽状态。片子通过蔡妍性感舞蹈、漂亮肌肤的演绎，很好诠释了韩智炫鹿鼎通胶囊带给女性的年轻美丽效果。蔡妍一腔“韩国味”的普通话，比起“正常”的普通话反而更有意思，让人印象深刻。

**客户：**香港琴佳新集团
**产品/品牌：**韩智炫
**篇名：**蔡妍篇
**创意总监：**向红学
**文案：**创作三部
**美术指导：**小芸
**制作公司：**广州远界广告有限公司
**制片：**李远娥
**导演：**向红学
**摄影：**Simonhau
**剪辑：**小方
**音乐：**壹线

**广州远界广告有限公司**

**声音及字幕：**

字幕：业务——基荣饰。

歌词：好累，好累，真的好累。什么时候人生变成了酸味。业务的三大原则——微笑；微笑!再微笑！笑到客户问我什么这么好笑，罚酒干杯干到酒精浓度比业绩还高，但是身为业务我微笑！

……

人生不累，轻松Play,五味子陪你我一起面对，肝不累，就能轻松Play，天然本草才能自然护肝最对味。人生不累，轻松Play，五味子陪你我一起面对，肝不累，就能轻松Play，五味人生轻松又美味，如果你不信，搜寻，五味子就对！

**创意说明：**

影片中采用五种职人并演绎他们的五味人生，根据他们平时的工作环境以及日常琐碎的生活细节，塑造出五位特色鲜明的角色；在广告的表现手法上，则是运用诙谐有趣的歌词内容及表演形式，生动刻画出上班族疲累的生活情境，进而引发目标族群的注意，以提升消费者的好感度及情感连结。

**客户：** 白兰氏
**产品/品牌：** 五味子芝麻锭
**篇名：** 白兰氏五味人生大歌舞篇
**创意总监：** 洪星驹 吴吟姝
**文案：** 傅尔恒
**美术指导：** 吴吟姝
**导演：** 郑乃方
**客务总监：** 温永昌

时报广告奖执行委员会·麦肯广告

客户：浙江红石梁集团天台山乌药有限公司
产品/品牌：乌药黄精颗粒
篇名：乌药篇
创意总监：林跃晓
创意：林跃晓
文案：张红
美术指导：林跃晓
设计：林跃晓
制作：朱立章

杭州阳光创意文化传播有限公司

OTC

江中® 健胃消食片

**客户：** 江中药业股份有限公司　**产品/品牌：** 江中牌健胃消食片　**篇名：** 潜水打屁篇

**创意总监：** 龚珏瑾　**创意：** Anyway　**文案：** 张章章

**美术指导：** 苏哲　**设计：** TheSue　**制作：** TheSue

长沙反正广告有限公司

客户：金寿制药　　产品/品牌：麝香追风膏　　篇名：天气预报篇

客户：鸿博原生药业　　产品/品牌：补肾强身胶囊　　篇名：男女符号篇

创意：获得设计公社
文案：获得创意部落
设计：获得设计公社

获得创意管理

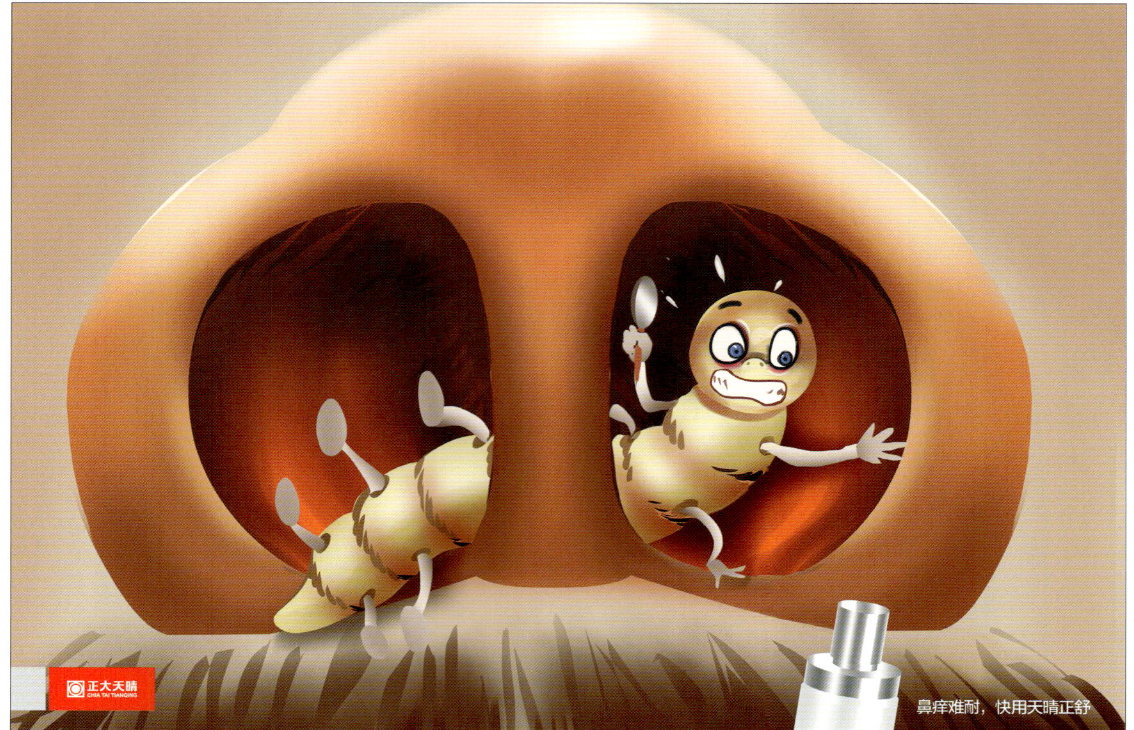


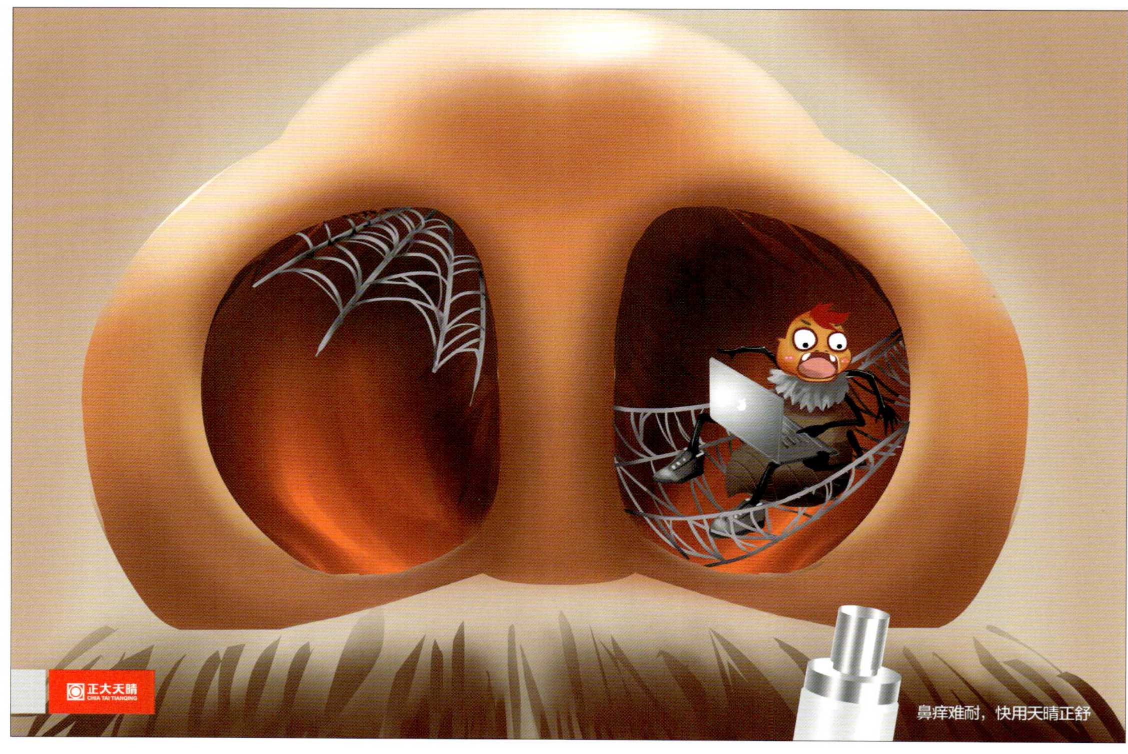


客户：江苏正大天晴药业股份有限公司　产品/品牌：天晴正舒　篇名：昆虫篇
创意总监：徐森程　创意：范懿铭　文案：杨矾
美术指导：谢青　设计：张旭

客户：珍视明药业　　产品/品牌：珍视明滴眼液　　篇名：栏栅篇

创意：获得创意部落　　文案：获得创意部落　　设计：获得设计公社

LIFE VIGOR 生命健
东方素养
SUYOUTH™
东方素养 至纯分享
魔鬼身材的秘密
亚洲小姐-王希瑶
【早晚一杯 健康享瘦】
【素】回归天然本源，净其身，清其心
【养】调理内在健康，养正形，扶正气
yofoto三生 | www.yofoto.cn

**客户：**三生　**产品/品牌：**东方素养　**篇名：**魔鬼身材篇
**创意总监：**韦钊　**文案：**陈向阳　**美术指导：**孙超

**声音及字幕：**

旁白、字幕：生命中，什么为你记录只属于自己的声音！什么值得铭刻于心！什么才值得以爱传承！只为见证，爱与被爱的时光，情至真，爱无界，金叶珠宝。

**创意说明：**

女人的美，离不开生活和岁月的沉淀，但女人的美，也离不开外在的增色，谁说珠宝只是女人外表的陪衬？金叶珠宝，像女人的另一个灵魂，见证了女人生命中重要的几个时刻的美丽，金叶珠宝，时刻伴随女人，照耀着经历时光走过风雨后的纵情绽放，无论是爱情见证还是人生旅途中的纪念，通过金叶珠宝体会精神上的光芒。

**客户：**金叶珠宝
**产品/品牌：**金叶珠宝
**篇名：**杨幂篇
**制作总监：**夏樱
**创意：**陈子月
**文案：**陈子月
**美术：**张延铭
**导演：**胡杰令
**制作公司：**广而告之合众国际广告有限公司

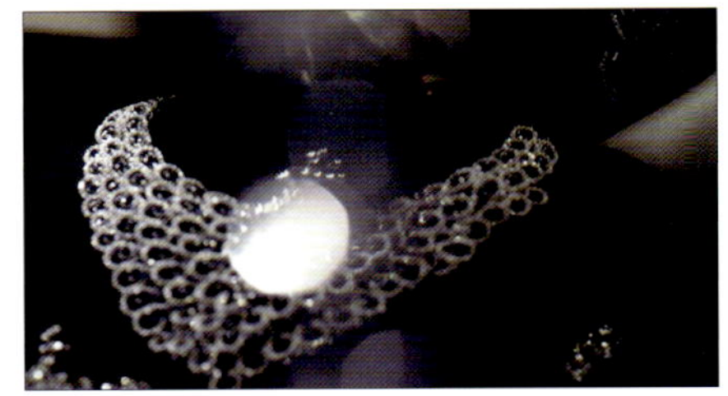

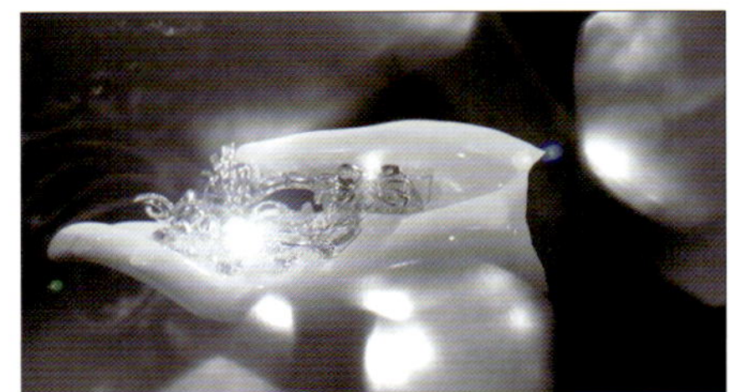

**声音及字幕：**

旁白：世界末日前，最浪漫的话不再是我爱你，而是……

女人：这么划算的钻石，喜欢就都买了吧！

男人：12月18日，克拉海洋时尚珠宝Mall开业特惠。

**创意说明：**

重新定义女人喜好，给出意料之外又情理之中的答案，其实女人真正关心的是打折、打折、打折。

（注：本系列广告中《烦恼篇》、《赞美篇》已刻入光盘。）

**客户：** 克拉海洋时尚珠宝Mall
**产品/品牌：** 克拉海洋
**篇名：** 浪漫篇
**创意总监：** 尹云从 孙国汀
**创意：** 创意三组
**文案：** 杨元佳 许诗淮
**美术指导：** 孙国汀
**制作公司：** 金谷影视
**导演：** 欧阳道雪

## 长沙盛美广告有限公司

**声音及字幕：**

小男孩：我回来了。

爸爸：爸爸走了，在家要听话。

小男孩：爸爸又走了。爸爸没来。

老师：李晓龙同学，获得比赛一等奖，请他上台领奖

小男孩：爸爸会来的。

旁白、字幕：关爱，不能缺席。我们一起成长。卡西龙童鞋、童装。

**创意说明：**

卡西龙童装形象片，主题是“我们一起成长”，希望传达孩子、家长、品牌一起成长的品牌精神。创意抓住了现代社会普遍的现象：家长，孩子成长中最重要的角色，却经常因为工作等原因，在许多重要的成长时刻缺席。因此，创意选择了“爱不缺席”的角度去演绎“一起成长”的品牌精神。希望这样的广告创意既能传达卡西龙希望成为孩子成长不可或缺的一员，陪伴孩子快乐成长的品牌精神，又能提醒忙碌于事业打拼的家长们：孩子一转眼就长大了，错失孩子成长是无法挽回的。所以，再忙，也不能缺席了。由此，我们做到了品牌传播和品牌人文关怀的双赢。

**客户：**晋江市金威体育用品有限公司
**产品/品牌：**卡西龙童鞋童装
**篇名：**缺席篇
**创意总监：**汪菲
**创意：**李原
**文案：**李原
**美术指导：**李政哲
**制作公司：**厦门大峡谷影视有限公司
**制片：**曾云山
**导演：**曾云辉
**剪辑：**张宁燕

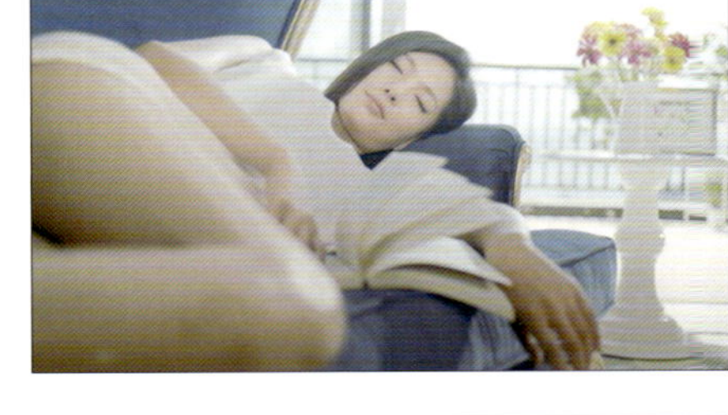

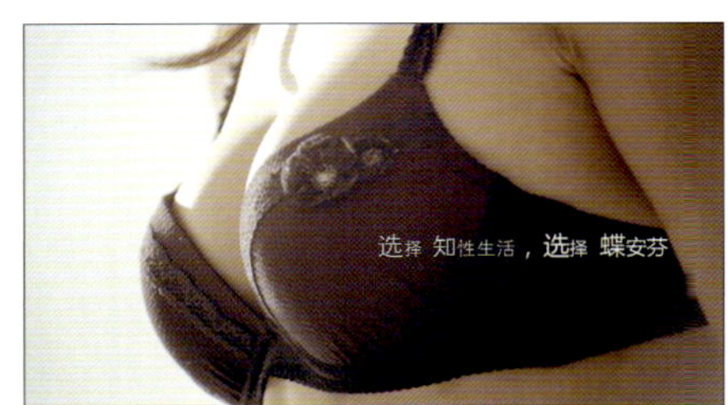

**声音及字幕：**

旁白、字幕：选择一份事业而不是职业；选择一个爱人而不是情人；选择生命的丰富而不是身材的丰满；选择自己的美而不是别人眼中的美；选择知性生活，选择蝶安芬。蝶安芬，知性生活家。

**创意说明：**

今天的中国女性，无论在职业状态、家庭地位，还是思想意识等方面，都有了巨大的变化，她们不再是传统思维中男人的附属或“花瓶”，她们有着超乎想象的审美情趣。作为广告人，我们要展现出她们动人的身姿，更要与她们进行一次心灵上的沟通。这一次我们从职业、爱情、知识、以及外表四个角度发表了一次“知性女人”的宣言。

**客户：**中山市蝶安芬内衣有限公司
**产品/品牌：**蝶安芬内衣
**篇名：**选择篇
**创意总监：**陈健
**创意：**陈健
**文案：**陈健 李文科
**美术指导：**霖仔
**制作：**广州改变广告有限公司
**制作公司：**广州改变广告有限公司
**制片：**陈安胜 王世杰
**导演：**李锦鹏
**摄影：**阿邦
**剪辑：**阿军
**音乐：**阿海

**声音及字幕：**

旁白、字幕：2010年，我离开了北京画家村。在山路的尽头，是我的学校。有人说，在这里会失去我艺术的梦想。可是，我让这里的孩子第一次有了美术课，我教他们画大海，他们甚至在海里画上蝌蚪。我在孩子们的眼睛里，看见了世界的无限美好。我相信，给心灵以纯真的想象，才是超越艺术的美。我是一个铅笔画家，我叫王芳芳，我在陕北支教。

字幕：派丽蒙眼镜。

**创意说明：**

派丽蒙有20多年历史，品牌逐渐老化。通过“Find Beauty”的Campaign来重振品牌形象，以“发现平凡人的非凡美”为核心，带领大家去发现平凡的组织、人、事和物背后的美，让我们的世界变得更美好。本片讲述支教老师铅笔画家王芳芳的心路历程，远赴黄土高原拍摄，以朴实细腻的手法深刻表现了平凡的支教老师为山区孩子们带来无限梦想、领悟超越艺术的美。

（注：本系列广告中的《杨欣篇》已刻入光盘。）

**客户：**派丽蒙光学（厦门）有限公司
**产品/品牌：**派丽蒙眼镜
**篇名：**王芳芳篇
**创意：**BBC洞察力广告
**制作公司：**厦门大峡谷影视有限公司
**制片：**曾云山
**导演：**曾云辉
**剪辑：**厦门大峡谷影视有限公司

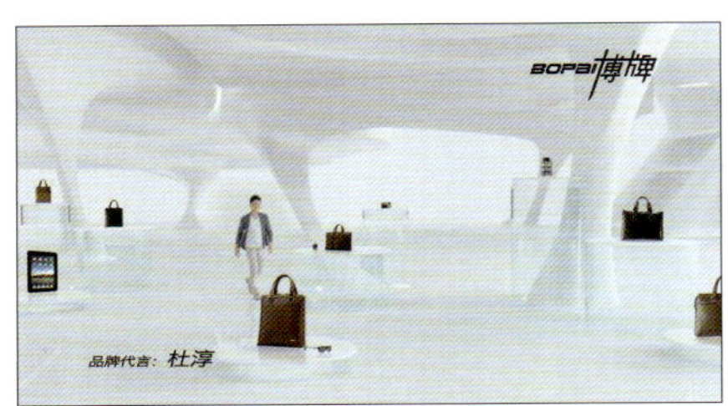


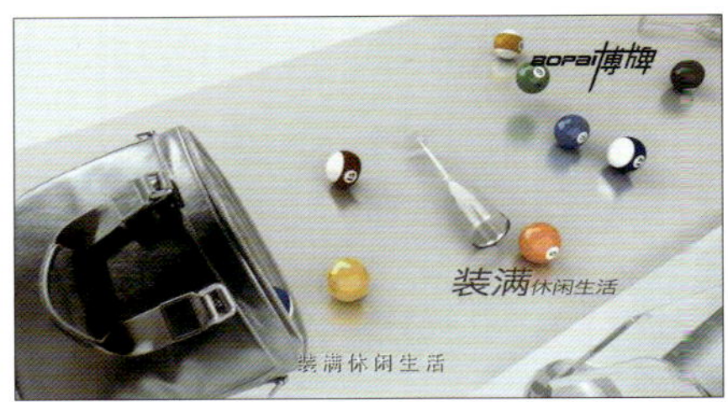

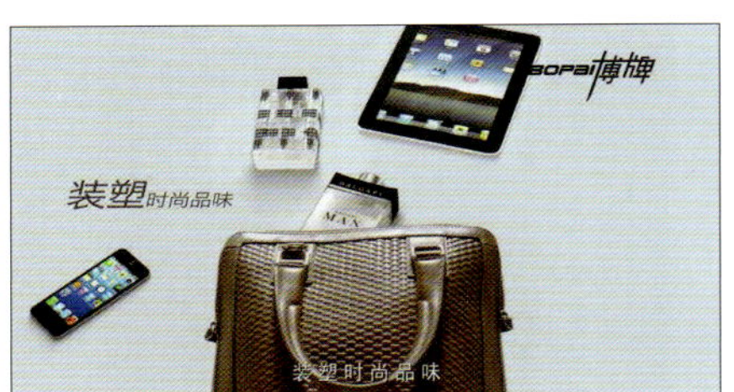


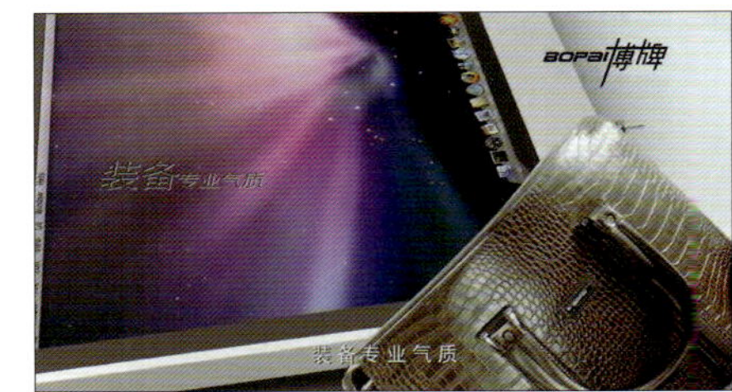

**声音及字幕：**

字幕：品牌代言–杜淳。

旁白、字幕：装塑时尚品味，装满休闲生活，装备专业气质，装得下，赢天下。博牌商务男包。

**创意说明：**

紧紧围绕包的视觉，用拉开包，各种场景被杜淳手中的博牌男包吸纳，体现博牌亦商务、亦时尚休闲，能够装载一切精彩的产品诉求。视觉产生差异化的同时，不失时尚感。

**客户：**广州博牌皮具服饰有限公司
**产品/品牌：**博牌商务男包
**篇名：**装载精彩篇
**创意总监：**桑田
**创意：**田艳
**文案：**田艳
**美术指导：**贾丁
**制作公司：**广州市千里马广告有限公司
**制片：**全明杰
**导演：**李奥
**摄影：**王穗光
**剪辑：**大於
**音乐：**幻响元素

## 广州市千里马广告有限公司

篇名：征服南美洲篇

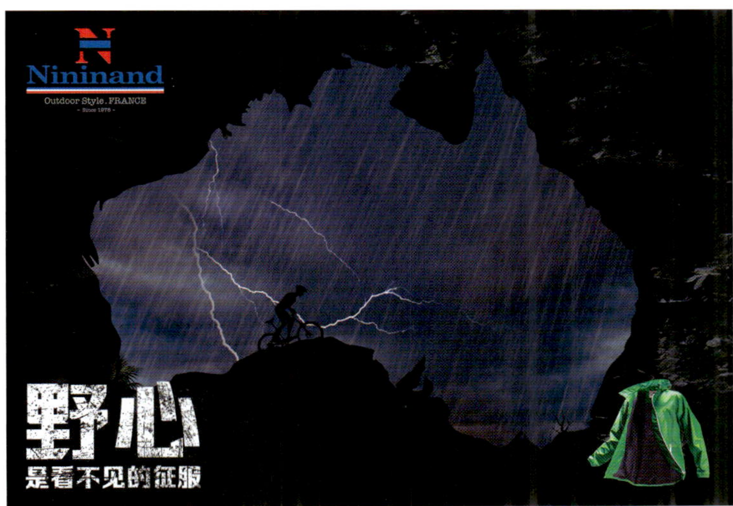


篇名：征服澳洲篇

篇名：征服非洲篇

客户：上海尼尼潘达户外用品有限公司
产品/品牌：尼尼潘达户外运动棉服外套
创意：叶茂中营销策划机构

客户：TRAVELER（户外服装）
产品/品牌：拨水羽绒
篇名：羽伞篇
创意总监：林智豪
文案：温诗吟 吕闽蕙
客务总监：李汤盘
客务服务：高佳麟

时报广告奖执行委员会 · 雪芃设计顾问有限公司

篇名：露营篇

篇名：皮划艇篇

客户：Gore-tex
创意总监：王文华
文案：程灿
设计：杨红宇

北京视新天元广告有限公司

| | | |
|---|---|---|
| 客户：李宁 | 产品/品牌：李宁 | 篇名：青春代言人篇 |
| 创意总监：王文华 | 创意：刘志坚 | 文案：王刚 |
| 设计总监：刘志坚 | 设计：刘志坚 | 制作：谭世军 |

北京视新天元广告有限公司

篇名：夏玩季篇

篇名：粽情购篇

客户：李宁
产品/品牌：李宁
创意总监：王文华
文案：王伟
设计总监：刘志坚
设计：赵亚凡

客户：李宁
产品/品牌：李宁
篇名：圣诞购篇
创意总监：王文华
创意：吴瑞峋
文案：王伟
设计总监：刘志坚
设计：吴瑞峋
制作：吴瑞峋

北京视新天元广告有限公司

客户：李宁　　　　篇名：青春欲动篇
创意总监：王文华　　文案：王伟
设计总监：刘志坚　　设计：赵亚凡

客户：李宁　产品/品牌：李宁　篇名：Shine出你的范篇

创意总监：王文华　创意：刘志坚　设计总监：刘志坚

设计：刘志坚　制作：刘志坚

北京视新天元广告有限公司

客户：李宁
产品/品牌：李宁
篇名：MVP篇
创意总监：王文华
创意：刘志坚
文案：王伟
设计总监：刘志坚
设计：刘志坚
制作：谭世军

北京视新天元广告有限公司

| | | |
|---|---|---|
| 客户：李宁 | 产品/品牌：李宁 | 篇名：勇敢篇 |
| 创意总监：王文华 | 创意：刘志坚 | 文案：王伟 |
| 设计总监：刘志坚 | 设计：刘志坚 | 制作：谭世军 |

北京视新天元广告有限公司

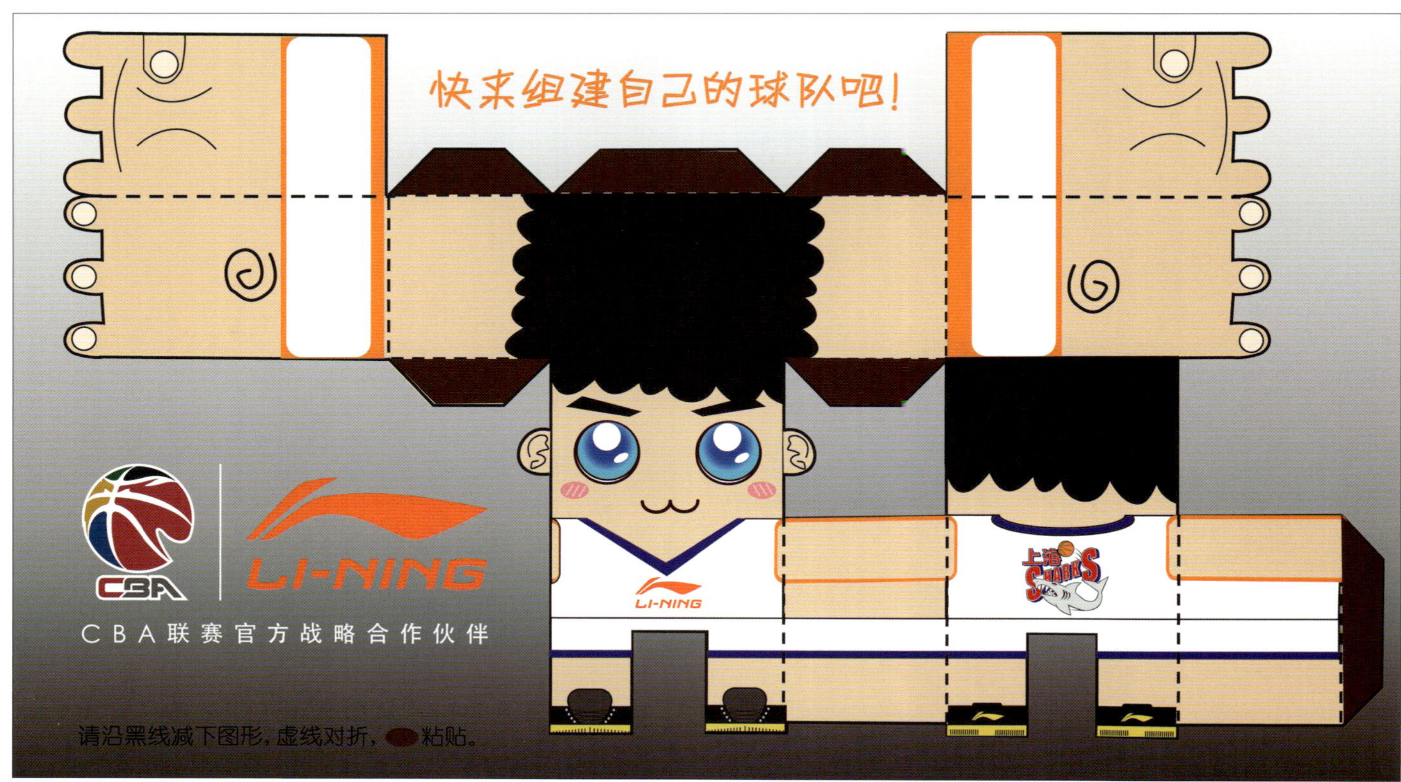


客户：李宁　产品/品牌：李宁　篇名：纸模篇
创意总监：王文华　创意：李依然　文案：李依然
设计总监：韩华　设计：李依然　制作：李依然

北京视新天元广告有限公司

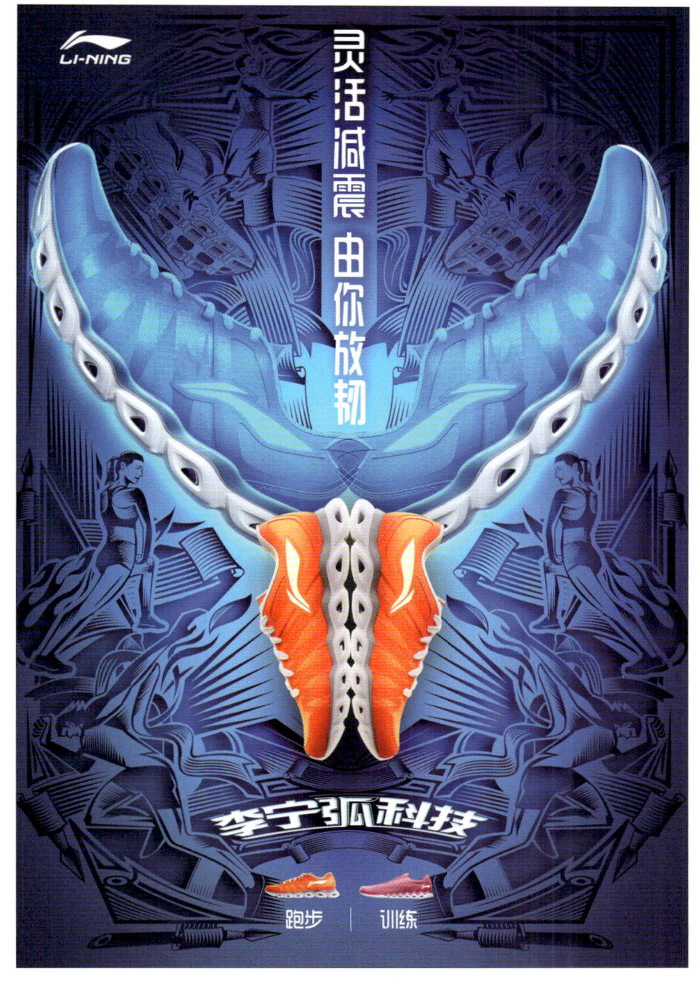


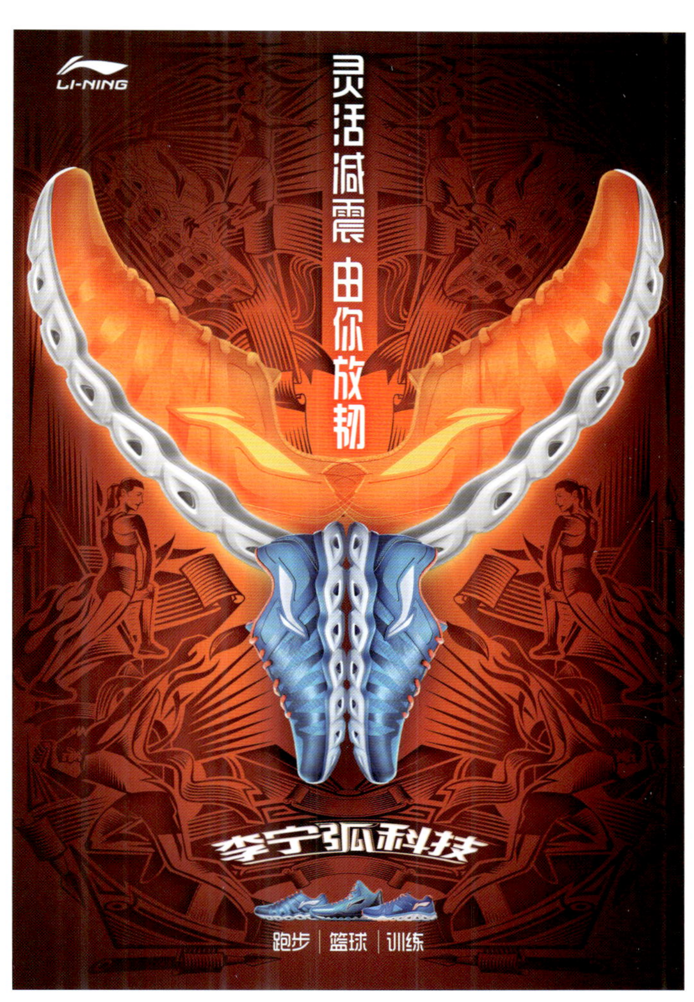


客户：李宁　产品/品牌：鞋　篇名：羊角篇
创意总监：王文华　创意：刘志坚　文案：王伟
设计总监：刘志坚　设计：刘志坚　制作：谭世军

北京视新天元广告有限公司

篇名：攀岩篇

篇名：雪地篇

篇名：鞋印篇

客户：上海尼尼潘达户外用品有限公司
产品/品牌：尼尼潘达户外登山鞋
创意：叶茂中营销策划机构

篇名：防水篇

篇名：抗磨篇

客户：惠州爱华仕运动用品有限公司
产品/品牌：劲美户外箱包
创意：叶茂中营销策划机构

**客户：** 广州盾牌皮具有限公司
**产品/品牌：** 盾牌皮具
**篇名：** 绿巨人篇
**创意：** 获得创意部落
**文案：** 获得创意部落
**设计：** 获得设计公社

**声音及字幕：**

旁白：发现，黄，才是东方人的美白障碍。春纪黑米露白米乳。

旁白、字幕：去黄气更亮白。

旁白：现在开始给肌肤扫黄吧。春纪黑米露白米乳。

字幕：黑米露、白米乳。

旁白：春纪。

字幕：HARUKI，春纪，天然食材，养肤专家。

**创意说明：**

美白已经是一个老课题了。美白、亮白、增白已经听到麻木，而对消费者来说，怎么选择一支美白产品呢？又是怎样的消费者，在选择美白产品呢？我们把问题拎到原点来思考，谁在选择美白产品。皮肤黑的不大专情美白产品，反而是那些在大家眼里看起来白的人，特别注重美白。一夸她白，她还很挑剔地觉得自己肤色暗沉发黄。黑和白不是重点，去黄，才是东方人对美白的最大需求。

**客户：**广东丸美生物技术股份有限公司
**产品/品牌：**春纪黑白米露
**篇名：**去黄篇
**创意总监：**章子华
**创意：**郭婷
**文案：**郭婷
**美术指导：**Kim
**制作公司：**DOPOST
**制片：**金科
**导演：**金尚泰
**摄影：**李洙
**剪辑：**DOPOST
**音乐：**顾烨
**后期：**DOPOST

浙江博采传媒有限公司

**声音及字幕：**

旁白：黑米去黑，白米亮白，黑米、白米，日夜美白。春纪黑白米霜。

字幕：黑米霜，白米霜，亲亲美白，米白米白。

旁白、字幕：HARUKI，春纪。

字幕：春纪黑白米霜。

**创意说明：**

美白产品往往令女性又爱又恨——要么没什么效果，要么效果太猛导致肌肤受到伤害，春纪在“天然食材养肤”的护肤理念下，新推出黑白米系列。白米美白，已经是祖母级的美肤智慧，众所周知。黑米也能美白？！却是一个让人心生好奇、非常新奇的概念。所以说，春纪黑白米系列最大的亮点：不是白米，而是黑米，确切地说是——“黑白米双效”。

**客户：**广东丸美生物技术股份有限公司
**产品/品牌：**春纪黑白米霜
**篇名：**亲肤篇
**创意总监：**章子华
**创意：**王惠卿
**文案：**王惠卿
**美术指导：**章一翔
**制作公司：**浙江博采传媒有限公司
**制作：**浙江博采传媒有限公司
**制片：**金科
**导演：**李炼
**摄影：**杨忠福
**剪辑：**杨丽苗
**音乐：**顾烨
**后期：**胥佳 陈超

## 浙江博采传媒有限公司

**声音及字幕：**

旁白、字幕：温碧泉带来全新补水科技。

女1：1号水保湿。

女2：3号水美白。

女3：5号水紧致。

旁白、字幕：135快补水。补水就用温碧泉。

**创意说明：**

巧妙借用代言人SHE与135号水之间的联系，通过营造雪地、冰川、湖泊的各种水元素，将产品功能与广告画面结合的天衣无缝。随着代言人俏皮的“135快补水”，观众无时无刻不感受到“补水就用温碧泉”的强大宣传力！

**客户：**广州市碧欧特化妆品有限公司
**产品/品牌：**温碧泉
**篇名：**135号水篇
**创意总监：**江晓飞
**创意：**江晓飞
**文案：**Nicole
**美术指导：**刘涛
**设计：**夏雨
**制作：**朱复
**制作公司：**广州市天曦广告有限公司
**监制：**江晓飞
**导演：**陈世鼎
**摄影：**张飞
**剪辑：**艾特
**音乐：**牛宁宁
**动画：**牛宁宁

**广州市天曦广告有限公司**

**声音及字幕：**

女：你呀，别老是忙着工作了，你看看你，皮肤都快被榨干了，是时候找回你的美丽自信了。

……

字幕：5天，让你找回美丽自信。隆力奇水动力系列，动力补水，就是隆力奇。

**创意说明：**

针对水动力快速补水的产品USP，我们提出"5天，重塑美丽自信"的概念，用一个浪漫的爱情故事，女白领在隆力奇水动力呵护下，成功逆袭，猎取心仪上司的好感，最终收获爱情。

**客户：**江苏隆力奇生物科技有限公司
**产品/品牌：**隆力奇水动力
**篇名：**重塑美丽篇
**创意总监：**何炳均
**创意：**彭商城
**文案：**彭商城
**美术指导：**阿ken
**制作公司：**广州名影广告有限公司
**制片：**金兰明
**导演：**何炳均
**摄影：**陈卫康
**剪辑：**祥仔
**音乐：**保罗

广州名影广告有限公司

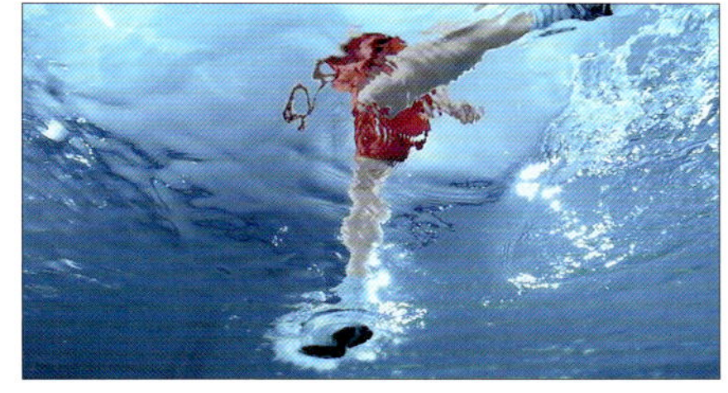

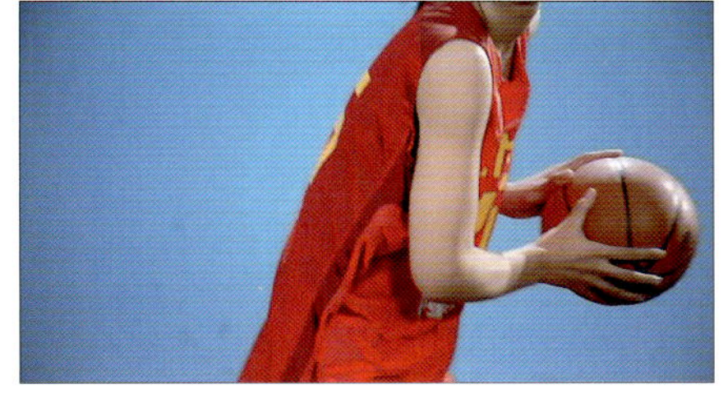

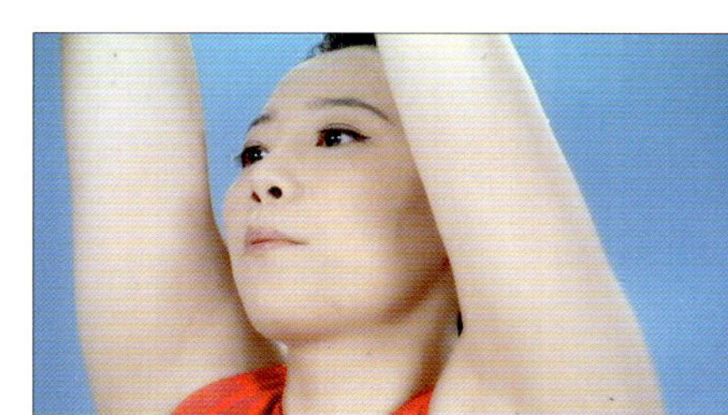

**声音及字幕：**

旁白、字幕：隆力奇水动力，全球8大科研机构倾心研制，探索水润肌肤的奥秘，强力渗透，持久补水，肌肤水动力，重塑年轻魅力。动力补水就是隆力奇，隆力奇，水动力。

**创意说明：**

隆力奇水动力邀请中国女篮代言，为新的润肤产品——水动力展开宣传。基于市面上对润肤产品的教育已经成熟，本支广告的目的在于形象宣传，建立高端形象，赢得高端受众的心。用水上篮球，结合产品和代言人的特征，形成强烈的记忆亮点。

**客户：**隆力奇
**产品/品牌：**水动力
**篇名：**女篮篇
**创意总监：**何炳均
**创意：**彭商城
**文案：**彭商城
**美术指导：**阿ken
**制作公司：**广州名影广告有限公司
**制片：**金兰明
**导演：**何炳均
**摄影：**陈卫康
**剪辑：**祥仔
**音乐：**保罗

广州名影广告有限公司

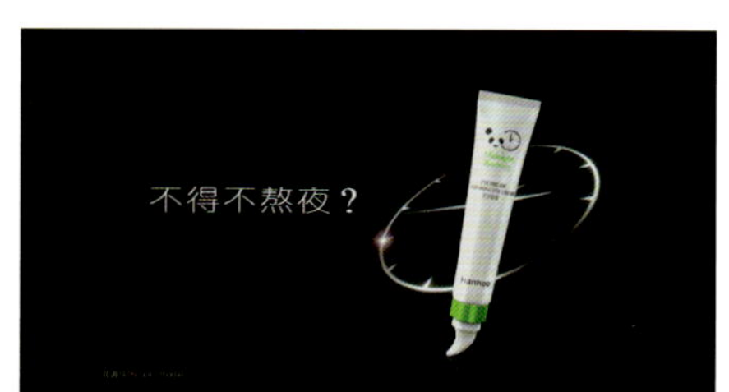

**声音及字幕：**

旁白、字幕：不得不熬夜？

旁白：韩后熬夜眼霜，熬夜不熬熊猫眼。韩后。

**创意说明：**

以“倒数”为创意元素，传达韩后眼霜“熬夜不怕黑眼圈“的强大功效，伴随着倒数元素，让人记住这是一款夜间使用的熬夜眼霜。

**客户：**广州十长生化妆品有限公司
**产品/品牌：**韩后
**篇名：**倒数篇
**创意总监：**江晓飞
**创意：**江晓飞
**文案：**张平
**美术指导：**刘涛
**设计：**夏雨
**制作：**JIM
**制作公司：**广州市天曦广告有限公司
**监制：**江晓飞
**导演：**PD
**摄影：**牛尚恒
**剪辑：**秦豪
**音乐：**印凯廷
**动画：**江明

广州市天曦广告有限公司

**声音及字幕：**

字幕：幸福，从美丽的双手开始。

女：烤熟了，快过来呀。

男：好漂亮的一双手，在梦里都没见过，美的像女神一样。没想到你还会烧烤？

女：那当然了。

男：这么嫩的手不怕像红薯一样被烤干了？

女：因为有个好朋友护着我呀！

**创意说明：**

本次创作的主要目的在于继续保持市场份额第一的地位，拉开与竞品的差距。策略定位为扩展消费人群，吸引80后消费者的购买欲望，所以围绕爱情主题，以“一触难舍”的概念，用微电影的形式，与目标受众进行沟通。

**客户：**江苏隆力奇生物科技有限公司
**产品/品牌：**隆力奇护手霜
**篇名：**一触难舍篇
**创意总监：**何炳均
**创意：**彭商城
**文案：**彭商城
**美术指导：**阿ken
**制作公司：**广州名影广告有限公司
**制片：**金兰明
**导演：**何炳均
**摄影：**陈卫康
**剪辑：**祥仔
**音乐：**保罗

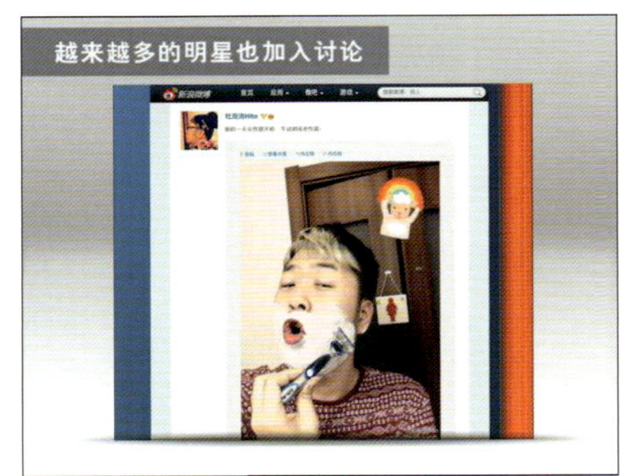

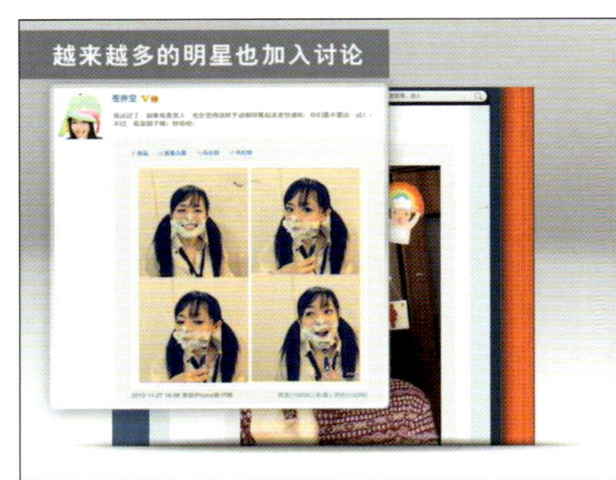

**声音及字幕：**

字幕：在中国，70%男性使用电动剃须刀，如何说服电动刀使用者转用吉列？解决方法：给使用手动剃须一个不可抗拒的理由。洞察：一个中国女性从没说出口的秘密。

旁白、字幕：比如说剃胡子的时候你会觉得他很性感，你觉得他更加有吸引力，更加吸引到你。

……

旁白：刮了胡子的林丹最后成就了大满贯。

字幕：这一切都源于“剃须不只是剃须，而是应该性感剃须”。

**创意说明：**

“性感剃须”是以公关创意引导并能折射出吉列在中国的传播策略大胆转变的一个整合广告方案。吉列向消费者一贯沟通的贴面舒适的剃须，也将面临彻底的改变。“性感剃须”将手动剃须刀的利益点从不方便重新定义为性感，开启吉列传播的新纪元，真正得把看得见的价值传达给中国男性。

**客户：**吉列
**产品/品牌：**剃须刀
**执行创意总监：**许统杰
**创意群总监：**金熙
**业务总监：**彭美贞
**市场总监：**Alexander Dony
**品牌经理：**雷雨婷
**品牌助理：**李婷
**客户总监：**纪寅
**网络公关总监：**纪寅

天联广告有限公司上海分公司

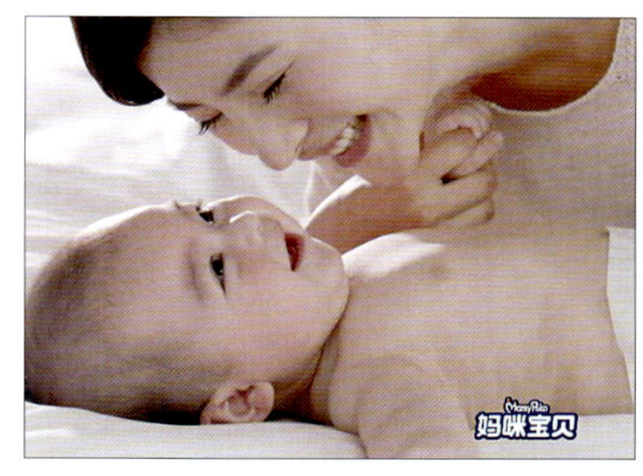

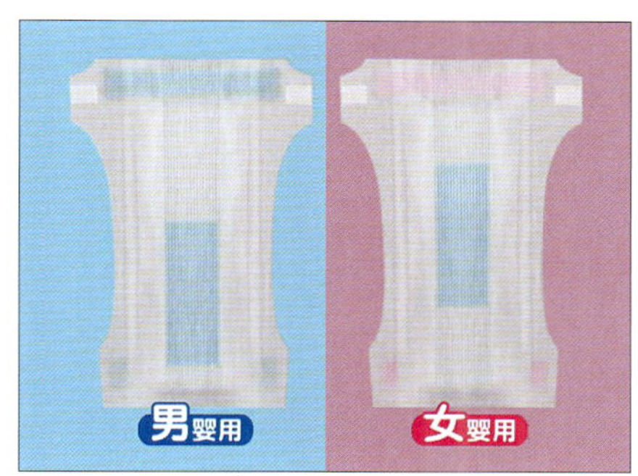

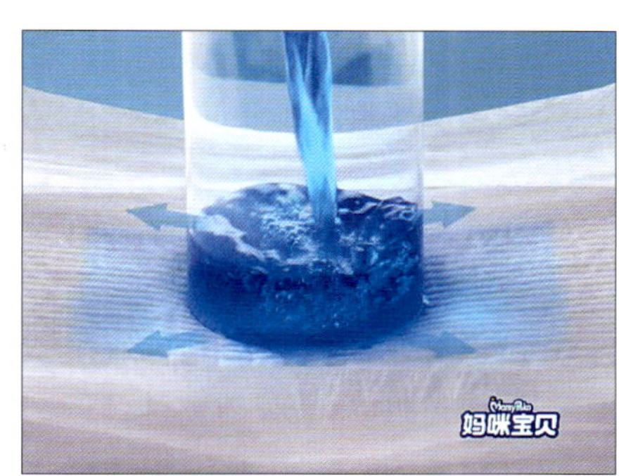

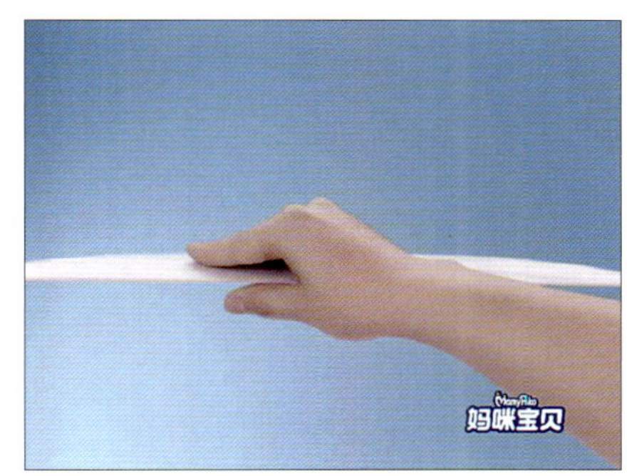


**声音及字幕：**

旁白：嗨！我是Poko，早上好！男宝宝，女宝宝，哇！昨晚睡得好好！这么开心，全靠新妈咪宝贝。

字幕：男婴用，女婴用。

旁白：泌溺时，男女分用顺吸层变大了，大量吸收，纸尿裤不胖胖，到早上屁屁都好干爽。嗯，睡得好好，开心吧！

字幕：不胖胖，才干爽。

**创意说明：**

以全新形象登场的Poko掀开宝宝婴儿床上的纱帘，清晨的阳光洒了进来。Poko继而坐在婴儿床的栏杆上，看着一男一女两个宝宝开心的笑着，两个宝宝手脚的特写强调了男女分用的概念。Poko柔软地蹭了一下宝宝干爽的屁股以及妈妈和宝宝开心的互动也会让看的观众很开心吧。

**客户：**尤妮佳生活用品（中国）有限公司
**产品/品牌：**妈咪宝贝尿片
**篇名：**男女宝宝好睡篇
**创意总监：**蔡孟发
**美术指导：**付彬彬
**制作公司：**上海葵友广告有限公司
**制片：**杨斌 姚怡雯
**导演：**许超
**摄影：**刘政铨
**剪辑：**黄冰融
**音乐：**解易

上海旭通广告有限公司/上海葵友广告有限公司

客户：宝洁公司
产品/品牌：飘柔
篇名：动物篇
创意总监：董毅
创意：姜凡
文案：姜凡
设计：姜凡
制作：姜凡

北京互通联合国际广告有限公司

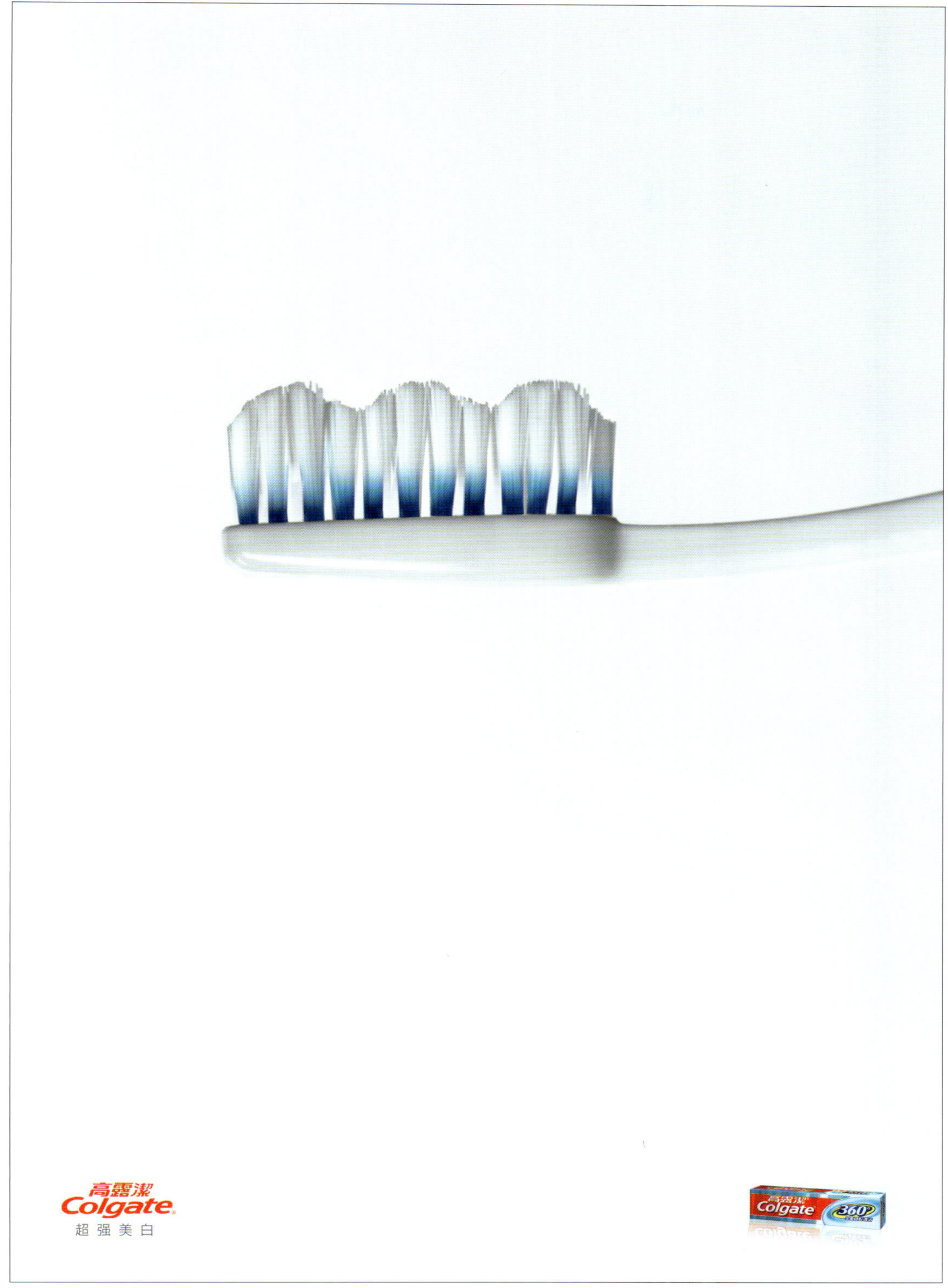


客户：高露洁　产品/品牌：高露洁牙膏　篇名：牙膏篇
创意总监：王文华　创意：桂博洋　文案：桂博洋
设计总监：韩华　设计：桂博洋　制作：桂博洋

北京视新天元广告有限公司

044 | 热点

# 中国红十字会再次发表声明澄清“郭美美事件”

随着“郭美美事件”引起了媒体和公众的广泛关注，中国红十字总会近日再次对该事件郑重声明。同时，中国红十会已就此事向公安机关报案，并决定启动法律程序，以维护红十字会的合法权益，维护中国红十字会的良好声誉。

6月28日中国红十字会在总部召开郭美美事件媒体通报会上申明，中国红十字会没有“红十字商会”的机构，也未设“商业总经理”职位，更没有“郭美美”其人。中国商业系统红十字会是中国商业联合会根据《中华人民共和国红十字会法》第八条“全国性行业根据需要可以建立行业红十字会”的规定提出申请并经总会审批成立的行业红十字会，其本身并不从事商业活动。他们的主要工作是立足商业系统，传播人道主义和红十字精神，开展红十字宣传、救助和救护培训等工作，与中国红十字会也不存在募捐分成的问题。其工作人员由来自中国商业联合会和中国商业经济学会的志愿人员构成。这些人员的工资、奖金和补助均由原单位发放，未在红十字会领取任何报酬。中国商业系统红十字会设有会长、副会长、秘书长等职务，从来没有总经理的头衔。同时，根据中国商业系统红十字会提供的情况，在其组织及其组织的各项活动中，都没有“郭美美”或“郭美玲”参加。事件当事人“郭美美baby”也已于26日下午连发3条微博向红十字会和公众致歉。她表示，之前微博上“中国红十字会商业总经理”的身份是自己杜撰的，自己从未在中国红十字会工作。

另外，网上流传的某些与我会及相关个人有关的照片、微博、亲属关系的说法等内容，经核实，均无任何事实依据，纯属不负责任的谣言。我会副会长郭长江同志既没有名叫“郭美美”的女儿，也没有名叫“郭子豪”的儿子，郭美美和郭子豪也分别通过微博声明不认识郭长江同志，更不存在亲属关系。郭长江同志从来没有使用过微博或博客，更没有在新浪微博上注册过名为“郭长江RC”的账号。网络上流传着一组拼凑的关于郭长江同志所佩戴手表的照片，完全是无中生有，指鹿为马。我从来没见长江同志佩戴过“百达翡丽”手表，据我所知，他也没有“百达翡丽”手表。我会一贯反对那些企图通过制造虚假信息进行炒作的行为，也希望社会各界以平和心态看待此类问题，不被利用。

网友就此指出，中国商业系统红十字会指定深圳天略集团进行劝募，然后进行善款分成一事，中国商业系统红十字会声明：2006年至2008年，天略集团曾向我会捐赠过“校园安全行动保险卡”，举办过一次附捐拍卖会。此后，未进行过任何合作，也未授权天略集团进行任何劝募活动，更不存在善款分成。在与天略集团的合作期间，中国红十字会总会领导未参与过商业系统红十字会与天略集团的任何合作事宜，也未安排天略集团的任何人员与郭长江副会长及总会其它领导进行过任何形式的接触。郭长江副会长和天略集团董事长丘振良先生均明确表示，互不认识对方。所谓“红十字商会”是一个不存在的机构，与中国商业系统红十字会根本就是两个不同的概念。中国商业系统红十字会也从来没有一个叫郭美美的人。

天略控股集团有限公司的严正声明中称，天略集团董事长丘振良先生本人不认识中国红十字会副会长郭长江先生，天略集团及旗下公司从未聘任过一个叫郭美美的员工，丘振良董事长本人也不认识叫郭美美的人。公司也未经营过任何红十字会的医疗车的广告业务。公司法务部工作人员莫伟智先生对记者说过“郭长江副会长来过我们的公司”的话属口误，郭长江副会长从未到过天略公司。

当事人各持其辞，民众质疑，这让“自证”清白的中国红十字会继续面临信任危机。

**忙洗白？**

**不如试试佳洁士炫白+牙膏，还你清白。**

篇名：郭美美篇

# 王力宏、李云迪被曝同志恋情 1 王力宏发博表清白

除夕夜，刘谦在表演魔术时对搭档李云迪一句“找力宏”的调侃，引起在场观众哄笑，制造了蛇年春晚的最热焦点，微博上更不乏调侃王力宏、李云迪的声音。

其实早在2012年，王力宏与李云迪在央视春节联欢晚会合作《金蛇狂舞》之后，关于他俩同志的传闻就不胫而走。2012年感恩节那天，李云迪在微博晒王力宏去他北京家与李妈妈吃火鸡的合照，显然把王力宏视如家人。不久之后两人也被网友抓包一起去看李安电影《少年派的奇幻漂流》，被网友揶揄“在一起”。

王力宏与李云迪因春晚合作而相识，两位才华洋溢的音乐才子惺惺相惜，容貌俊秀的两人很快成为莫逆之交。

2012年4月王力宏北京鸟巢的演唱会，就邀李云迪当嘉宾及帮他伴奏，9月时王力宏在香港红馆开唱，李云迪再获邀合奏《金蛇狂舞》，甚至开口献唱。

从李云迪连续获邀担任演唱会嘉宾看来，王力宏的确很重视他，因此当李云迪到台北演出时，王力宏不仅尽地主之谊招待，也邀他到家中弹琴，阿妹隔天邀两人到她投资夜店小酌，她站两人中间合照，却被网友抓包李云迪疑似隔着她背后握王力宏的手，但王力宏后来解释是光影造成误会。

外型俊俏、挺拔的王力宏是很多人爱慕的对象，出道以来分别与张惠妹、舒淇等女星传过绯闻，但他的同志传闻不曾间断。蛇年春晚后关于其是“断背”的传闻在微博上越演越烈，甚至出现网络新词“宏迪”，于是乎王力宏在2013年1月3日晚间11点多，发微博澄清，否认同性恋传闻。

王力宏在网上留言写道：“本来不想写这个微博因为太无聊了！但后来有太多新闻了，我决定还是自己写免得真的有人被误导。我是异性恋，李云迪也是喜欢女生。所谓宏迪到底是什么情况？！或许只是开玩笑，只是娱乐新闻，但我还是希望大家能分辨什么是真什么是胡扯！Sorry我的个性很直，关于自己的新闻还是蛮重视真实性。

虽然王力宏发微博“澄清”自己的清白，但身处娱乐圈这个大染缸，又有谁是真正清白的呢？

王力宏：本來不想寫這個微博因為太無聊了！但後來有太多新聞了 我決定還是自己寫免得真的有人被誤導。我是異性戀，李雲迪也是喜歡女生 所謂宏迪到底是什麼情況？！ 或許只是開玩笑 只是娛樂新聞，但我還是希望大家能分辨什麼是真 什麼是胡扯！ Sorry我的個性很直，關於自己的新聞還是蠻重視真實性

2013-01-03 23:18 来自新浪微博 转发(219891) | 收藏 | 评论(132445)

王力宏的“澄清”微博

**忙洗白？**

**不如试试佳洁士炫白+牙膏，还你清白。**

篇名：王力宏篇

客户：宝洁（中国）有限公司　产品/品牌：佳洁士炫白+牙膏
创意总监：方昕　创意：胡浩　文案：卢利沙 张洁
美术指导：张译文　设计：马超群

篇名：蝴蝶篇

篇名：孔雀篇

客户：上海联合利华牙膏有限公司　产品/品牌：中华牙膏
创意总监：董毅　创意：李俊　文案：李俊
设计：李俊　制作：李俊

北京互通联合国际广告有限公司

篇名：冰激凌篇

篇名：火锅篇

篇名：柠檬篇

篇名：巧克力篇

客户：重庆登康口腔护理用品股份有限公司
产品/品牌：冷酸灵抗过敏牙膏
创意总监：方昕
创意：任君
文案：卢利沙 张洁
美术指导：张译文
设计：孟宪友

北京蓝色广告有限公司

篇名：撑杆跳篇

篇名：单杠篇

篇名：举重篇

**客户：** 广西柳州两面针股份有限公司　**产品/品牌：** 两面针中药牙膏
**创意：** 第三事业部　**文案：** 第三事业部　**设计：** 第三事业部

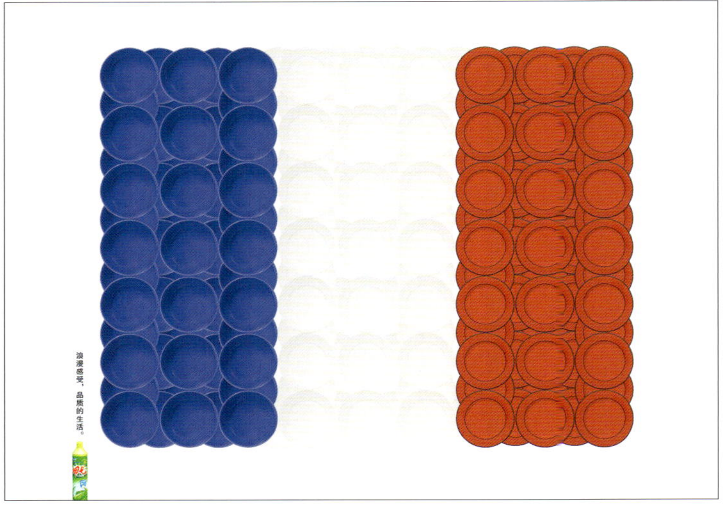


**篇名：**法国篇

**篇名：**美国篇

**篇名：**英国篇

**客户：**奥奇丽集团
**产品/品牌：**田七洗洁精
**创意总监：**庞家仟　林彦杰
**创意：**获得设计公社
**文案：**获得创意部落
**设计：**获得设计公社

## 获得创意管理

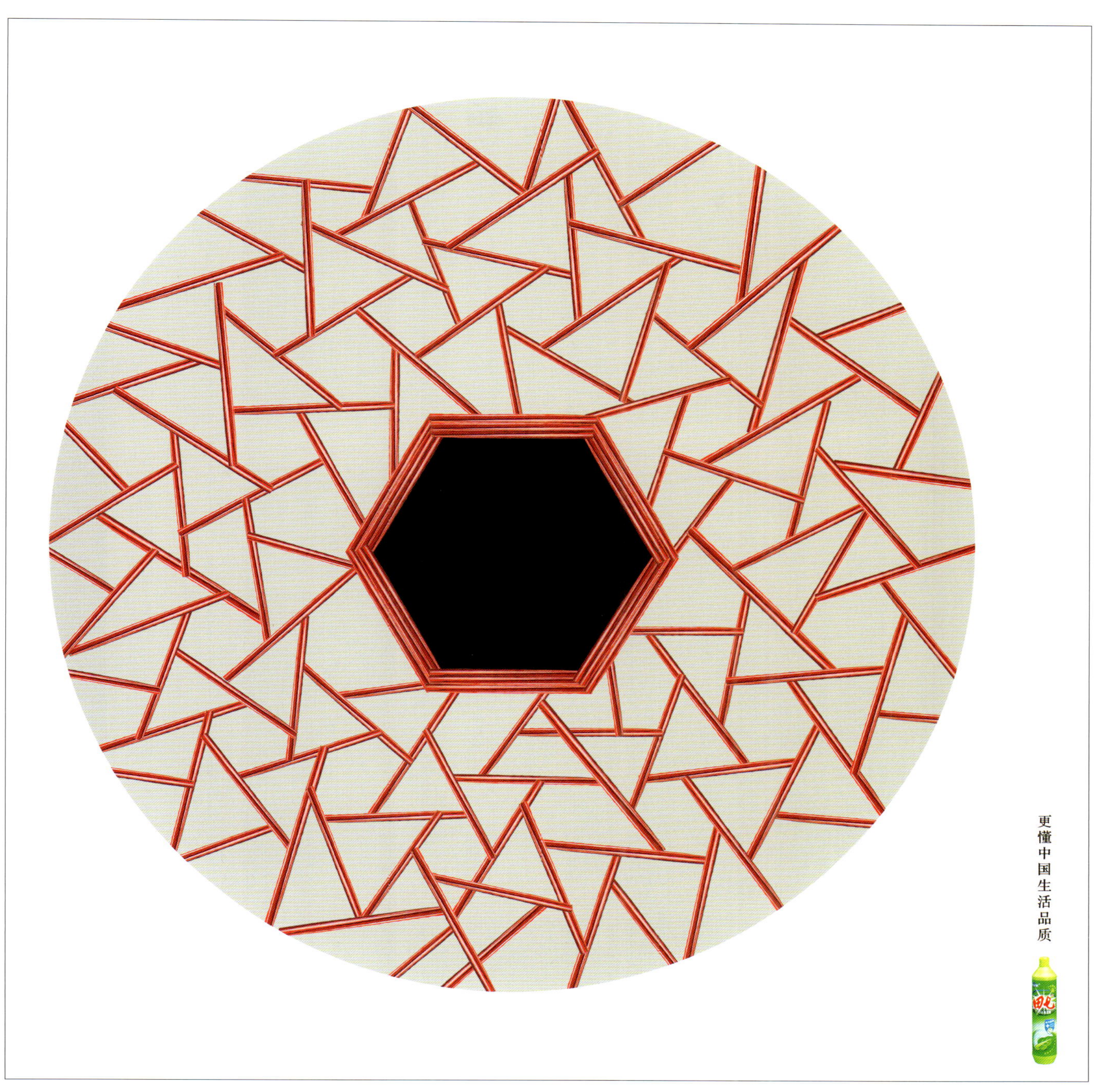


**客户：**奥奇丽集团　**产品/品牌：**田七洗洁精　**篇名：**窗花篇
**创意：**获得设计公社　**文案：**获得创意部落　**设计：**获得设计公社

**获得创意管理**

篇名：捕兽夹篇

篇名：捕鼠夹篇

篇名：鱼钩篇

客户：蓝月亮（中国）有限公司
产品/品牌：手洗洗衣液
创意：第三事业部
文案：第三事业部
设计：第三事业部

广东省广告股份有限公司

客户：蓝月亮（中国）有限公司
产品/品牌：蓝月亮洗涤液
篇名：自然清香篇
创意总监：张增辉
创意：张增辉
文案：姚方
美术指导：李晖
设计：任鲲
制作：郑建丽

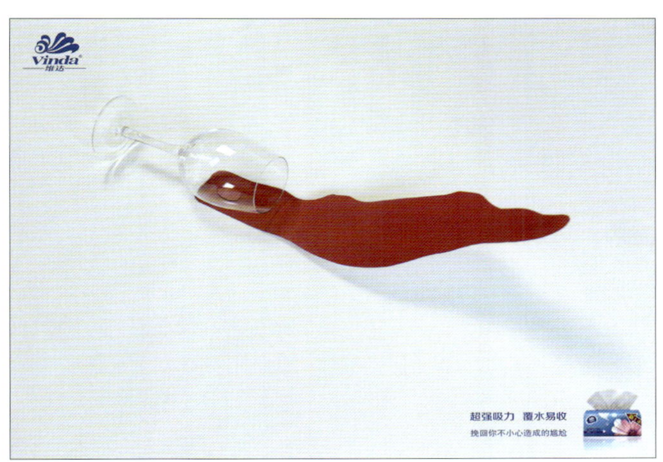


篇名：红酒篇

篇名：咖啡篇

篇名：牛奶篇

客户：维达纸业（广东）有限公司上海分公司
产品/品牌：维达纸巾
创意总监：张增辉
创意：张增辉
文案：姚方
美术指导：李晖
设计：郑建丽
制作：任鲲

浙江高速广告有限责任公司

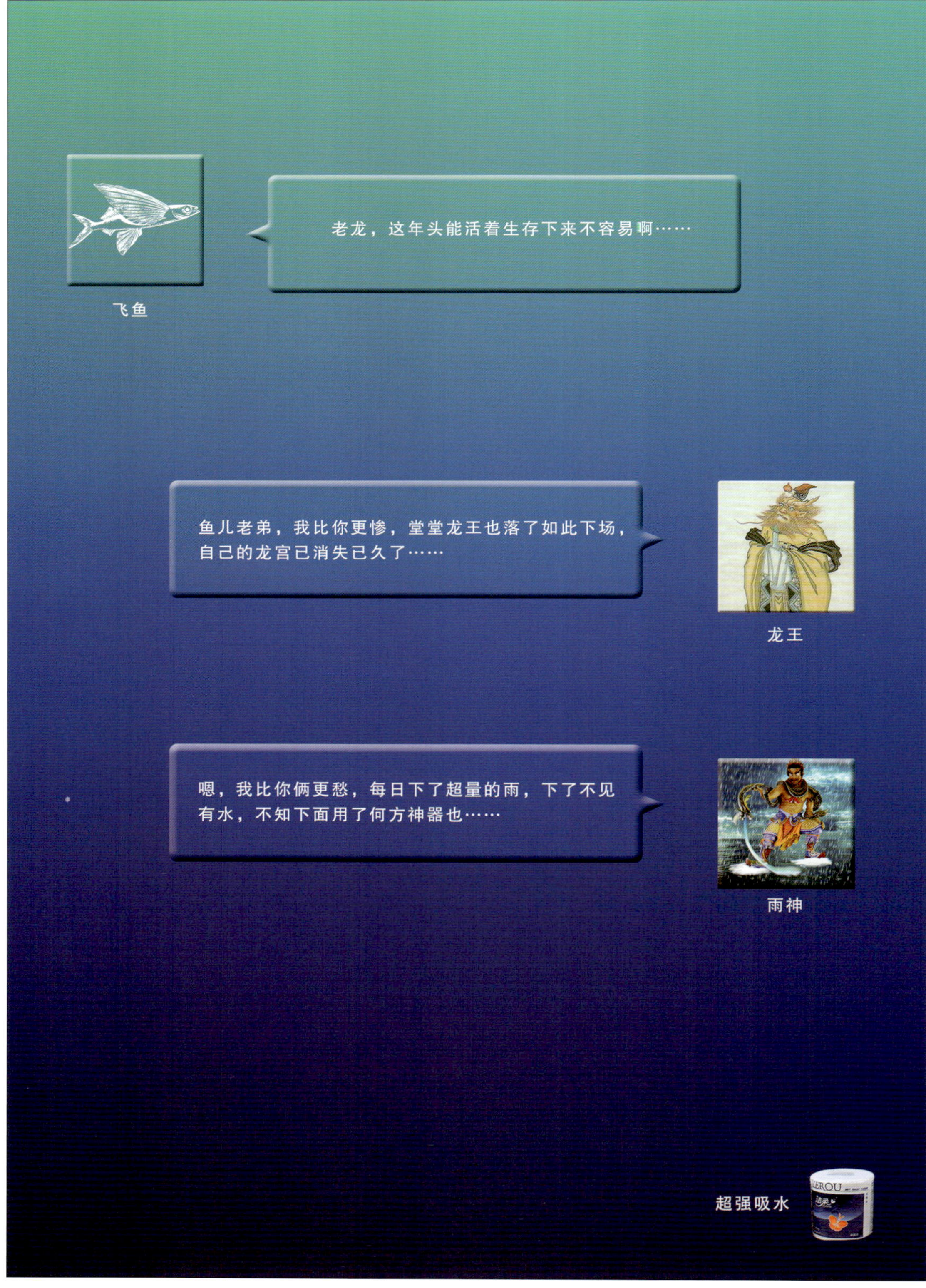


客户：洁柔纸业　　产品/品牌：洁柔圈纸　　篇名：对话篇
创意：获得设计公社　　文案：获得创意部落　　设计：获得设计公社

篇名：苍蝇拍篇

篇名：电蚊拍篇

客户：中山榄菊日化实业有限公司　产品/品牌：榄菊速杀王
创意总监：陈文欢 杨斌　创意：陈文欢　文案：陈文欢
美术指导：杨斌　设计：邓其发　制作：邓其发

广东峰尚品牌顾问机构

**声音及字幕：**

字幕：THE CITY OF WISDOM,KUNSHAN CHINA。

旁白：给智慧一个舞台，中国昆山。

**创意说明：**

每个城市都有自己独特的城市符号，本创意以昆山诞生的艺术形式昆曲，作为昆山的“城市符号”来表现，突出昆山的独特气质。对昆山城市符号的传播符合海外对东方美的认知，在广告林立的时代广场可以脱颖而出。昆曲是一种中国智慧的体现，将昆山渲染为一个传承智慧的舞台，昆山开放包容，智慧的昆山欢迎智慧的你。

**客户：**昆山旅游
**产品/品牌：**昆山旅游
**篇名：**城市符号篇
**创意总监：**杨涛
**创意：**杨涛
**文案：**宗秋风

中视金桥广告有限公司

**声音及字幕：**

字幕：吴江。乐在其中。吴江滨湖新城，不亦乐乎。吴江滨湖新城，绸都盛泽，其乐融融。汾湖高新区，安居乐业；吴江经济技术开发区，乐此不疲；同里古镇，乐而忘返；太湖，智者乐水。

旁白：江南何处好，乐居在吴江。

**创意说明：**

我们从吴江城市精神中，发掘出一个字，这个字代表着开心、幸福、满足，这是吴江的心声，也是吴江对待生活的态度。我们将吴江的经济、区位、文化、旅游等重要元素，用成语填空的形式表现出来。增强与受众之间的联系与互动，更好地达到传播目的。

**客户：** 中共吴江区委宣传部
**产品/品牌：** 吴江形象片
**篇名：** 乐篇
**创意总监：** 杨涛
**创意：** 杨涛
**文案：** 付冲

**中视金桥广告有限公司**

**声音及字幕：**

字幕：一段净化心灵的旅程。

旁白：有一种生活叫旅行。离起点更远，离心灵更近，也许我们是在寻找另一个角度，另一个自己。在乐山，眺望，原来偌大的世界可以如此纯净，仿佛能听到自己的心声。人们来此膜拜，怀着一份“天人合一”之乐，祈愿，佛祖慈悲，将福乐惠及子孙。又或者，都怀着一份“释然”之乐。脱下内心的包袱，面对、接受、放下。

……

我来到这里，面对自己！每一段旅程，都是一场世间的修行。我们都能做到，面对、放下、自在、快乐。

旁白、字幕：乐山，乐在其中。

**创意说明：**

通过一个旅游者的内心独白，展开峨眉山和乐山大佛景区的旅游风情，将旅程和生活的感悟联系在一起，将乐山旅游升华为一种心灵的回归。将乐山的“乐”上升为一种生活的智慧和豁达的境界。

**客户：**乐山旅游局
**产品/品牌：**乐山旅游
**篇名：**乐在其中篇
**创意总监：**胡晓虎
**创意：**胡晓虎
**文案：**张佳雨

**中视金桥广告有限公司**

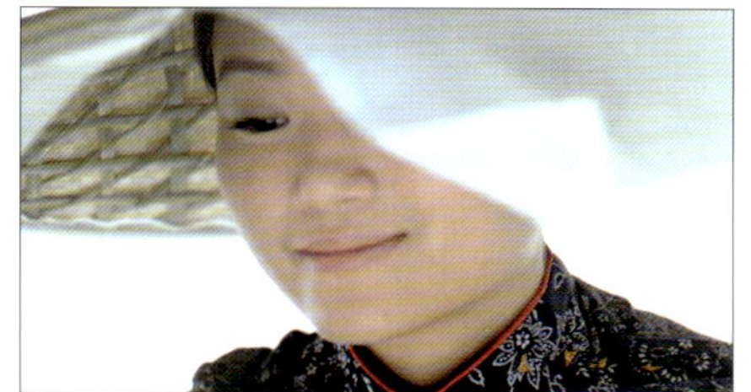

**声音及字幕：**

旁白、字幕：慢下来，才会发现景色的致美。慢下来，才会发现久违的快乐。慢下来，才会发现文化的力量。慢下来，才会发现美食的滋味。慢下来，才会发现真实的自己。品味慢生活，共享淳幸福。国际慢城，闲静高淳。

**创意说明：**

高淳，被世界慢城联盟亲睐的小城，中国目前唯一获得“慢城”称号的地区。我们希望通过这支广告片，不仅仅使人们了解高淳，愿意到高淳去享受几天慢城的生活，更希望向人们传递“慢生活”的生活态度？借此使现代人从紧张、喧嚣的都市生活中解脱出来。慢下来才会享受生活的美好。

**客户：**高淳区委宣传部
**产品/品牌：**高淳国际慢城
**篇名：**国际慢城篇
**创意总监：**杨涛
**创意：**杨涛
**文案：**刘心梦

中视金桥广告有限公司

**声音及字幕：**

字幕：印象顺义。北京顺义，首都国际航空中心核心区。

**创意说明：**

本片的核心内容是全方位、多角度地展示人与城市、现实与未来、水城与空港、高端服务与临空经济、生态产业与科学发展、政府智慧与服务理念之间的融合关系，重点展示城市中人的精神状态，从“形”与“魂”两个层面，强调外在表现力及内部张力，让人们认识、了解并爱上城市。

**客户：**北京市顺义区委宣传部
**产品/品牌：**北京顺义形象片
**篇名：**印象顺义篇
**制作总监：**李黎
**制作公司：**北京亚诗圣凰广告有限公司
**导演：**李易威
**摄影：**邵丹
**美术：**杨志文
**剪辑：**蔡仲彦
**音乐：**张威
**制作：**丁长青
**制片：**贺迎

## 北京亚诗圣凰广告有限公司

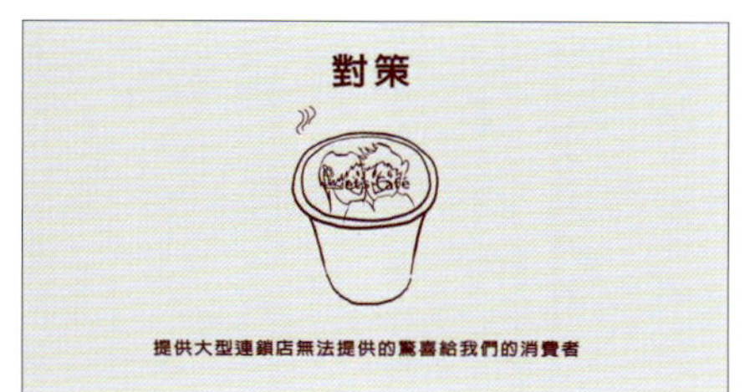

**声音及字幕：**

字幕：Let's Café 是拥有超过2000间门市的咖啡连锁店。但其实，它并不是真正咖啡店，比较像是藏身在全家便利商店的咖啡小摊，提供迅速又好喝的咖啡，提供大型连锁店无法提供的惊喜给我们的消费者，独特又有趣的客制化拿铁喷书艺术。

**创意说明：**

只需要使用手机上传照片到专属的机器，照片喷画在拿铁上，成为一杯独一无二的拿铁艺术，消费者可以尽情发挥创意，并且分享给朋友，藉由拿铁喷画艺术建立Let' s Caf é 的独特性。

**客户：**Family Mart
**产品/品牌：** Let's café
**篇名：**咖啡印象篇
**创意总监：**常一飞 薛瑞昌 邱泰鑫
**文案：**邱玉琪
**美术指导：**赵英杰
**客务总监：**朱秉政
**客务服务：**黄思颖 李芳菱
**制作公司：**大演制作
**导演：**张智发

时报广告奖执行委员会·智威汤逊广告股份有限公司

**声音及字幕：**

唱：读书破万卷，下笔如有神。就是我本尊，我现在要来找名人，以前我就是故意让名人出糗的人，最恨我的就是被我整过这些名人。是怎样，现在COLD STONE又请我来找名人，大家不要以为我又在骗人，你接到我的电话，以为我在整人，这一次其实我超真诚，我从外太空找到行天宫，我不是在吹牛，如果你的名字叫名人。我是说你的名字发音刚好是名人，管他，史名仁、宋名芒、游明仁、贾铭任、欧阳名人、上官名人、旋涡鸣人、还是敏人、明伦、鸣人、铭仑、民人、茗仑，你就有资格，来帮 COLD STONE 拍一支，吃着冰淇淋的广告，成为大名人。我从外太空找到行天宫，管他，史名仁、游明仁、只要发音是名人，你就是我William沈要找的人，哈哈哈。

**创意说明：**

名人推荐式的广告行之有年，对于一个想要为人们制造快乐的冰淇淋品牌，如何能让名人推荐式的广告除了有效，而且创新好玩？我们决定找当地名字发音叫“名人”的人，来拍摄“名人推荐COLD STONE”的电视广告！不到十天，全台涌进132位“名人”报名，成为最多“名人”参与的品牌活动！最后，我们遴选出三位名人，成功拍摄华文史上第一次真正由“名-人-推-荐”的COLD STONE电视广告！

**客户：**酷圣石冰淇淋  
**产品/品牌：**酷圣石冰淇淋  
**篇名：**名人篇  
**创意总监：**李宗柱 李佳宪  
**插画/计算机：**李佳宪  
**文案：**李宗柱　张斐雯　刘冠妏  
**美术指导：**李佳宪　陈秋苓  
**客务总监：**李宗柱  
**制作公司：**曾桀信  
**导演：**陈志豪

时报广告奖执行委员会·梦之怪物有限公司

**声音及字幕：**

字幕：周一到周四生啤酒买一送一，你一定会一杯接一杯。渥登酒馆。

**创意说明：**

Wooden Bar是一间上班族喜爱的酒馆，为了提升业绩增加买气，周一到周四晚上，举办了啤酒买一送一的活动！啤酒饮料具有利尿效果！这次Wooden Bar的啤酒赠送活动，势必会让客人喝个不停，也尿个不停！

**客户：**渥登酒馆
**产品/品牌：**渥登酒馆
**篇名：**厕所篇
**创意总监：**陶淑真 文雅慧
**客务总监：**王俊贤
**导演：**曾能伟

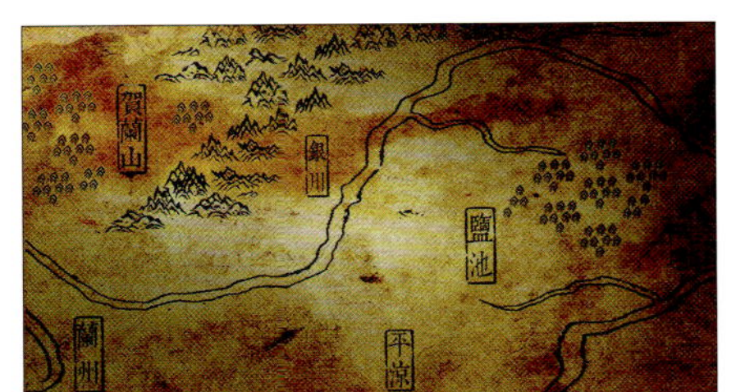

**声音及字幕：**

旁白：传奇的塞外，在宁夏盐池。

旁白、字幕：中国滩羊之乡，有150多种野生药材，水源富含多种矿物质，好草、好水、好羊肉，福羊铺子滩羊。福羊铺子。

**创意说明：**

将宁夏独特的文化古迹植入影片，赋予品牌独特的地域文化。独特的地域、独特的气候、独特的牧草、独特的水源造就独特的盐池羊。“好草、好水、好羊肉”就是福羊铺子产品的独特卖点。

**客户：** 宁夏盐池福羊铺子工贸有限公司
**产品/品牌：** 福羊铺子
**篇名：** 品牌篇
**美术指导：** 张小寅
**制作总监：** 吴秋菊
**制片：** 圣龙制作组
**制作公司：** 广州圣龙广告有限公司
**导演：** 张小寅
**摄影：** 顾洪伟
**剪辑：** 陈伟军
**音乐：** 袁海峰

## 广州圣龙广告有限公司

篇名：江南词篇

篇名：江南情篇

篇名：江南味篇

**客户：**绍兴市旅游委员会
**产品/品牌：**绍兴旅游
**创意总监：**张驰
**创意：**董凌云
**文案：**董艳慧
**美术指导：**马栋才
**设计：**张江萍

浙江美洋广告有限公司

**篇名：**游湘湖篇

**篇名：**观钱潮篇

**篇名：**逗海豚篇

**篇名：**逛园子篇

**客户：**萧山旅游局
**产品/品牌：**萧山旅游局
**创意总监：**张驰
**创意：**李沃铧
**文案：**胡汉女
**美术指导：**董凌云
**设计：**张江萍

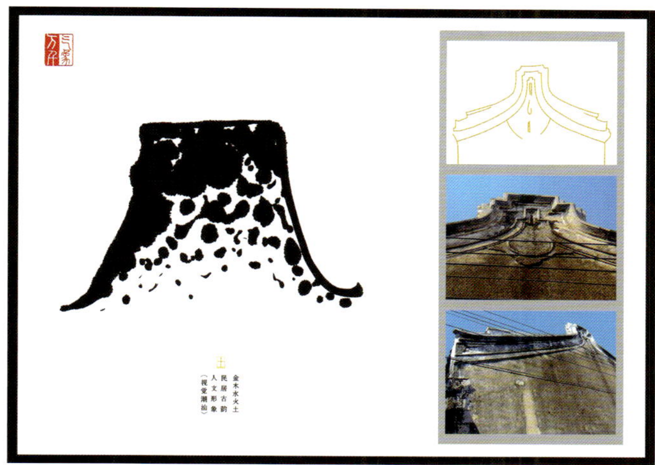

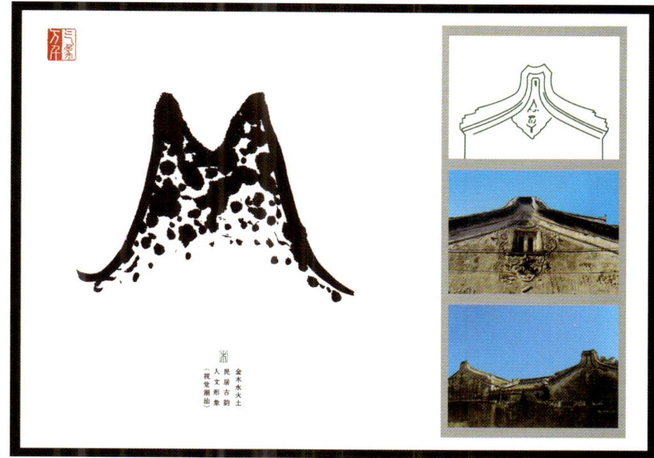

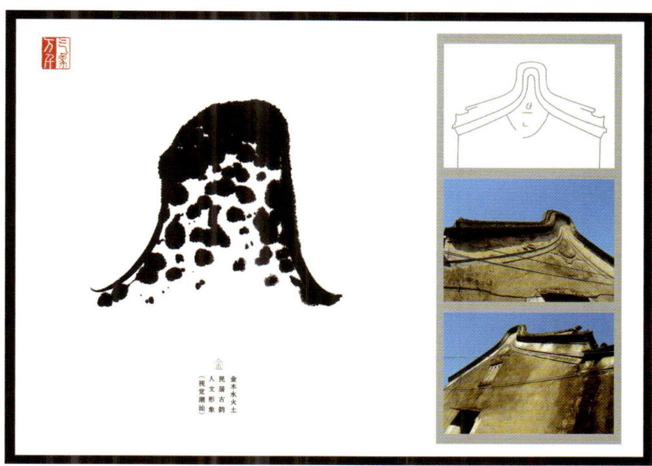

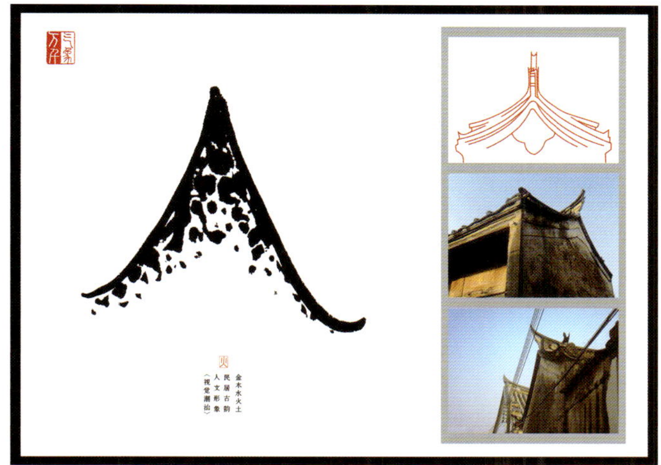

客户：视觉潮汕
产品/品牌：视觉潮汕
篇名：金木水火土篇
创意总监：林漓尽致
创意：获得设计公社
文案：获得创意部落
设计：获得设计公社

获得创意管理

**篇名：**延庆塔篇

**篇名：**千佛山篇

**篇名：**风阳山篇

**客户：**丽水市旅游局
**产品/品牌：**丽水旅游
**创意总监：**张增辉
**创意：**张增辉
**文案：**姚方
**美术指导：**李晖
**设计：**任鲲
**制作：**郑建丽

浙江高速广告有限责任公司

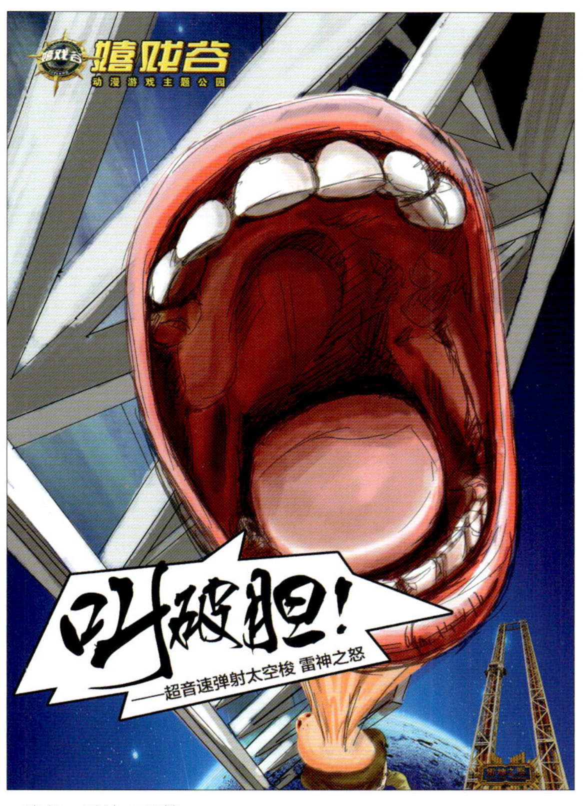


篇名：雷神之怒篇

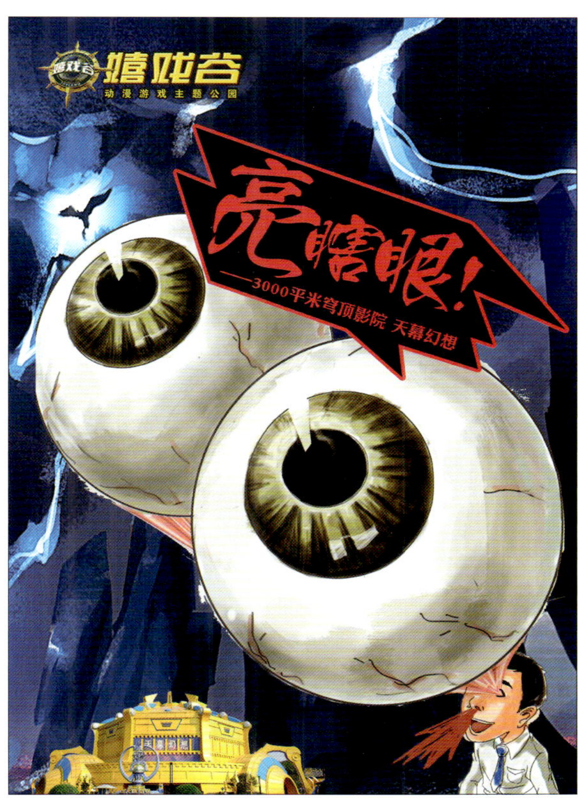


篇名：天幕幻想篇

篇名：云之秘境篇

客户：江苏嬉戏族（集团）有限公司
产品/品牌：嬉戏谷
创意总监：徐森程
创意：范懿铭
文案：付兰英
美术指导：周毅
设计：周毅 谢青

**客户**：广州长隆集团
**产品/品牌**：长隆国际大马戏
**篇名**：奇幻之旅篇
**创意总监**：刘仲清
**创意**：吴祖光
**美术指导**：吴祖光
**设计**：毛嘉明

广东广旭广告有限公司

**产品/品牌：**常州国旅出境游　　**篇名：**笔篇

**产品/品牌：**常州国旅自驾游　　**篇名：**鼠标篇

**客户：**常州国旅
**创意总监：**牟尚武　　**创意：**牟尚武
**文案：**牟尚武　　**设计：**蒙瑞玉

常州市盛视策联企业营销策划有限公司

客户：星巴克　产品/品牌：星巴克　篇名：咖啡篇
创意总监：王文华　创意：桂博洋　文案：桂博洋
设计总监：韩华　设计：桂博洋　制作：桂博洋

北京视新天元广告有限公司

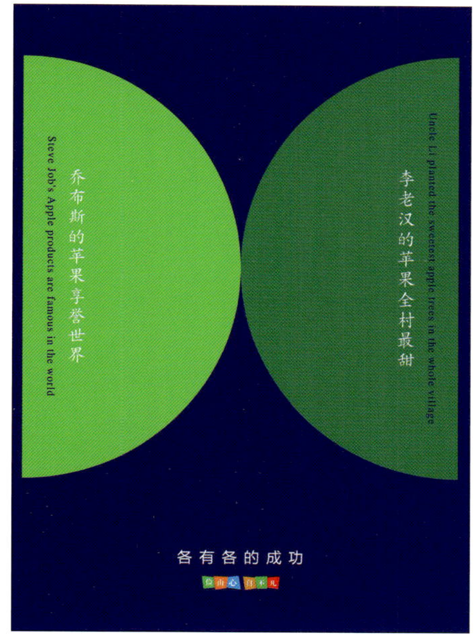

篇名：李老汉乔布斯篇

篇名：小霞莫言篇

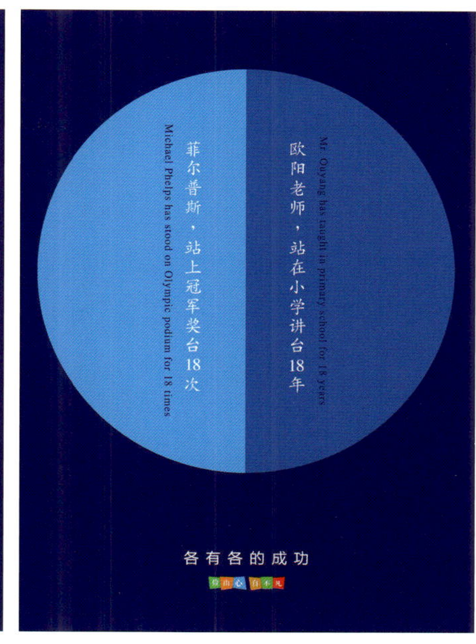


篇名：欧阳老师菲尔普斯篇

创意：创意一组
文案：唐文婷 彭淑兰
设计：邝勇超 黄敏 刘智超

篇名：DNA篇
创意：创意二组
文案：单慕莎 高翔 彭淑兰
设计：尹雨蕾

客户：阅读花园资讯中西餐厅
产品/品牌：阅读花园
创意总监：尹云从 宋启源
美术指导：孙国汀

长沙盛美广告有限公司

**客户：**杭州茭芦田庄酒店
**产品/品牌：**茭芦田庄
**篇名：**原味篇
**创意总监：**范磊明
**创意：**程清　刘翔
**文案：**初更　陈娇晴
**美术指导：**徐海波
**设计：**徐海波

杭州有氧文化创意有限公司

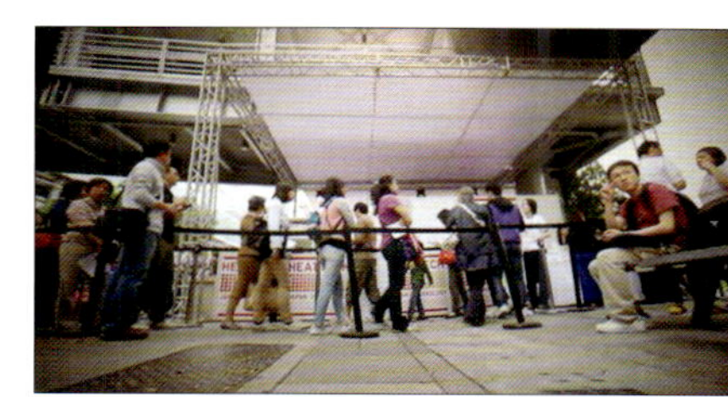

UNIQLO HEATTECH

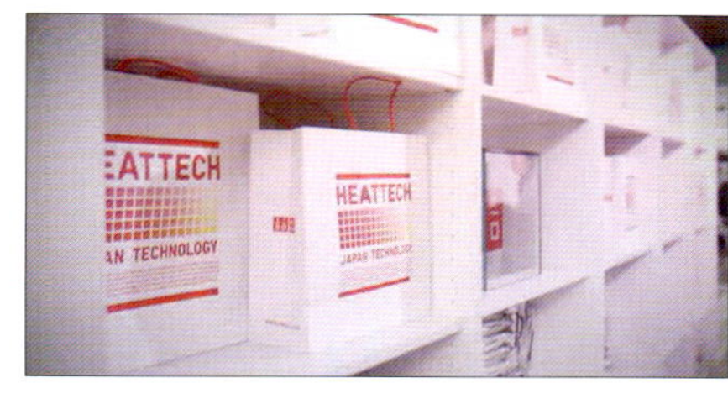

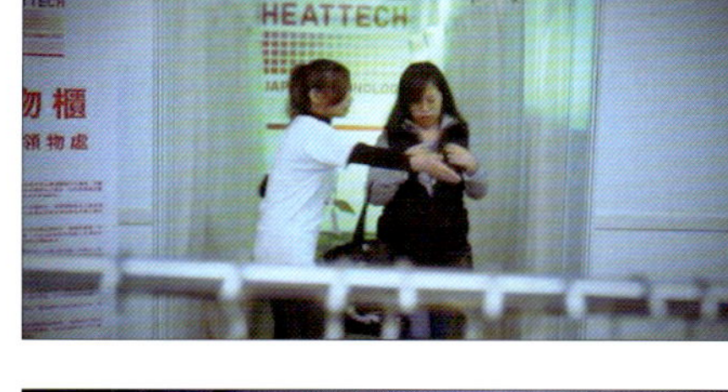

**声音及字幕：**

旁白、字幕：台湾是亚热带的国家。全年高温的台湾，冬天大部分的时候也不太冷，除非寒流来袭。国际服饰品牌优衣库的冬季主力商品，专为严寒而开发的机能发热衣Heattech。优衣库创造的“冷锋”一路从台湾北部横扫到南部，成功地在台湾掀起发热衣的销售狂潮。优衣库让台湾人想起来冬天冷锋来时是很冷的！在下一波的寒流之前，先准备好发热衣吧！

**创意说明：**

创造一个低温移动试衣间。卡车内是低温-10度C的环境，犹如身处在寒流来袭的环境。让消费者上卡车体验 Heattech吸湿发热衣，并触发他们的购买欲望，及早准备保暖的衣服。

**客户：**优衣库
**产品/品牌：**优衣库低温移动试衣间
**篇名：**优衣库低温移动试衣间篇
**创意总监：**陶淑真 吴美佳 陈大为
**文案：**吴美佳 汪开莉
**美术指导：**李冠桦 李日冉 陈月姿 蔡志旻 林子茵 江嘉芸 林妍君
**客务总监：**邱雅惠
**客务服务：**顾嘉猷 颜君璞 刘千华

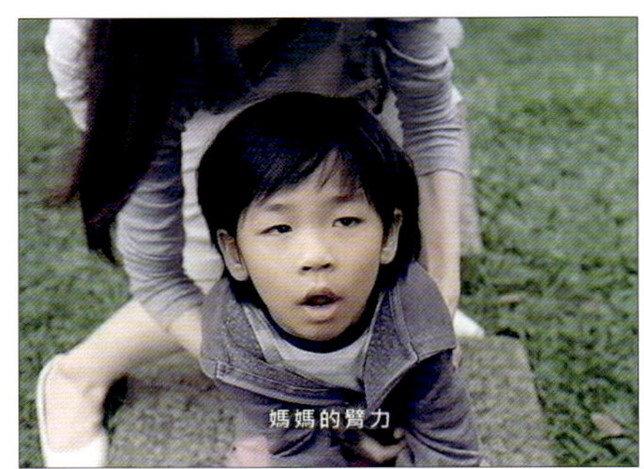

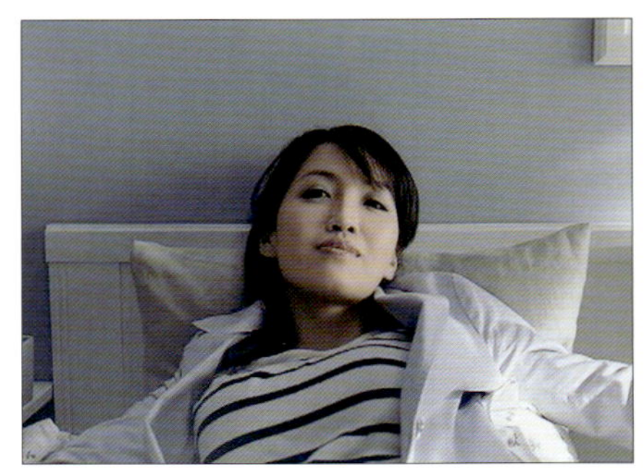

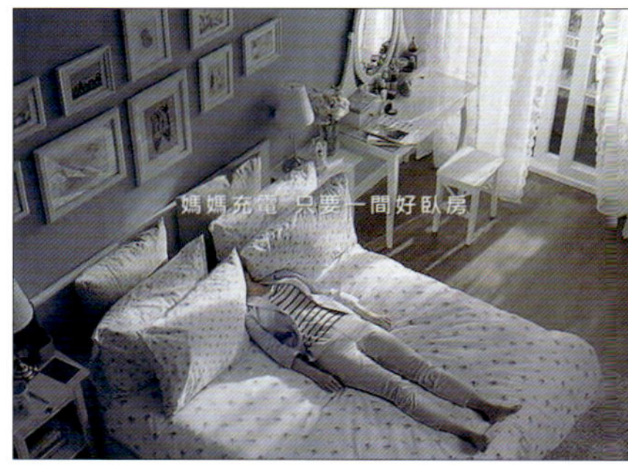


**声音及字幕：**

旁白、字幕：妈妈的臂力，相当于板块运动的能量。妈妈的脸，相当于太阳，牵动四季。妈妈的眼神，相当于万有引力，是宇宙的秩序。每天耗损惊人能量，但妈妈不要核电厂。妈妈充电，只要一间好卧房。

字幕：幸福好简单，宜家家居。

**创意说明：**

我们发现，对于有孩子的家庭中，卧房相较其他空间，妈妈相对在意也较重视。妈妈认为面对每一天的忙碌，卧房是每个妈妈的充电站。

**客户：**宜家家居
**产品/品牌：**宜家家居
**篇名：**妈妈充电篇
**创意总监：**谢陈欣
**文案：**蔡承翰 罗景壬
**美术指导：**钟秋华 郑宜真
**导演：**罗景壬
**摄影：**林以婷
**客务总监：**许慕屏
**客务服务：**林旻亿 陈彦豪

时报广告奖执行委员会 · 奥美广告股份有限公司

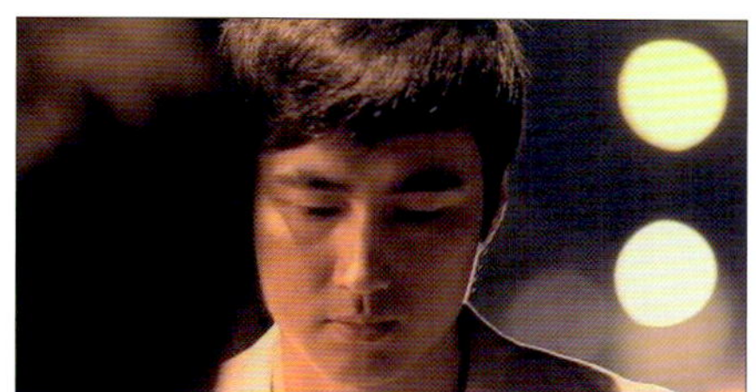
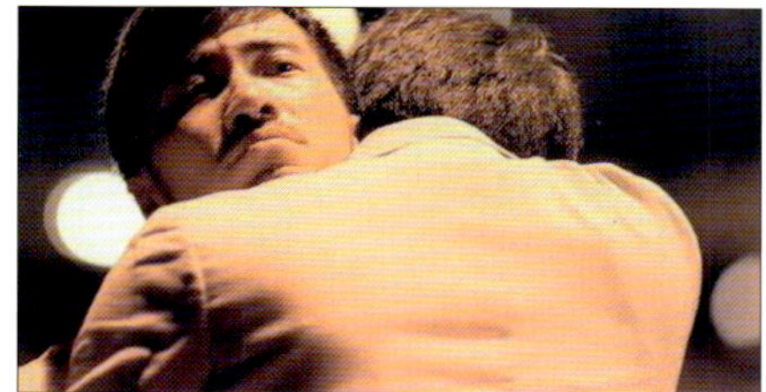

**声音及字幕：**

男甲：痛吗？

男乙：不会，习惯了。

男甲：那个，不好意思。

男乙：没事。彩色笔而已。还爱我吗？

男甲：爱过。

字幕：2014新品上市，宜家家居。

**创意说明：**

IKEA 2014新型录新品上市，透过家具的拟人化，谱出一段旧爱新欢的爱情故事，告诉我们要舍得旧爱，迎接新欢。

**客户：** 宜家家居
**产品/品牌：** 宜家家居
**篇名：** 旧爱篇
**创意总监：** 谢陈欣
**文案：** 蔡承翰
**美术指导：** 钟秋华 郑宜真
**导演：** 罗景壬
**摄影：** 林以婷
**客务总监：** 许慕屏
**客务服务：** 林旻亿 陈彦豪

**声音及字幕：**

旁白：去过这么多地方，是不是真正感受过这个世界？有时自己也都不确定。我看见了。

旁白、字幕：看见艺术，看见对话，看见意志，看见信任，看见乐园。

旁白：张开羽翼，往陌生的方向前进，看见世界，看见日出。

旁白、字幕：I SEE YOU。你的眼界可以转动世界。长荣航空。

**创意说明：**

全球每年旅游人次已经破10亿大关，相较于以前较低的旅行频率、不多的航点选择，我们发现大家的旅行陷入一种清单式的搜集狂热，虽然这样也是一种满足的成就感，但旅行的意义应该不止于I' ve been there，我们忽略了在旅途中从另一个角度用"心"去领会不同的美好， 我们的传播主轴"I SEE YOU"于是产生，I是每个旅人，YOU是世界上所有的美好事物，长荣航空带着大家去用心"SEE"这个世界不同层面的美好。

**客户：**长荣航空
**产品/品牌：**长荣航空
**篇名：**你的眼界可以转动世界篇
**创意总监：**简源呈 庄禧善
**文案：**刘骏辉
**美术指导：**林护昱
**导演：**彭文淳
**摄影：**许振宏
**剪辑：**张博晖
**音乐：**何国杰
**客务总监：**卢业涓
**客务服务：**张乔芷 简琳轩 方暄惠 苏慎农
**制片公司：**大于制作
**制片：**刘世上 叶国俊 苏师平

时报广告奖执行委员会·我是戴维广告股份有限公司

**声音及字幕：**

王炳益：如果等待，就能有真爱？我会一直等。

主持人：本届最美苗家女冠军是潘先优。

王炳益：优优，优优，你真的要走吗？

潘先优：我想看看外面的世界。

……

王炳益：这几年在外面过得好吗？

潘先优：我太累了。

王炳益：要不就回来吧！

潘先优：王炳益，谢谢你。电视台来咱们村拍摄节目，请您让大家准备好今晚的表演。

村长：好嘞！欢迎大家来。

王炳益：我相信等待，就会有真爱。

字幕：中国南方电网，贵州电网凯里供电局。

**创意说明：**

本案根据凯里供电局真实人物王炳益的故事改编。通过讲述供电一线抢修员王炳益，在参加“最美苗家女大赛”保电任务时，巧遇初恋女友潘先优，并围绕两人展开故事。将凯里供电局一线员工，艰苦工作，负责敬业，关爱村民的工作画面，融入苗乡特色叙述，表现了供电一线员工质朴的工作态度，用心为苗乡侗寨服务的精神。

**客户：**贵州凯里供电局
**篇名：**等待就能有真爱篇
**创意总监：**胡子
**创意：**陆露
**文案：**小小
**美术指导：**阿福
**制作：**文革
**制作公司：**深圳市战略伙伴文化传播有限公司
**制片：**姚瑶
**导演：**胡子
**摄影：**阿福
**剪辑：**小杨
**音乐：**小杨
**动画：**陈旷

深圳市战略伙伴文化传播有限公司

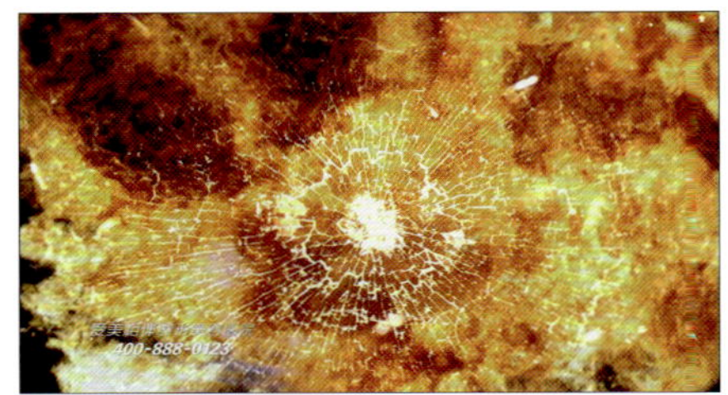

**声音及字幕：**

旁白、字幕：人生很短暂，总要整一次。爱美相伴整形美容医院，爱美相伴，总要整一次。爱美相伴整形美容医院。

**创意说明：**

对于想要通过整形变得更美的消费者来说，变美和安全之间是有冲突的，这种冲突在消费者内心产生之时，面对“整”还是“不整”的犹豫是阻碍消费者进入整形医院首要解决的问题，本片通过将消费者内心的挣扎和犹豫的状态在镜头前表现的淋漓尽致，并以演员急速砸碎镜子这一具有震撼力的镜头来打破犹豫不决的心理状态，告诉消费者“人生很短暂，总要整一次”这一核心品牌诉求，直指消费者内心，从而传递品牌引导消费者以一种勇于变美，活出精彩的人生态度。

**客户：**爱美相伴美容医院
**产品/品牌：**爱美相伴
**篇名：**砸镜子篇
**创意：**叶茂中营销策划机构

篇名：活出新典范篇

篇名：听出新感官篇

篇名：变出新活力篇

篇名：品出新生活篇

**客户：**广东天河城（集团）股份有限公司　**产品/品牌：**天河城
**创意总监：**廖枫 萧建涛　**创意：**萧建涛　**文案：**彭通
**美术指导：**萧建涛　**制作：**胡丹

广东思域广告有限公司

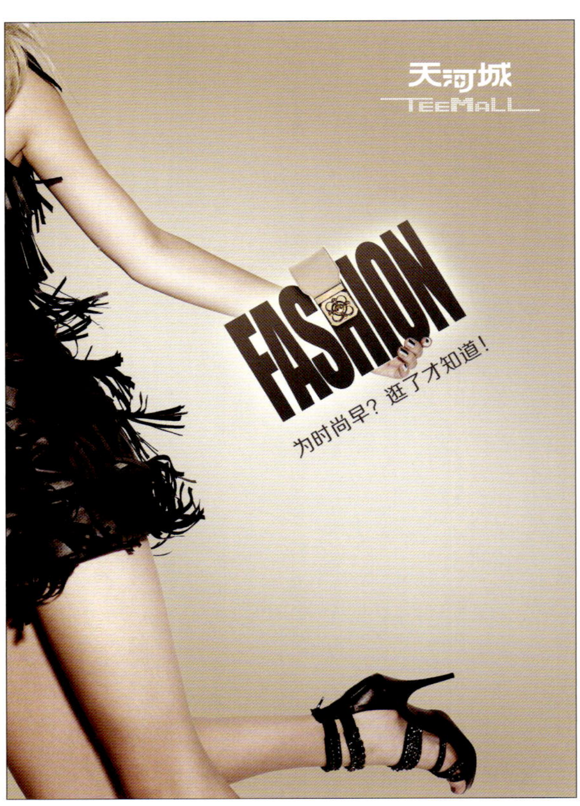


篇名：时尚篇

篇名：美食篇

篇名：数码篇

客户：广东天河城（集团）股份有限公司
产品/品牌：天河城
创意总监：廖枫 萧建涛
创意：萧建涛 余莉妍
文案：彭通
美术指导：萧建涛
设计：胡炽天
制作：胡丹

广东思域广告有限公司

**客户：**广东天河城（集团）股份有限公司
**产品/品牌：**天河城百货
**篇名：**浓情厚意父亲节篇
**创意总监：**廖枫 萧建涛
**创意：**萧建涛
**文案：**彭通
**美术指导：**萧建涛
**设计：**胡炽天
**制作：**胡丹

广东思域广告有限公司

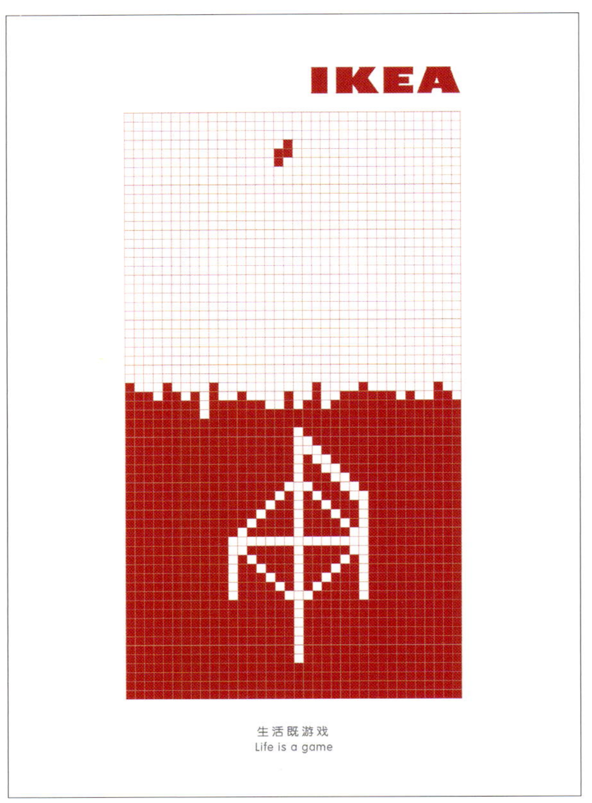


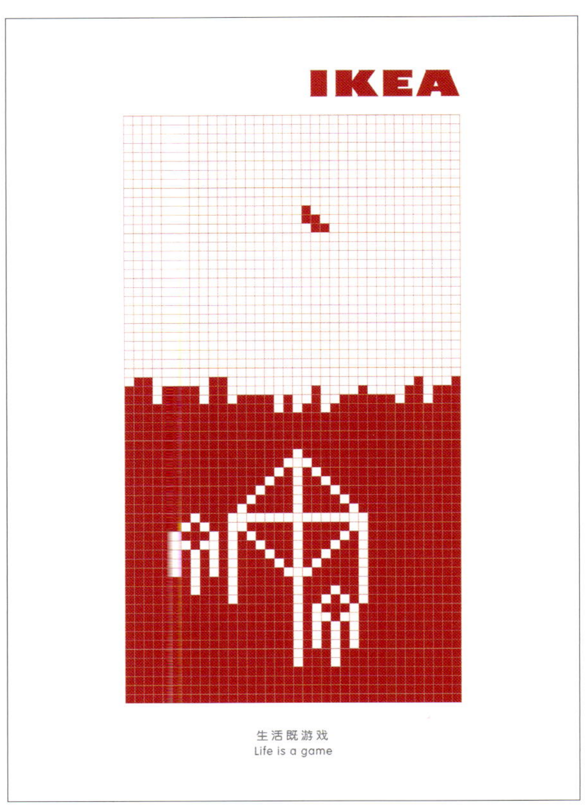


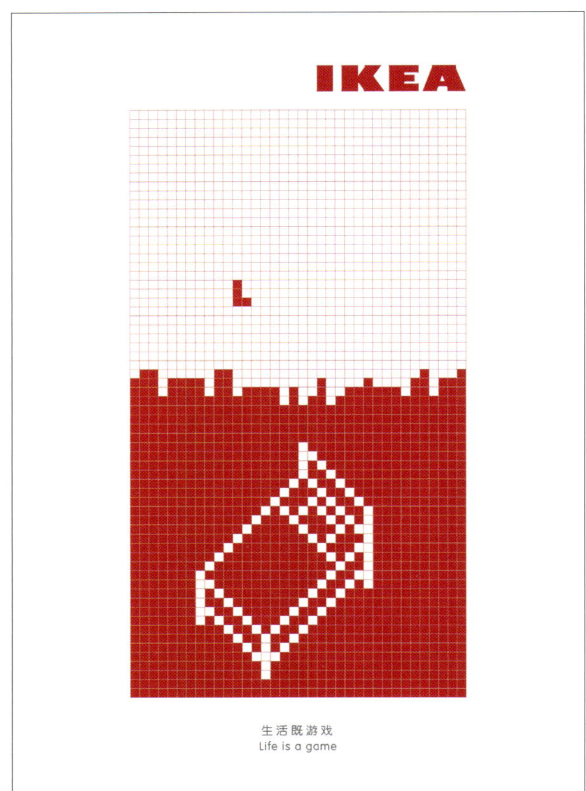


**客户：**宜家
**篇名：**生活既游戏篇
**创意总监：**王文华
**设计总监：**刘志坚
**设计：**赵亚凡

北京视新天元广告有限公司

客户：杭州依家美越百货有限公司
产品/品牌：衣之家城市折扣百货
篇名：衣之家儿童节篇
创意总监：胡冬咏 钱丐建
创意：胡冬咏
文案：谢杭波
美术指导：沈卫勇
设计：赵双双

杭州行其道广告有限公司

篇名：家年华篇

篇名：端午节篇

客户：杭州依家美越百货有限公司
产品/品牌：衣之家城市折扣百货
创意总监：胡冬咏 钱丐建
创意：胡冬咏
文案：谢杭波
美术指导：沈卫勇
设计：赵双双

杭州行其道广告有限公司

**客户**：杭州依家美越百货有限公司 **产品/品牌**：衣之家城市折扣百货 **篇名**：夏出清篇
**创意总监**：胡冬咏 钱丐建 **创意**：胡咏冬 **文案**：谢杭波
**美术指导**：沈卫勇 **设计**：赵双双

杭州行其道广告有限公司

**客户**：杭州依家美越百货有限公司
**产品/品牌**：衣之家城市折扣百货
**创意总监**：胡冬咏 钱丐建
**创意**：胡冬咏
**文案**：谢杭波
**美术指导**：沈卫勇
**设计**：王佳丽

客户：杭州依家美越百货有限公司
产品/品牌：衣之家城市折扣百货
篇名：五一篇
创意总监：胡冬咏 钱丐建
创意：胡冬咏
文案：谢杭波
美术指导：沈卫勇
设计：赵双双

杭州行其道广告有限公司

**客户：** 祐康食品集团有限公司
**产品/品牌：** 祐康统冠物流
**篇名：** 宝贝篇
**创意：** 第五事业部
**文案：** 第五事业部
**设计：** 第五事业部

广东省广告股份有限公司

篇名：橘子篇

篇名：雪梨篇

篇名：苹果篇

客户：祐康食品集团有限公司
产品/品牌：祐康优谷大地
创意：第五事业部
文案：第五事业部
设计：第五事业部

广东省广告股份有限公司

篇名：脸篇

篇名：腿篇

篇名：腰篇

客户：爱美相伴美容医院
产品/品牌：爱美相伴美容医院
创意：叶茂中营销策划机构

篇名：手机篇

篇名：眼镜篇

篇名：粉盒篇

客户：科美医疗美容
创意总监：成韦宏 查江闽
创意：成韦宏 王云如
文案：杜娟
设计：王云如

珠海华发文化传播有限公司

客户：珠海九龙医院　　篇名：痛苦的根源篇
创意总监：成韦宏　　创意：雷磊 熊颖达　　文案：雷磊
设计：林夏雪　　插图/电脑绘画：张俊杰

珠海华发文化传播有限公司

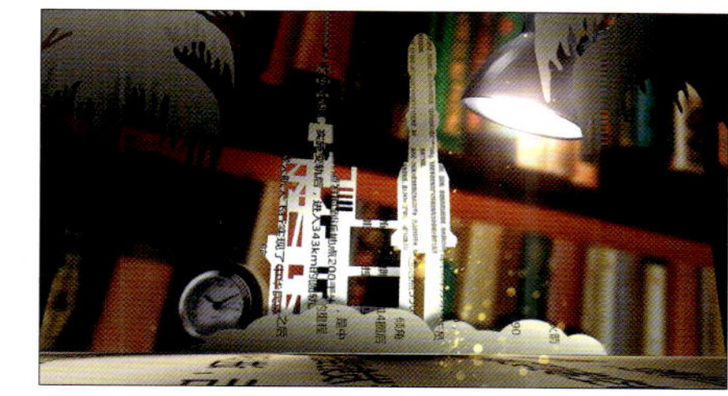

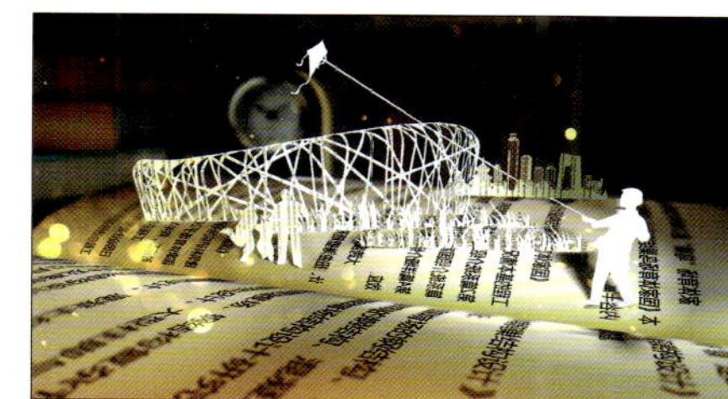

**声音及字幕：**

字幕：读书。

**创意说明：**

本片贴合《读书》节目的主旨，以“书”这一元素贯穿。古人有云“书中自有颜如玉，书中自有黄金屋”，该片借助高端三维和后期特效，在白纸黑字的书籍翻阅的过程中，令书中内容活灵活现跃然纸上，既传达出了自古以来爱好读书人的人们的共识，又具象而形象地展现出书中丰富多彩的内容，表达出读书的乐趣。

**客户：**中央电视台
**产品/品牌：**《读书》栏目
**篇名：**读书栏目篇
**创意制作：**巅峰胜境创作团队
**制作公司：**北京紫禁之巅新锐广告有限公司

**篇名：**无敌波篇

**声音及字幕：**

字幕：曾经辉煌的无敌波，你们在哪里？梦想能否延续。

旁白：正在收音机前听广播和没听广播的哥儿几个还记得无敌波吗？

字幕：无敌波9月全网首发。一起逐梦，东芝呈献，足球系列微电影。

**创意说明：**

一位隐藏真实性情的电台主持人，在看到足协杯招募的广告后，决定重组当年带领的足球队“无敌波”，去重新追逐自己的梦想。

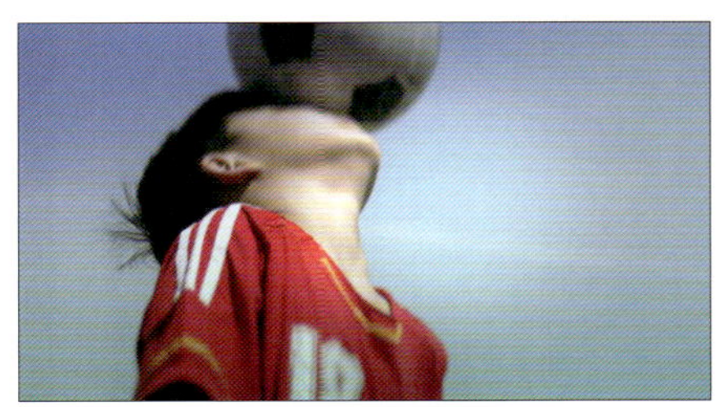

**篇名：**吊车尾的逆袭篇

**声音及字幕：**

字幕：我爱顶球，我是吊车尾。顶球？不顶球？吊车尾能否逆袭。

旁白：只要顶的开心，踢的开心，做自己就好了。

字幕：吊车尾的逆袭，5月全网首发，一起逐梦，东芝呈献，足球系列微电影。

**创意说明：**

一名小学足球队的替补队员从不被人看得起，终于在一次比赛中，他作为替补上场，用顶球技术为落后的球队赢得了胜利，实现了他逆袭的梦想。

**客户：**东芝（中国）有限公司
**产品/品牌：**2013年东芝足球公关活动
**出品人：**桐山辉夫 刘卉
**总策划：**吉勤
**总监制：**蛭间俊树 何小军
**制片：**李林涛
**导演：**张晓颖
**监制：**秦玺
**执行监制：**王松南
**制作公司：**北京灵思沸点影业有限公司
**摄影：**赵振
**剪辑：**崔蕾 潘宇
**音乐：**宾妮

北京灵思沸点影业有限公司

关注 陪伴 改变

**声音及字幕：**

字幕：希望这东西不放弃，不抛弃，每一刻都精彩万分。

……

旁白：老师告诉他们，还有一天就还有希望，只管坚持下去就是了。

旁白、字幕：这一天他终于相信，希望这东西不放弃不抛弃，每一刻都精彩万分。

字幕：谨以此片献给九零一代，关注、陪伴、改变。广东省南方技师学院深圳分校。

**创意说明：**

通过学校学生陈大龙团队参加动漫大赛，回溯陈大龙来到学校后的前后改变，从学生的视角展开诉求，透过镜头让人看到学生从自暴自弃到学有所成的蜕变，各种学习、培训、生活、娱乐镜头、平凡的细节打动受众，真实故事展示南方技校的办学能力。

**客户：**广东省南方技师学院深圳分校
**篇名：**生于一九九叉篇
**创意总监：**胡子
**创意：**陆露
**文案：**小小
**美术指导：**阿福
**设计：**陆露
**制作：**文革
**制作公司：**深圳市战略伙伴文化传播有限公司
**制片：**小陈
**导演：**胡子
**摄影：**阿福
**剪辑：**小杨
**音乐：**小杨
**动画：**陈旷

客户：中国经营报　产品/品牌：中国经营报　篇名：灯塔篇
创意总监：王文华　创意：刘志坚
设计总监：刘志坚　设计：刘志坚　制作：谭世军

篇名：冰山篇

篇名：水怪篇

**客户：**上海东方广播有限公司　**产品/品牌：**上海东方广播有限公司
**创意总监：**杨舸　**创意：**杨舸 景晔　**文案：**李志
**美术指导：**付杰 李晓清

上海同盟广告有限公司

客户：浙江广电集团民生资讯广播
产品/品牌：知道电台栏目
篇名：栏目篇
创意总监：胡冬咏 钱丐建
美术指导：沈卫勇
设计：詹永福

杭州行其道广告有限公司

客户：浙江电视台民生休闲频道
产品/品牌：四季彩虹公益行动
篇名：四季彩虹篇
创意总监：钱丐建
美术指导：沈卫勇
设计：詹永福

杭州行其道广告有限公司

**篇名：** 报纸上说篇

**篇名：** 电视里说篇

**篇名：** 看网上说篇

**客户：** 湖南纽扣传媒文化有限公司
**产品/品牌：** 纽扣
**创意总监：** 尹云从 孙国汀
**创意：** 创意三组
**文案：** 创意三组
**美术指导：** 孙国汀
**设计：** 周雪琳

长沙盛美广告有限公司

**客户：**澳门特别行政区文化局　**产品/品牌：**中华创意产业论坛　**篇名：**对话篇

**创意总监：**狄理豪　**创意：**王荣忠　**文案：**张君萍

**美术指导：**任婉琪　**设计：**王荣忠　**制作：**王荣忠

澳门广告商会・创狄意念集团

**客户：**中影数字电影发展　**产品/品牌：**中国巨幕　**篇名：**中国巨幕篇
**创意制作：**巅峰胜境创作团队　**制作公司：**北京紫禁之巅新锐广告有限公司

北京紫禁之巅新锐广告有限公司

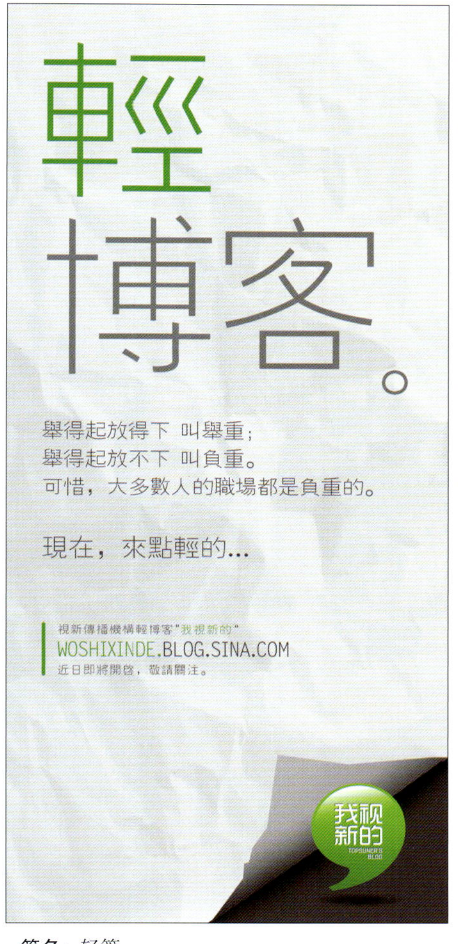

篇名：轻篇

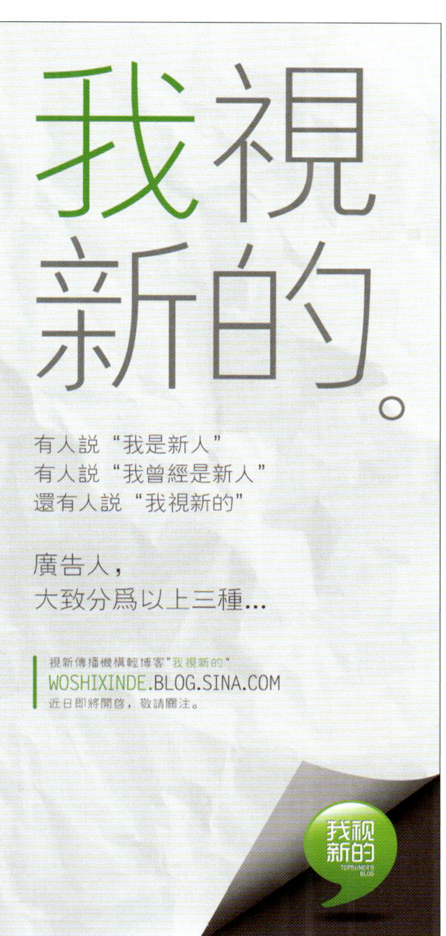


篇名：新的篇

篇名：保存期篇

**客户：**视新传播机构
**产品/品牌：**我视新的轻博客
**创意总监：**王文华
**创意：**韩华
**文案：**韩华
**设计总监：**韩华
**设计：**韩华

**北京视新天元广告有限公司**

客户：TOP SUN
产品/品牌：TOP SUN
篇名：视新20年篇
创意总监：王文华
创意：桂博洋
文案：王文华
设计总监：韩华
设计：桂博洋
制作：桂博洋

北京视新天元广告有限公司

## 盛美要招文案，标题还没定

1. 盛美最近准备新进一批文案，只求质不求量
2. 企图把每一句标题撰写 50 次以上的人，同类在盛美等你
3. “年后有什么打算？”“去盛美做文案”
4. 想进盛美做文案，跟资深资浅无关，跟学历专业无关，跟坚不坚持有关
5. 反正都是写文案，为什么不和喜欢写文案的人一起写呢？
6. 盛美需要一头有想象力的文案【续】
7. 有些设计觉得文案谁都能做，盛美需要一个能证明这个观点极其错误的文案
8. 一组老大是文案，不写文案的时候，他就在物色能成为老大的文案
9. 那个能让这篇招聘文案变得更好的人，盛美有请
10. 没有文案，就没有招聘文案，就没有看到招聘文案的你，就没有文案
11. 如果你愿意为一句文案找 50 种可能，那我们也愿意为这 50 种可能找你做文案
12. “我不管我不管我不管我不管，我还要一个文案”，2 组组长撒娇的时候最可爱
13. 好文案总爱期待下一句，盛美期待下一个好文案
14. 一个人写文案很孤独
15. 雨天写出的文案会比晴天写的多份诗意，不信你写写看
16. 有几个文案，正在来盛美的路上等红绿灯
17. 好消息！好消息！盛美 7 周年，正在招文案！
18. 尽管你在别的公司也能成为不错的好文案
19. 盛美在找一个能用文字或勤奋打动我们的文案
20. 盛美怎么进？上进
21. 我们还差一个不把文案当工作的人
22. 像写文案一样谈恋爱
23. 喝茶，逗猫，写文案
24. 写文案，逗猫，喝茶
25. 一定有句更好的文案，等着你在盛美写出来
26. 招文案这事，我们相信缘分更相信勤奋
27. 如果你闯红灯时还在想着交通安全公益广告的文案
28. 盛美要招文案，可标题还没想好
29. 让设计师写文案是件多么可怕的事情，还是让文案亲自来写吧
30. 做个对社会有用的人，或者做个对文案热爱的人
31. 盛美用创意改变湖南，你用创意来改变盛美？
32. 坚持用屁股思考的文案盛美也会欣赏，欣赏你的坚持
33. 识字就行，只要足够用功，并足够坚持
34. 盛美在找每写一句话能用十种不同口吻的文案
35. 文案不把每句都写出来怎么知道哪句最好？
36. 凌晨四点还在写文案的人，行为不鼓励，精神可嘉奖
37. 你可以在别处成为资深广告人，也可来盛美成为广告大师
38. 未来的盛美对盛美说：“谢谢你当年招了这家伙！”
39. 如果你没有读到这一句，说明上面的文案仍然不够精彩
40. 上头下达死命令，年后必须招 2 个文案
41. 能坚持用功的好文案，盛美永远要要要要要不够
42. 广告公司可以没有文案，如果文案只是写字那么简单
43. 会偷懒的聪明人，请到别处去实现梦想吧
44. 把你坚持用功的证明发过来，我们把面试的电话打过去
45. 今天最晚下班的又是文案，50 句尝试中没找到最好的标题，决定再写 50 句
46. 后来在盛美叫做创意总监的那个人，之前是个每天都写 100 句的文案
47. 盛美的文案不需要上知天文下晓地理，只要坚持 3 年，每天写上 100 句
48. 我们赌你正在看这则招聘广告，赌什么随便你！
49. 盛美认为坚持用功是文案的最低要求
50. 盛美认为坚持用功是文案的最高要求
51. 想出 50 句好标题比想中 500 万大奖的机率大，成就感也大

在盛美干文案其实很简单。

每次把创意想 50 个以上，每个创意把标题写 50 句以上，每天坚持干，干着干着就从量变到质变了。

如果你确实热爱创意、热爱驾驭文字并且绝对热爱勤奋、热爱坚持，请把你另外写出的 50 句招聘广告标题发到 leader@show-mind.com。接下来顺序是：我们先被你写出的文字打动，然后就会尽早约定见面的时间。

PS：应聘信中请注明你是在哪里看到的招聘信息，这是对你“细心”特质的一项小考察。

Tel:0731-84118400 84118401
Add: 湖南省长沙市人民西路 349 号天平大厦 5F

22

## 到盛美第一次面试的设计师

1. 墙上凹陷的金手印中应该有我一份才行
2. 扔奖杯的垃圾桶比想象中多
3. 之前一直不相信师兄眉飞色舞的夸赞
4. 本来说好不紧张的
5. 那个高高的帅哥笑笑地对我说你好
6. 就算公车每次都抛锚，也愿意天天来面试
7. 二柱子，我终于来到传说中的盛美了
8. 公司周边租房子贵不贵？
9. 忘了问问电梯口限速 220 的指示牌什么意思
10. 真的有猫！
11. 上楼前竟然搜到了盛美的 wifi 信号，请问密码
12. 再心急也不该闯红灯
13. 散乱的吉他声把我填表的心情都给弹碎了
14. 待定的忐忑，胜过无望的坦然
15. 那个传说中的秋千，我只能眼睁睁地望着
16. 懂得！想象力 > 美术功底 > 软件操作
17. 这么多的广告书籍我多久才能看完？
18. 眼睛比牛还大的行政姐姐
19. 我也想要专属于自己的盛娃头像
20. 电梯里的公益广告和官网看到的一模一样
21. 好想问今年公司旅游还是不是国外
22. 五楼的高度，恰好适合步行
23. 从步行街广场到盛美楼下，我走了一百八十三步
24. 面试前我勘察地形，前后左右都有餐厅
25. 那个靠窗眺望的小胡子大叔就是传说中的启源多多不成？
26. 没白来一趟，至少长了见识
27. “工资是用来交换个人综合价值的一般等价物”
28. 一望无垠的办公室里万里无云
29. 如果来前认真看了盛美官网，就不会这么丢人
30. 盛美不适合我，没有为什么
31. 如果说了实话就没了希望，我还要不要做个诚实者？
32. 面试官很和蔼，却好像不喜欢听马屁
33. 幸好我穿了一双得体的鞋子
34. 到处都有奖杯，这是一家制作奖杯的广告公司？
35. 这次不要我，我下次还会再来
36. 连续发了十七封求职情书之后，如愿以偿
37. “每天画 10 幅广告，一直画下去，一定有大作为”
38. 我不为谋生，只想实现梦想
39. 以前面试的公司总问我干过什么，盛美问我准备干什么
40. 要聪明的人进不了盛美的门，除非勤奋加坚持
41. 我喜欢第三排的第二个位子
42. 我可以带自己的盆栽放在公司吗？
43. “反常的广告一定有效吗？”后来这个问题我一直在想
44. 面试官的第三个问题就让我哑口无言了
45. 原来了解公司价值观比知道获奖数量更重要
46. 卖货，获奖，做广告
47. 让面试的好心情再多飞一会儿
48. 我给自己准备了 5 年光阴在这里够不够？
49. 我愈发想在盛美成为不可缺少的那个人
50. 显然这里容得下我黑色的眼睛和红色的野心
51. 下一次面试我决不会对盛美那么无知了一如果还有第二次

幸好你还没来第一次，或是说你不必懊恼着企盼下一次。

第一次之前，我们必须看到你的想象力和美术功力。

首先，请穿越，放肆幻想，想象自己经历了盛美的初次面试，过程和结果可参考上述 YY，也可用你的脑细胞另行创造，片段的数量需要达到 9 幅。

然后，把你幻想的画面手绘成稿件，认真地写上标题，变成电子文件发过来，当 leader@show-mind.com 收到了你奇巧构思并精心绘制的 9 幅平面，你很有可能成为标题中的那个人。

是否能有第二次？这个不由盛美单方面负责保证。

我们对你的过去没有非分要求，无非是已经脱离了学校的美术出身的视觉设计工作者。

PS：应聘信中请注明你是在哪里看到的招聘信息，这是对你“细心”特质的一项小考察。

Tel:0731-84118400 84118401
Add: 湖南省长沙市人民西路 349 号天平大厦 5F

80

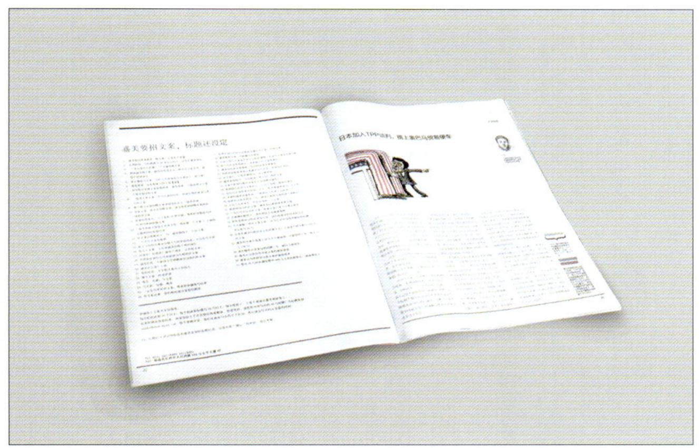

篇名：面试篇

篇名：标题篇

**客户**：长沙盛美广告有限公司　**产品/品牌**：盛美广告

**创意总监**：尹云从 孙国汀　**创意**：创意三组　**文案**：杨元佳 许诗淮

**美术指导**：孙国汀　**设计**：刘争明

客户：获得创意管理　产品/品牌：获得创意管理　篇名：开荒牛篇
创意：获得创意部落　文案：获得创意部落　设计：获得设计公社

客户：北京光线影视公司　产品/品牌：泰囧之人再囧途　篇名：极简海报篇

创意总监：王文华　创意：李依然　文案：李依然

设计总监：韩华　设计：李依然　制作：李依然

北京视新天元广告有限公司

客户：三宝音乐工作室　产品/品牌：三宝音乐剧　篇名：王二的长征篇

创意总监：王文华　创意：韩华　文案：王文华

设计总监：韩华　设计：韩华

北京视新天元广告有限公司

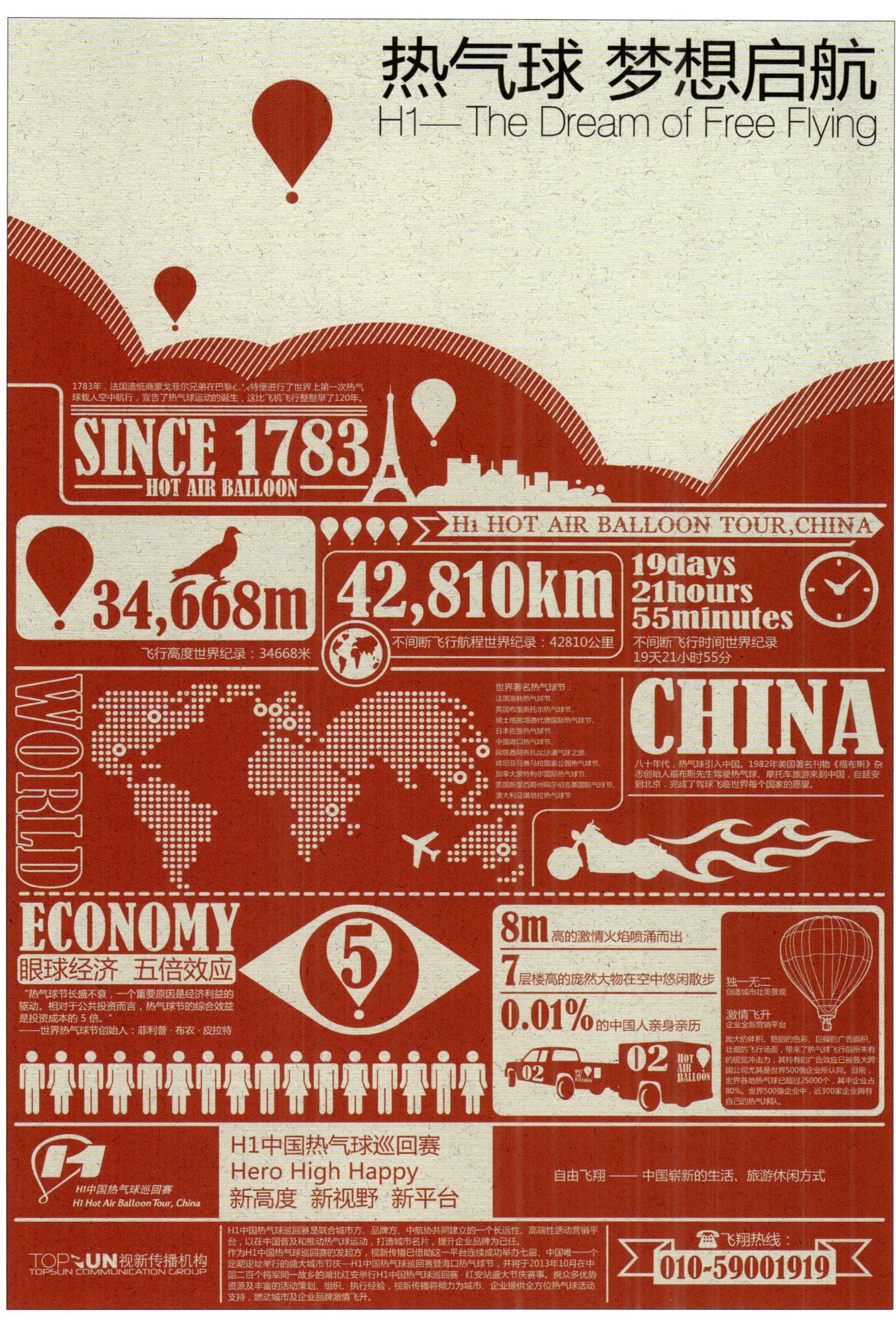


客户：H1热气球推广　产品/品牌：H1　篇名：梦想起航篇
创意总监：王文华　创意：刘志坚 王文华　文案：王文华
设计总监：刘志坚　设计：刘志坚　制作：刘志坚

北京视新天元广告有限公司

客户：点象艺术协会新城镇海区规划工作小组
产品/品牌：短片设计比赛　　篇名：那些年篇
创意总监：狄理豪　　创意：Ricardo Anileiro　　文案：冯绮玲
美术指导：任婉琪　　设计：Ricardo Anileiro　　制作：Ricardo Anileiro

澳门广告商会・创狄意念集团

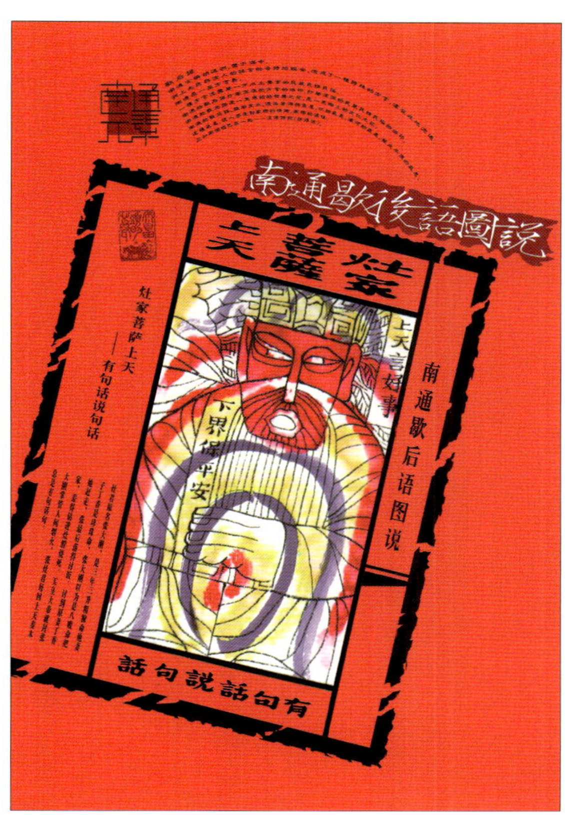


客户：南通10A广告设计联盟
篇名：南通歇后语图说篇
创意总监：端木志坚
创意：端木志坚
文案：余沐人
美术指导：丁健
设计：顾晶雯 孙华清
制作：单江东

**篇名：** 合照篇

**篇名：** 颁奖篇

**客户：** 台湾飞碟学会　**产品/品牌：** 20周年募集

**创意总监：** 陶淑真 文雅慧 杨永泰　**文案：** 魏孝慈

**美术指导：** 钟本仁 林奇翰　**插画/计算机绘图：** 钟本仁　**制片：** 任庆恒

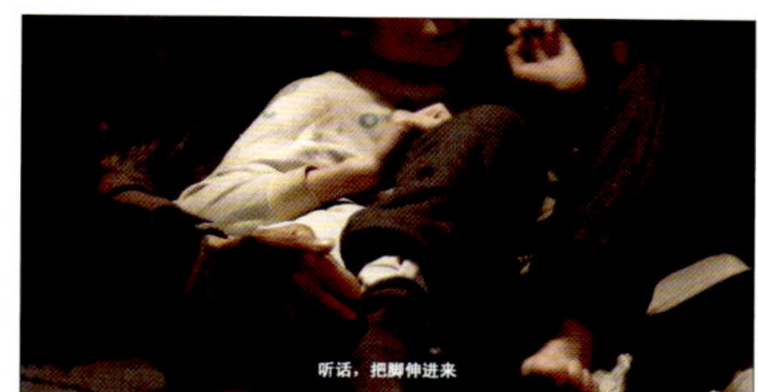

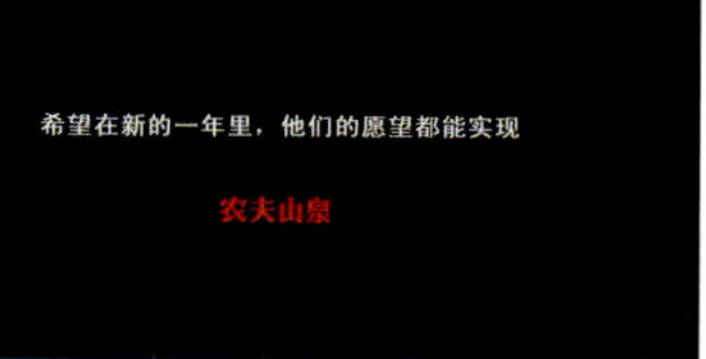

**声音及字幕：**

旁白、字幕：他，叫小祥计，三岁时连续高烧双目失明，家里花光了积蓄给他治疗，现在，只有强光是他唯一可以看见的。然而，小祥计的不幸远不止这些。

……

爷爷：我呢什么愿望都没有，能把我的孙子，只要孩子的眼睛能治好，今天能治好，我明天就是死了，我都甘心情愿。

旁白、字幕：我们的记录到这里结束了，他们的唱要还在继续，祝福小祥计能早日看到这个世界的美好。

**创意说明：**

这是一群生活在社会底层的人。但是，他们对生活依然充满希望。他们的愿望简单朴素，并为此坚强、努力、乐观。他们，是生活在我们周围的真实。

**客户：**农夫山泉股份有限公司
**主题：**关爱弱势群体
**篇名：**愿望篇
**创意总监：**李炼
**创意：**李炼 余霞
**文案：**李炼 余霞
**制作公司：**浙江博采传媒有限公司
**制片：**金科
**导演：**李炼
**摄影：**李炼
**剪辑：**李炼
**音乐：**顾烨

浙江博采传媒有限公司

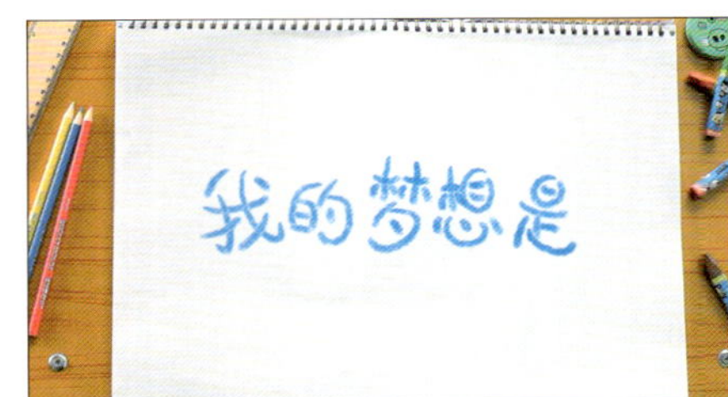

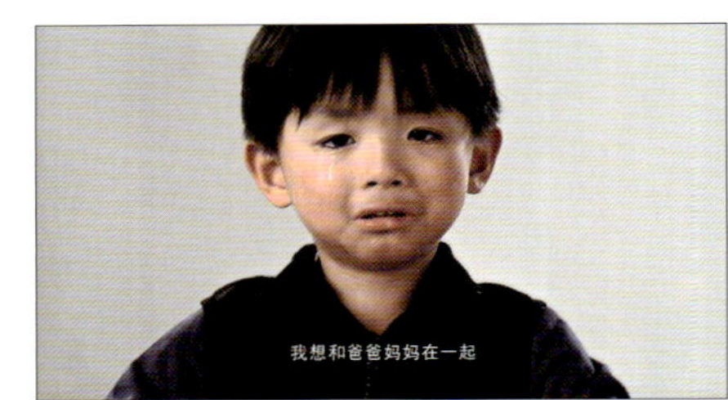

**声音及字幕：**

字幕：我的梦想是。

旁白、字幕：我想当一名宇航员；我想当一名科学家；我想当一名画家；我想和爸爸妈妈在一起。

字幕：关爱留守儿童，还他们快乐成长。

**创意说明：**

随着外出打工者的不断增加，关爱留守儿童的问题越发不容忽视，公司同样也关注着这些孩子。本片以孩子们的视角出发，简洁设计，凸显问题，直观体会到没有父母陪伴的孩子的心理感受，使得观者更接近对心灵上的触动，加强对留守儿童的关爱，引发社会对此群体的重视，从而达到公益广告的目的。

**客户：**娃哈哈
**主题：**关爱留守儿童
**篇名：**图画篇
**制作总监：**夏樱
**创意：**朱文宇
**文案：**朱文宇
**美术：**张延铭 张宏亮
**制作公司：**广而告之合众国际广告有限公司
**剪辑：**牛晓晨
**三维合成：**赵琪 王坤

**声音及字幕：**

旁白、字幕：走这条路，就能早半小时到学校；走这条路，就能等天亮再出发；走这条路，可以少磨破几双鞋；走这条路，可以和同学一起上早自习。

字幕：心中有希望就能看到梦想。

旁白、字幕：关注偏远地区教育，让梦想不在遥远。

**创意说明：**

因为没有校车，很多孩子需要走路上学，因为走路上学，他们选择了很多“近路”“短路”“不是路的路”，在这一片创意中，“路”是主角。通过路，我们看到的不只是路，更是走在这些路上的孩子们，他们在经历着怎样的崎岖。每一段路的图像背后，都是不同的孩子真挚的声音，声音背后，我们可以感受到的是偏远地区对于校车的迫切需要，孩子们需要一辆校车，行驶在通往学校的正规的公路上，告别这些不是路的路。

(注：本系列广告中的《伙伴篇》、《赶车的校长篇》已刻入光盘。)

**客户：**长安校车
**主题：**关注偏远地区教育
**篇名：**不是路的路篇
**制作总监：**夏樱
**创意：**陈子月
**文案：**陈子月
**美术：**李萍萍 李雪
**制作公司：**广而告之合众国际广告有限公司
**制片：**夏樱
**导演：**李聃
**摄影：**王昱
**剪辑：**牛晓晨

广而告之合众国际广告有限公司

**声音及字幕：**

演员：音乐的快乐，是在于台上的鲜花，还是台下的喝彩。

妇女：当年啊就是在这儿啊向我求的婚。还记得你向我求婚的时候拉的曲子吗？

演员：音乐的快乐，就在每个人的心里和笑容里。让更多人感受到音乐的快乐，就是我存在的意义。

字幕：传播希望的正能量。

**创意说明：**

日加满《小提琴家》篇讲述了一位小提琴家走下璀璨的舞台，偶遇一对相爱的老夫妻，被他们的情感所打动，为他们实现听琴的愿望，主动为他们演奏。而被琴声吸引来的人们因音乐而快乐的反应又让小提琴家得到了回馈和感悟。音乐不只是属于少数人，而属于大众，用音乐散播快乐是音乐家的职责和使命。正能量在音乐和情感的交流中得以传递。

（注：本系列广告中的《教师篇》、《邮递员篇》已刻入光盘。）

**客户：**日加满饮品（上海）有限公司

**主题：**传播正能量

**篇名：**小提琴家篇

**制作总监：**夏樱

**创意：**卢婷

**文案：**卢婷

**美术：**张宏亮

**制作公司：**广而告之合众国际广告有限公司

**导演：**李霖

**剪辑：**牛晓晨 曹胜利

**篇名：**仓库篇

**声音及字幕：**

字幕：我就是火。

旁白：防火重地，严禁各种烟火。消防安全，时刻谨记。

**篇名：**加油站篇

**声音及字幕：**

字幕：我就是火。

旁白：防火重地，严禁各种烟火。消防安全，时刻谨记。

**创意说明：**

唱带“火”字的歌都引来消防器材的攻击，没错，防火就应该高度戒备。虽然情节夸张，但寓教于乐，比说教更有效！

（注：本系列广告中的《森林篇》已刻入光盘）

**客户：**湖南省公安消防总队

**主题：**防火

**创意总监：**尹云从 宋启源

**创意：**创意一组

**文案：**唐文婷 彭淑兰

**美术指导：**孙国汀

长沙盛美广告有限公司

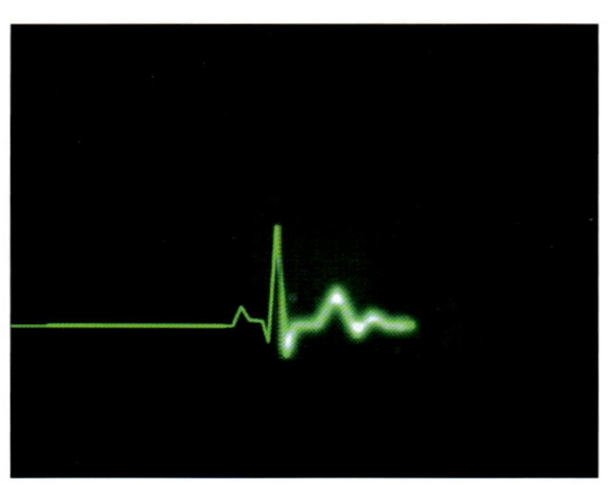

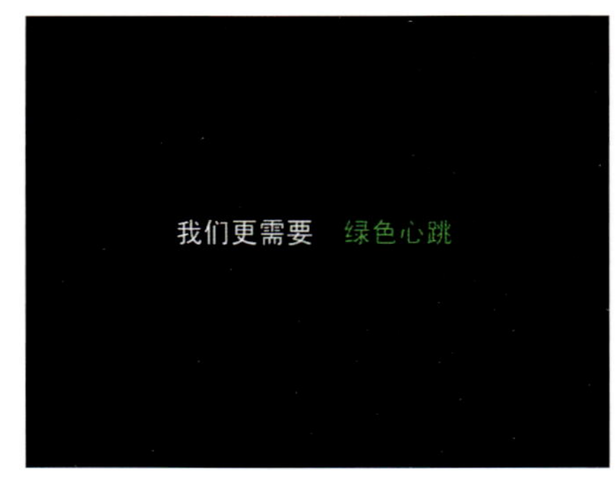

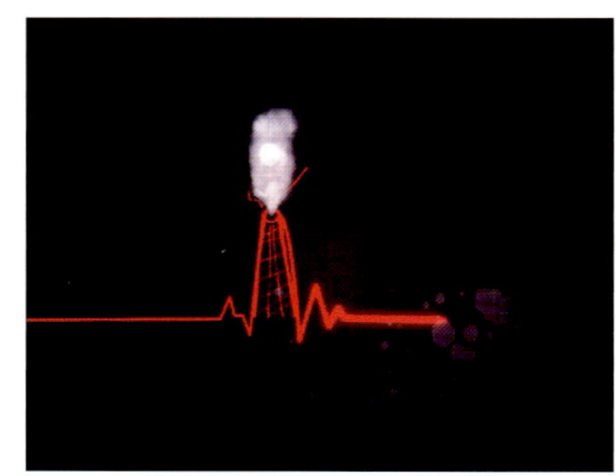

**篇名：**心电图篇

**声音及字幕：**

字幕：我们更需要，绿色心跳。

**创意说明：**

心电图篇的创作是在感叹环境受到严重破坏，逐渐影响我们的生活、生存环境下创作的。用跳动的心电图曲线来诠释生命的开始和消亡，动物有心跳，同样植物也有生命。健康的心跳给了我们健康、美好的生存环境，使我们世代繁衍生存，循环共生。受到严重污染和生态遭到破坏的自然环境，大自然也失去了健康的心跳，我们得到的只能是消亡，所以，保护环境和生态平衡是我们每个人的责任，我们必须行动起来，我们需要健康的绿色心跳。

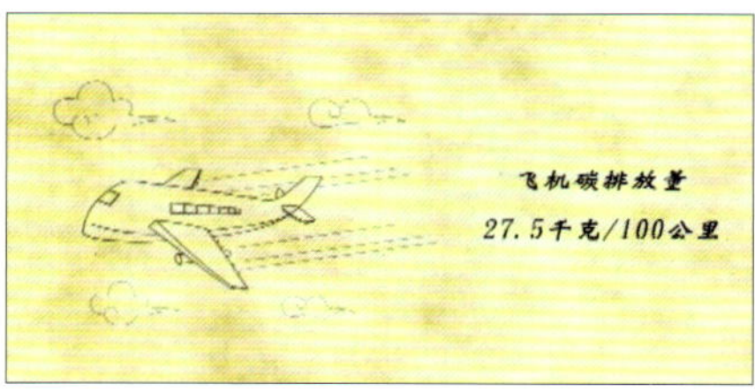

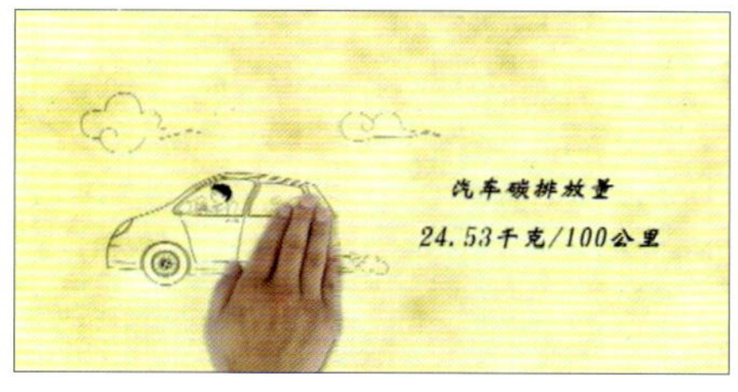


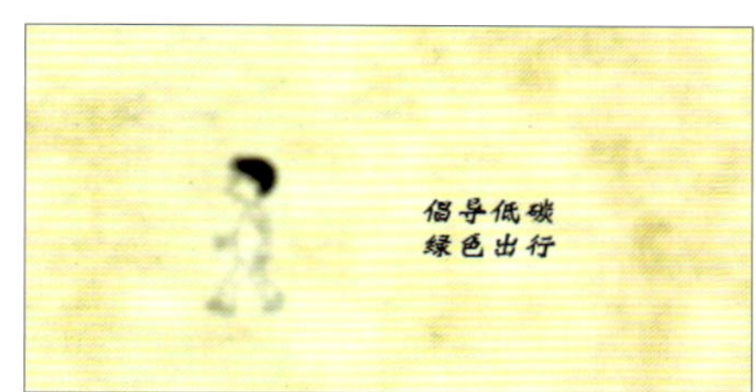


**篇名：**出行篇

**声音及字幕：**

字幕：飞机碳排放量27.5千克/100公里，汽车碳排放量24.53千克/100公里，摩托车碳排放量10千克/100公里，骑自行车的排放量可忽略不计。倡导低碳，绿色出行。

**创意说明：**

出行篇是通过对汽车、飞机、摩托车等代步工具尾气排放量的数字对比，让我们很清楚的认识到尾气对大气环境破坏的严重性。触目惊心的数字使我们能发自内心减少驾驶机动车辆出行来保护环境，倡导低碳绿色出行，保护环境，人人有责。

**主题：**低碳出行

**创意总监：**李太忠 范朝阳

**创意：**李太忠 范朝阳

**美术指导：**唐晓玲 张东晖

**制作：**尹婷婷

**制作公司：**河南大河全媒体广告有限公司

**导演：**李太忠

**剪辑：**杨磊

**音乐：**杨磊

**动画：**杨磊 尹婷婷

河南大河全媒体广告有限公司

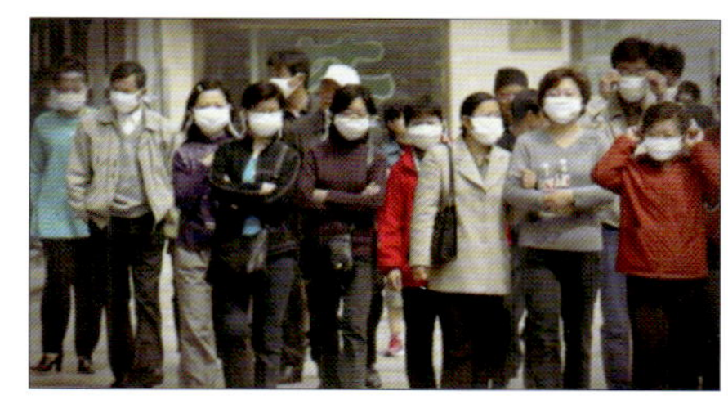

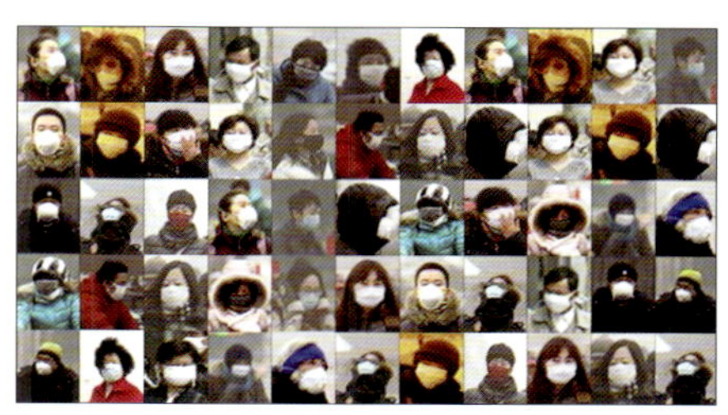

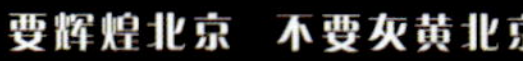


**声音及字幕：**

旁白、字幕：旅客朋友们，大家好！终点站北京站就要到了。北京，是中华人民共和国首都，中国的政治中心，文化中心，中国经济金融的决策和管理中心。是一座有三千余年建城历史，八百六十余年建都史的历史文化名城。

字幕：不断升高的PM2.5让城市变了模样。要辉煌北京，不要灰黄北京。

**创意说明：**

雾霾天气是目前社会关注的焦点，本片通过拟人化的镜头语言以及视觉与听觉的强烈反差，表现北京空气质量的低下和环境的恶劣，以此提醒人们尽自己所能，保护环境。

**客户：**中国环境保护协会
**主题：**环境保护
**篇名：**北京PM2.5篇
**创意总监：**董毅
**创意：**MD Salahuddin Murad
**文案：**谢静敏　王雅琪　赖涵
**制作公司：**北京互通联合国际广告有限公司
**制片：**北京互通联合国际广告有限公司
**导演：**MD Salahuddin Murad
**摄影：**邓卫国　张春鹤
**剪辑：**张春鹤
**音乐：**邓卫国

**北京互通联合国际广告有限公司**

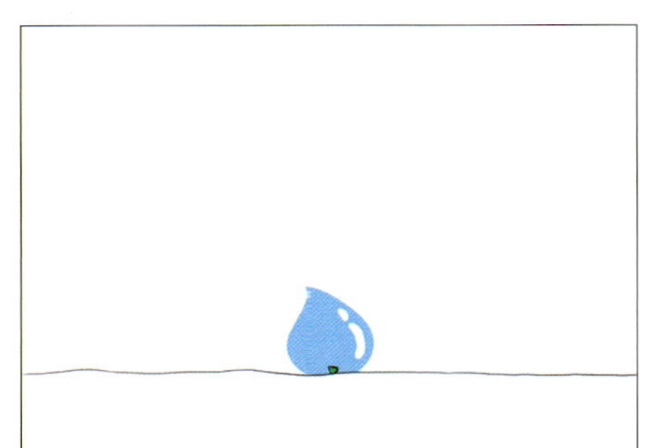

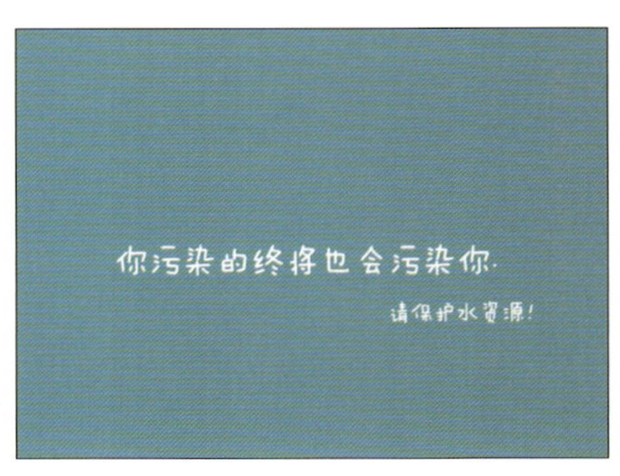

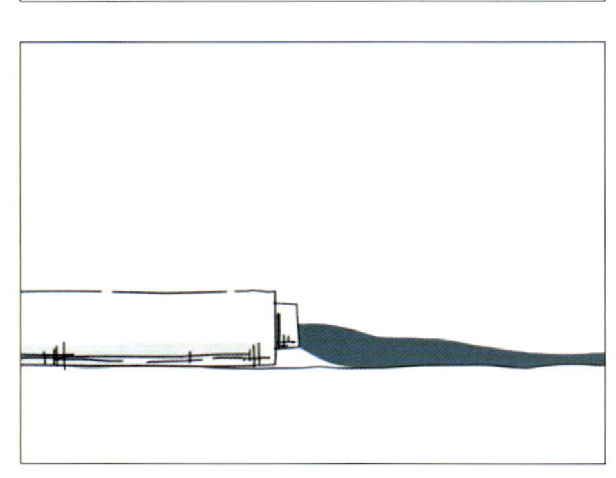

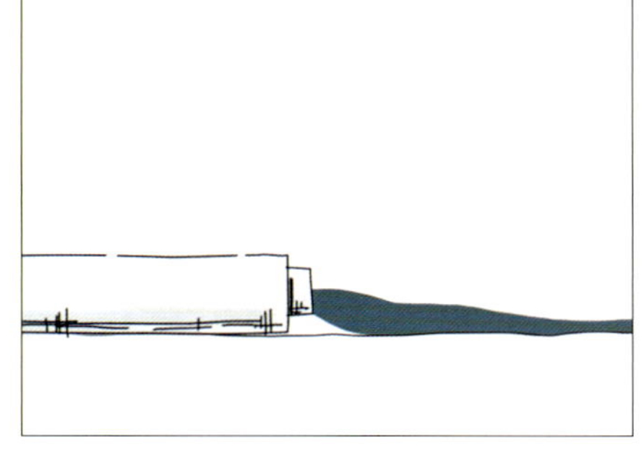

**声音及字幕：**

字幕：小水滴历险记。你污染的终将也会污染你，请保护水资源。

**创意说明：**

水是人类生活中必不可少的。通过一滴小水滴在人间的历险记，表现了人类污染水资源，其实最大的受害者是人类自身这一主题。呼吁人们保护水资源。

**客户：**水资源保护协会
**主题：**保护水资源
**篇名：**小水滴历险记篇
**创意总监：**董毅
**创意：**段念青
**文案：**段念青
**美术指导：**胡薇
**设计：**胡薇
**制作：**胡薇
**制作公司：**北京互通联合国际广告有限公司
**制片：**北京互通联合国际广告有限公司
**导演：**胡薇
**摄影：**胡薇
**剪辑：**王雅琪
**音乐：**胡薇 王雅琪
**动画：**胡薇

## 北京互通联合国际广告有限公司

听，地球的心跳

关爱地球，请节约水资源

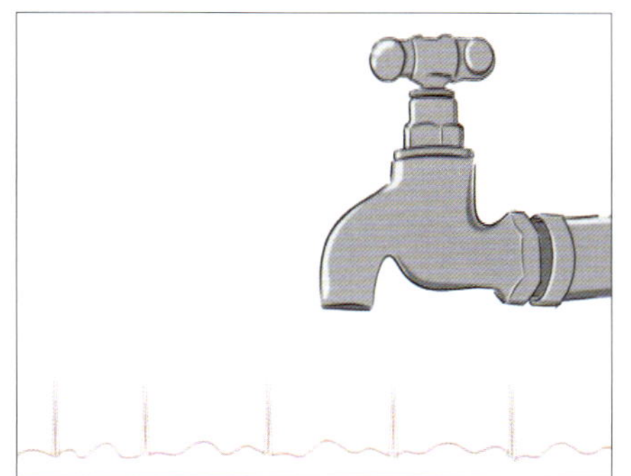

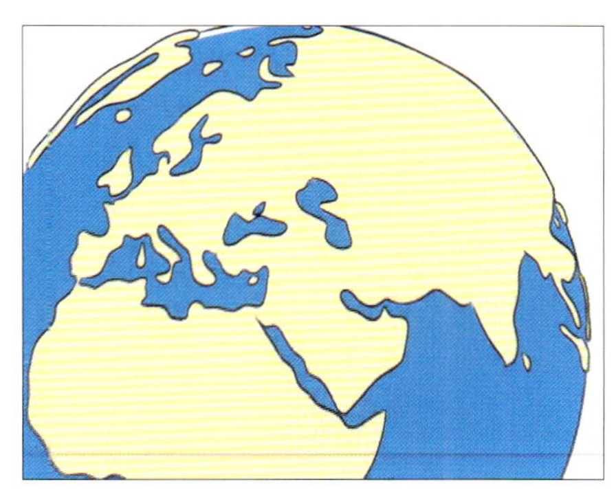

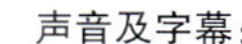



**声音及字幕：**

字幕：听，地球的心跳。

旁白：水是地球的血液，别让它一点一滴流失。

旁白、字幕：关爱地球，请节约水资源。

**创意说明：**

世界上各个角落都有没关紧的水龙头，“滴答”的漏水声就像地球的心跳声。水是地球的血液，如不加以保护，总有一天地球的心脏会因失血过多而停止跳动。

**客户：**水资源保护协会
**主题：**保护水资源
**篇名：**地球的心跳篇
**创意总监：**董毅
**创意：**肖程佳 王雅琪
**文案：**肖程佳 王雅琪
**美术指导：**胡薇
**设计：**胡薇
**制作：**胡薇
**制作公司：**北京互通联合国际广告有限公司
**制片：**北京互通联合国际广告有限公司
**导演：**胡薇 王雅琪
**摄影：**胡薇
**剪辑：**王雅琪
**音乐：**肖程佳
**动画：**胡薇

篇名：华表篇

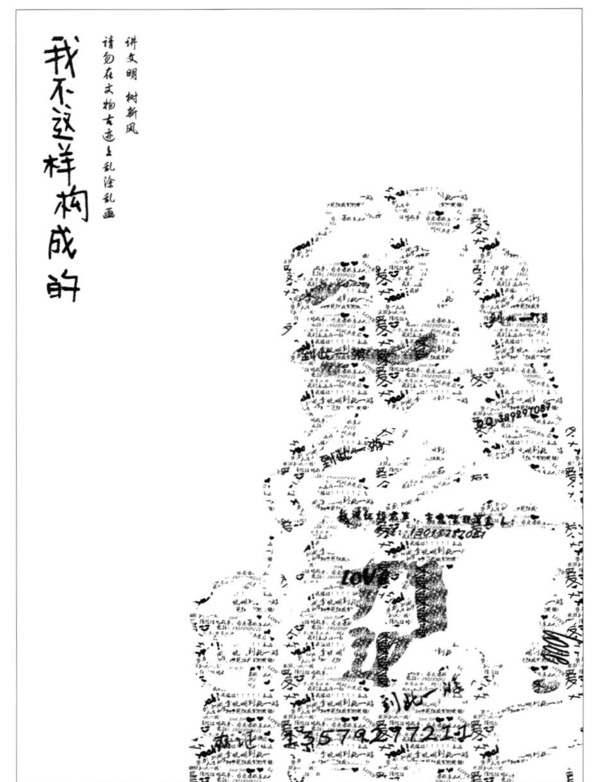


篇名：石狮子篇

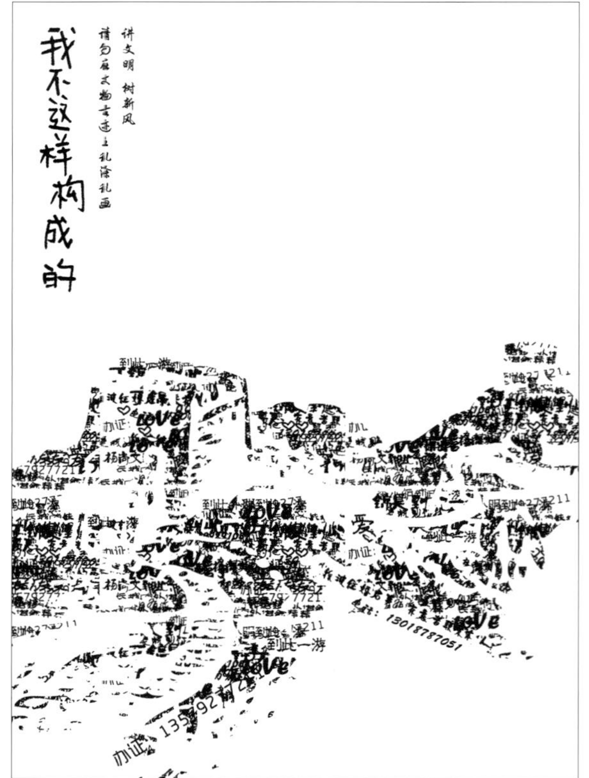


篇名：长城篇

客户：杭州市文明办
主题：讲文明树新风
创意总监：张增辉
创意：王涵颖
文案：姚方
美术指导：李晖
设计：郑建丽 任鲲
制作：傅意凝 王涵颖

## 浙江高速广告有限责任公司

篇名：直饮水篇

篇名：让座篇

篇名：扔垃圾篇

客户：杭州市文明办
主题：讲文明树新风
创意总监：张增辉
创意：王涵颖
文案：姚方
美术指导：李晖
设计：郑建丽 任鲲
制作：傅意凝 王涵颖

浙江高速广告有限责任公司

讲文明 树新风

# 收入=距离？

更高的收入让你离家越来越远

篇名：收入=距离篇

篇名：回家的路篇

客户：杭州市文明办
主题：讲文明树新风
创意总监：张增辉
创意：傅意凝
文案：姚方
美术指导：李晖
设计：郑建丽 任鲲
制作：傅意凝 王涵颖

## 浙江高速广告有限责任公司

**客户：**朝阳政府
**主题：**讲文明树新风
**篇名：**文明用语篇
**创意总监：**王文华
**创意：**赵亚凡
**文案：**赵亚凡
**设计：**赵亚凡
**制作：**赵亚凡

北京视新天元广告有限公司

篇名：出门吓到篇

篇名：出门炸到篇

客户：中国文明网
主题：讲文明树新风
创意总监：董毅
创意：李俊
文案：李俊
设计：李俊
制作：李俊

北京互通联合国际广告有限公司

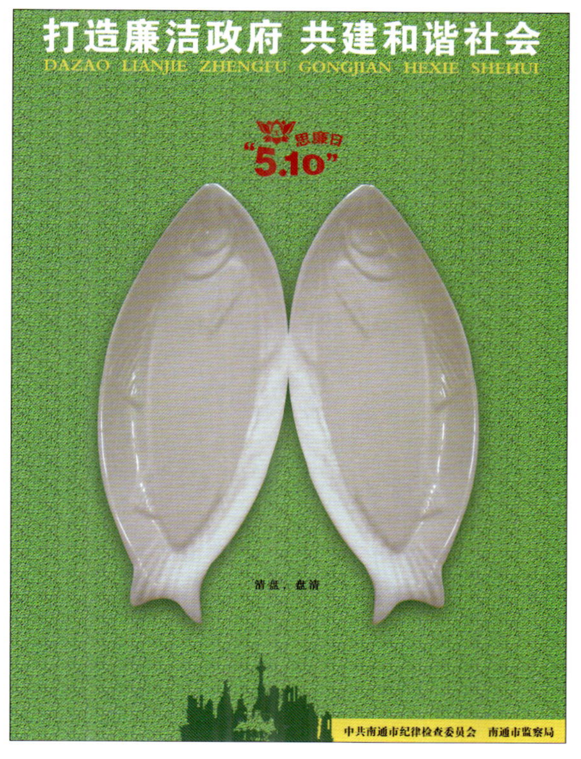


**客户：**南通10A广告设计联盟　**主题：**反腐倡廉　**篇名：**廉政篇
**创意总监：**端木志坚　**创意：**端木志坚　**文案：**余沐人
**美术指导：**丁健　**设计：**顾晶雯 孙华清　**制作：**单江东

南通新视觉广告有限公司

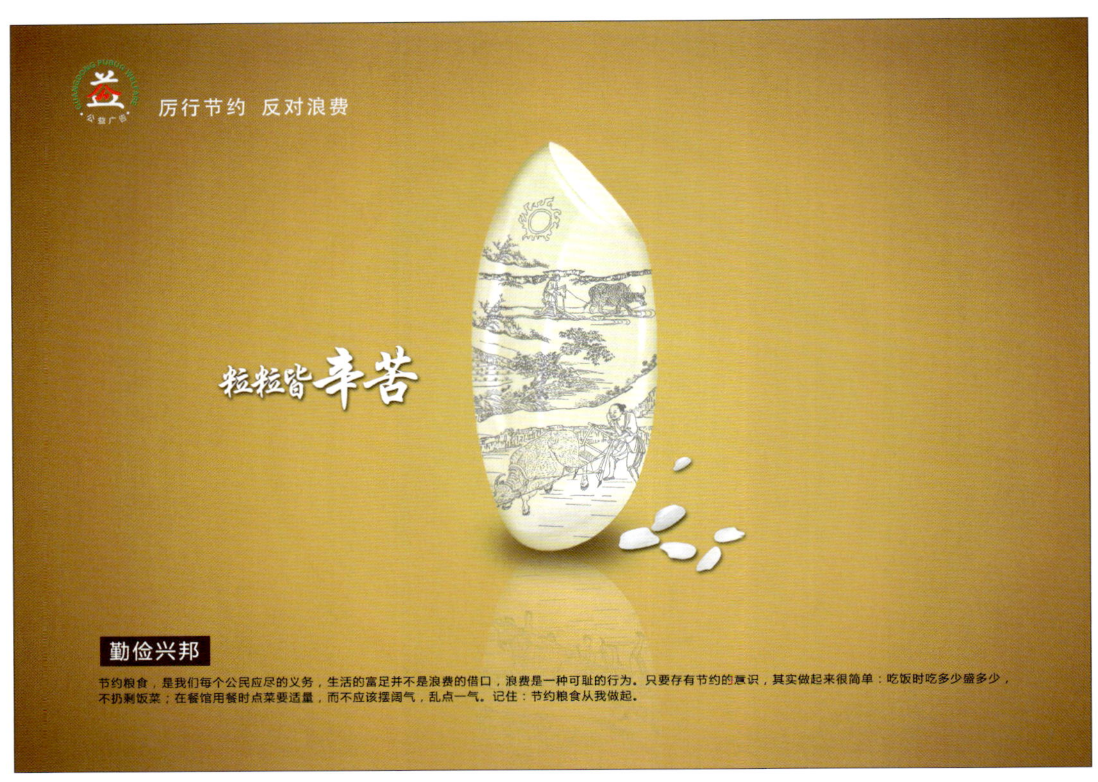


篇名：粒粒皆辛苦篇

篇名：算盘篇

主题：勤俭兴邦

创意总监：李太忠 范朝阳　创意：梁向东 张晓晖　文案：范朝阳

美术指导：唐晓玲 张东晖　设计：尹婷婷 张文雅　制作：杨磊

河南大河全媒体广告有限公司

主题：勤俭兴邦
篇名：梦想篇
创意总监：李太忠 范朝阳
创意：梁向东 张晓晖
文案：范朝阳
美术指导：唐晓玲 张东晖
设计：杨磊 张文雅
制作：尹婷婷

河南大河全媒体广告有限公司

主题：杜绝不良社会风气
篇名：中国特色篇
创意总监：王文华
创意：桂博洋
文案：王刚
设计总监：韩华
设计：桂博洋
制作：桂博洋

北京视新天元广告有限公司

主题：关注未成年少女怀孕

篇名：数字篇

创意总监：冯骏 张川

美术指导：周庭英

设计：陆佳旌

**上海卓越形象广告传播有限公司**

**篇名：**芭比篇

**篇名：**玩具熊篇

**篇名：**机器人篇

**主题：**关爱儿童
**创意总监：**叶峰
**创意：**叶峰
**文案：**叶峰 刘海玲
**美术指导：**刘海玲
**设计：**刘海玲
**制作：**刘海玲

采纳品牌营销机构

篇名：电梯篇

篇名：滑梯篇

篇名：跳台篇

主题：关爱儿童
创意总监：段雅敏
创意：潘顺发
文案：潘顺发
美术指导：高波
设计：高波

广东国信广告有限公司

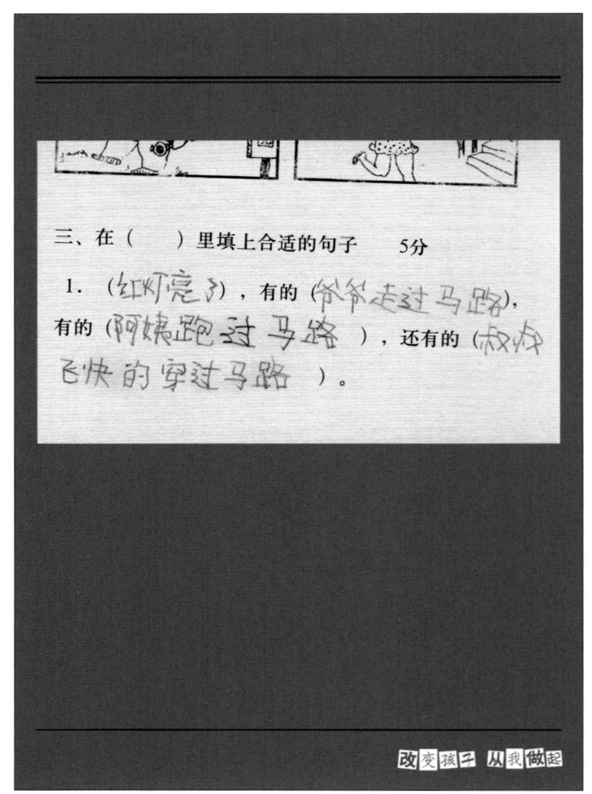


**篇名：**填空篇

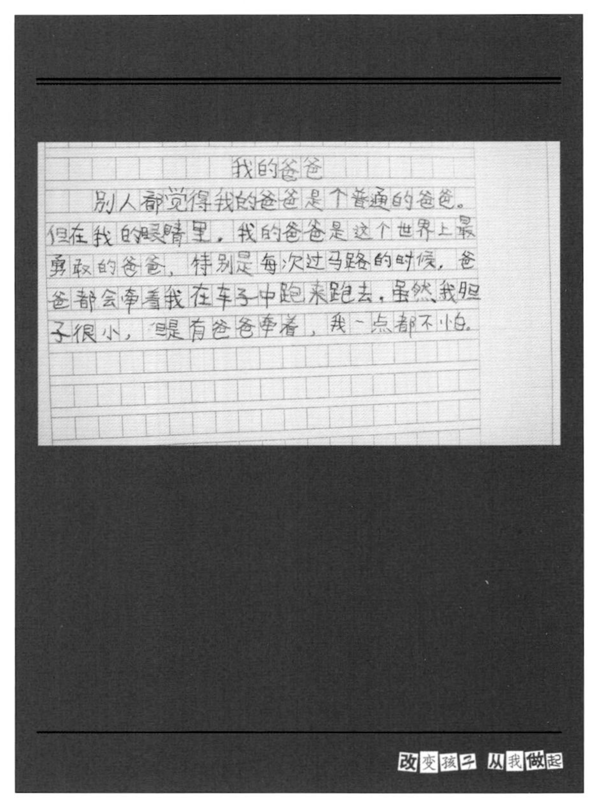


**篇名：**作文篇

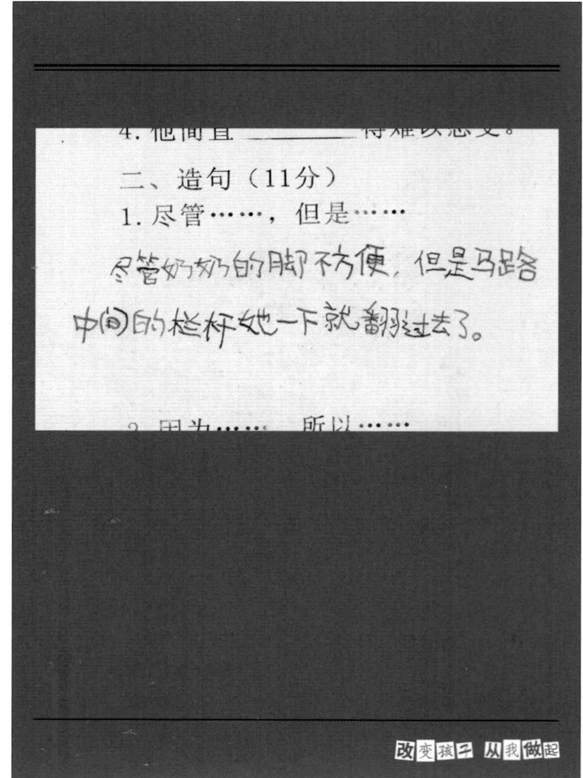


**篇名：**造句篇

**客户：**潇湘晨报
**主题：**关注儿童教育
**创意总监：**龚珏瑾
**创意：**Anyway
**文案：**Anyway 张章章
**美术指导：**苏哲
**设计：**TheSue PPT
**制作：**TheSue PPT 段云洁 张倩倩

长沙反正广告有限公司

篇名：卧室篇

篇名：浴室篇

主题：反对家庭暴力

创意总监：段敏雅　创意：潘顺发　文案：潘顺发

美术指导：高波　设计：高波

广东国信广告有限公司

篇名：北宋篇

篇名：越王篇

客户：中国扶贫基金会　　主题：勤俭兴邦
创意总监：刘淑芬　　创意：亢晓东　　文案：亢晓东
美术指导：亢晓东　　设计：亢晓东　　制作：亢晓东

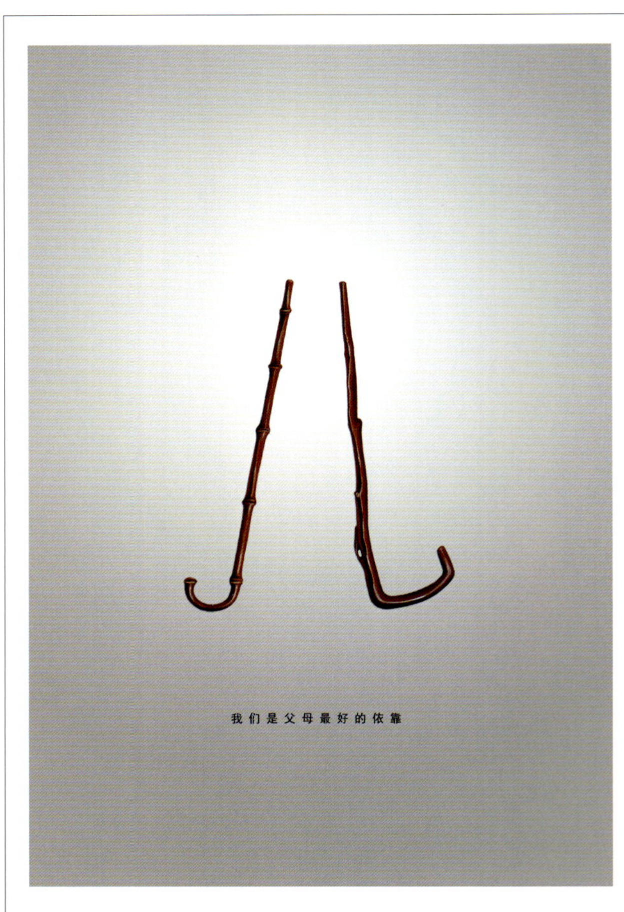


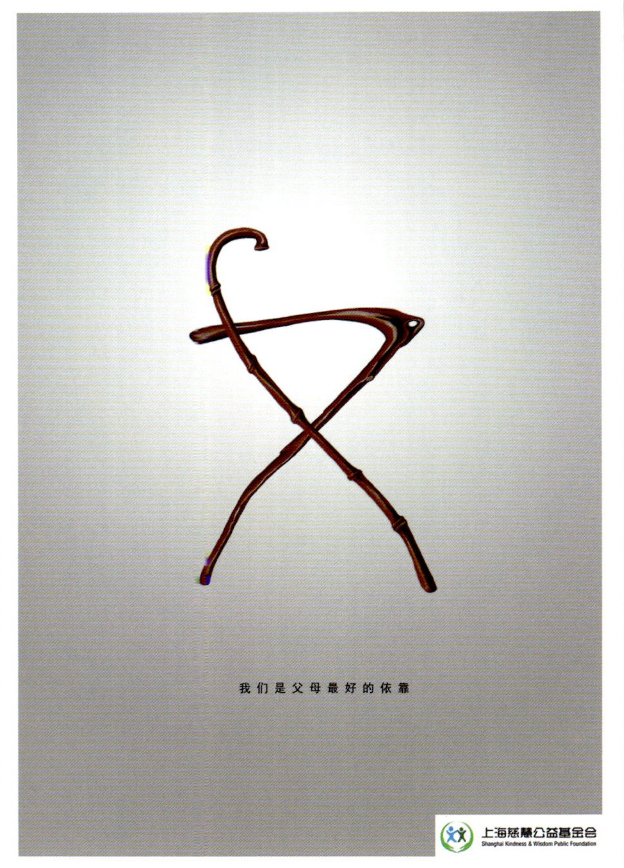


客户：上海慈善公益基金会　　主题：尊重老人　　篇名：儿女篇
创意总监：董毅　　创意：郭志伟　　文案：郭志伟
设计：郭志伟　　制作：郭志伟

北京互通联合国际广告有限公司

保护生态，保护国体。

**主题：**WWF世界自然基金会　　**篇名：**老虎篇

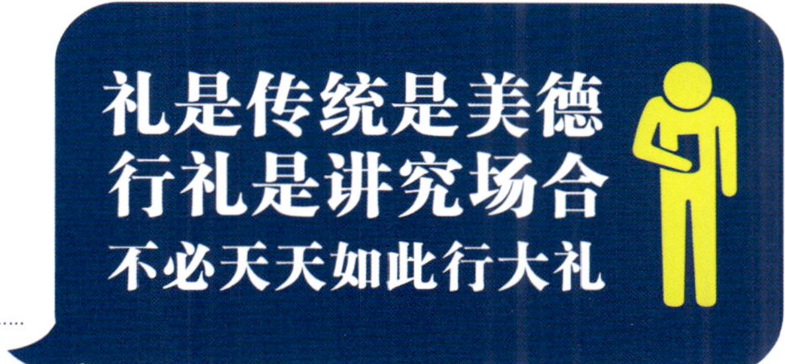


CHINA PUBLIC WELFARE

呼吁人们请不要只关注自己的手机，
只顾低头而冷落面前的朋友或家人。

**主题：**抬头做人　　**篇名：**手礼篇

**创意：**获得创意部落
**文案：**获得创意部落
**设计：**获得设计公社

**篇名：**平板电脑篇

**篇名：**鼠标篇

**篇名：**手机篇

**主题：**关注交流
**创意总监：**叶峰 周来
**创意：**采纳创作部
**文案：**李华玲
**设计：**杜滢

**篇名：**芭蕾篇

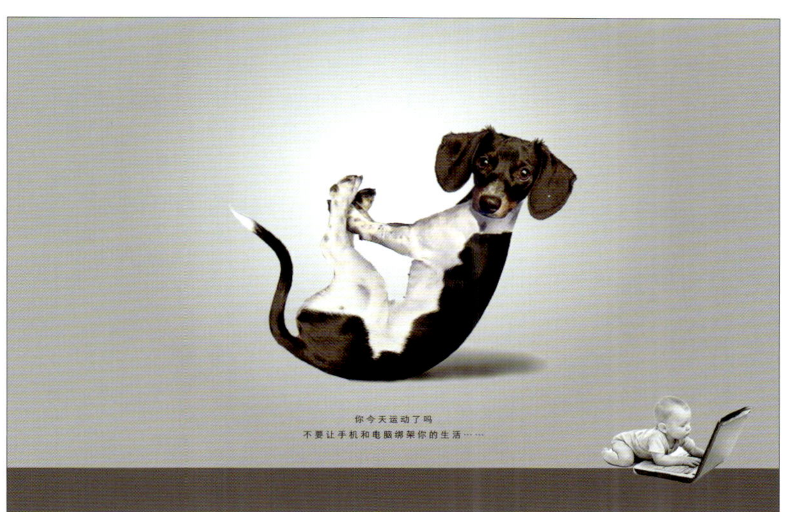


**篇名：**仰卧起坐篇

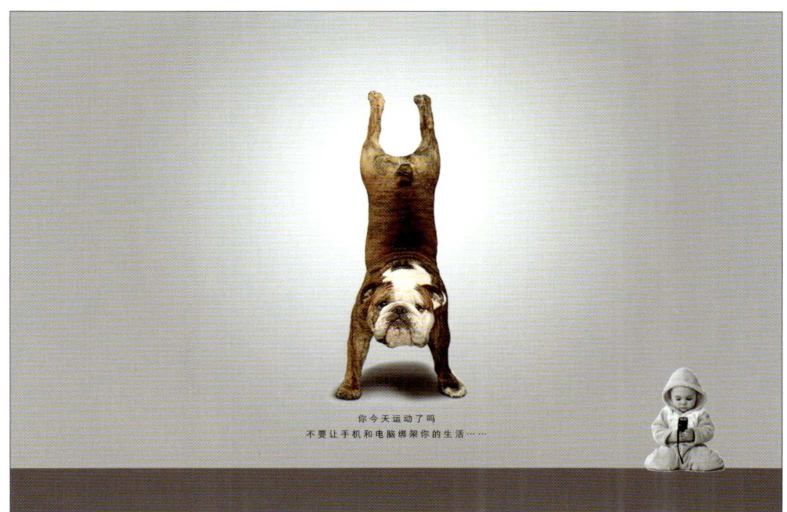


**篇名：**倒立篇

**主题：**关爱健康
**创意总监：**叶峰 周来
**创意：**采纳设计部
**文案：**采纳设计部
**美术指导：**宋丹丹
**设计：**采纳设计部
**制作：**采纳设计部

采纳品牌营销机构

主题：反对无偿加班
篇名：反对无偿加班篇
美术指导：张海
设计：采纳设计部
制作：采纳设计部

主题：严禁酒驾
篇名：酒驾篇
美术指导：林坤明
设计：林坤明
制作：林坤明

创意总监：叶峰 周来
创意：采纳设计部
文案：采纳设计部

**篇名：**手雷篇

**篇名：**手枪篇

**客户：**中石化BP（浙江）石油有限公司
**主题：**文明驾驶
**创意总监：**范磊明
**创意：**程清 刘翔
**文案：**范磊明 陈娇晴
**美术指导：**徐海波
**设计：**徐海波 张耀

**杭州有氧文化创意有限公司**

**客户：** 珠海《优生活》杂志
**主题：** 严禁酒驾
**篇名：** 你能分清篇
**创意总监：** 成韦宏
**创意：** 熊颖达 雷磊
**文案：** 雷磊
**美术指导：** 熊颖达
**设计：** 罗诗蓓

**珠海华发文化传播有限公司**

举了杯，就别想找到"北"

举了杯，就别想找到"北"

客户：珠海《优生活》杂志
主题：严禁酒驾
篇名：找不到北篇
创意总监：成韦宏
创意：雷磊
文案：雷磊
设计：章宇

**珠海华发文化传播有限公司**

篇名：蟒蛇篇

篇名：鳄鱼篇

客户：易车网　　主题：交通安全
创意总监：田岗　　副创意总监：白昱　　文案：付鹏
美术指导：李宏 于跃　　设计：高松　　摄影：老白

北京电通广告有限公司

篇名：闯关篇

篇名：买单篇

篇名：输光篇

主题：交通安全
创意总监：叶峰 周来
创意：采纳设计部
文案：采纳设计部
美术指导：黎雷
设计：黎雷 朱婷
制作：黎雷 朱婷

公益类

篇名：红绿灯篇

篇名：路牌篇

“…我挂了。”

开车不要打电话，否则挂的不仅仅是电话。

篇名：挂了篇

客户：中国移动通信
主题：行驶安全
创意：第十一事业部
文案：第十一事业部
设计：第十一事业部

广东省广告股份有限公司

篇名：导盲犬篇

篇名：盲驾篇

客户：杭州市文明办　主题：行驶安全
创意总监：张增辉　创意：张增辉　文案：姚方
美术指导：李晖　设计：郑建丽　制作：任鲲

浙江高速广告有限责任公司

客户：中国健康协会 CHA
主题：禁烟
篇名：墓碑篇
创意总监：方昕
创意：任君
文案：任君 张洁
美术指导：张译文
设计：刘军

客户：大自然保护协会 TNC
篇名：导弹篇
创意总监：方昕
创意：康筱辰
文案：张洁
美术指导：张译文
设计：郑新

北京蓝色广告有限公司

篇名：火屋篇

篇名：火场篇

篇名：火林篇

客户：湖南金鼎消防器材有限公司
主题：消防安全
创意总监：尹云从 宋启源
创意：创意一组
文案：唐文婷
美术指导：刘亚明
设计：邝勇超 黄敏 龙赛

长沙盛美广告有限公司

主题：食品安全
篇名：餐桌上的禁令篇
创意总监：黄春晖
创意：张伊琳
文案：张伊琳
美术指导：黄春晖 沈晓幸
设计：沈晓幸

篇名：海尔兄弟篇

篇名：三只小猪篇

篇名：葫芦兄弟篇

主题：食品安全
创意总监：叶峰 周来
创意：采纳创作部
文案：余媛梅
美术指导：姜靓
设计：姜靓
制作：姜靓

采纳品牌营销机构

篇名：鱼篇

篇名：菠萝篇

篇名：茄子篇

主题：食品安全
创意总监：周来
创意：周来
文案：周来
美术指导：周来
设计：周来

篇名：鸡篇

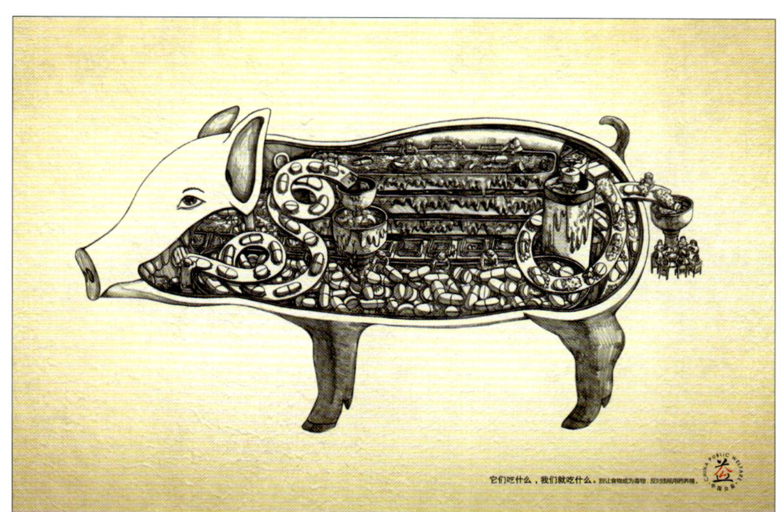


篇名：猪篇

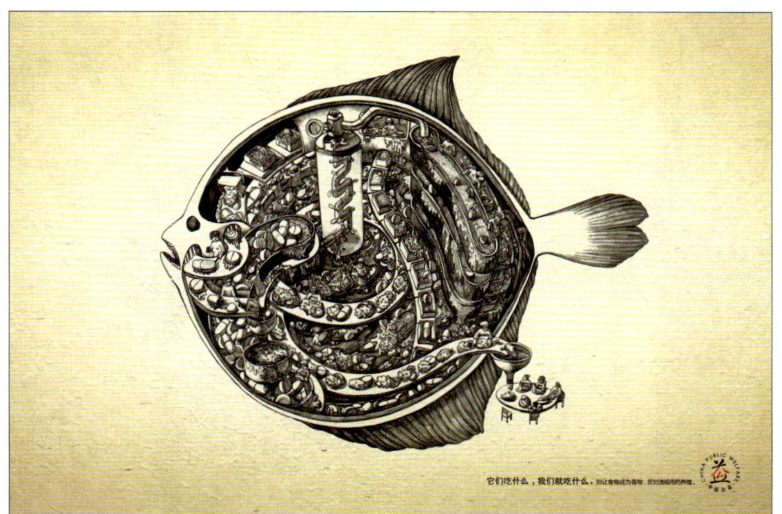


篇名：鱼篇

主题：食品安全
创意总监：张团新
创意：刘金金
文案：刘金金
美术指导：周建彬
设计：刘金金

广东省广告股份有限公司

篇名：易拉罐篇

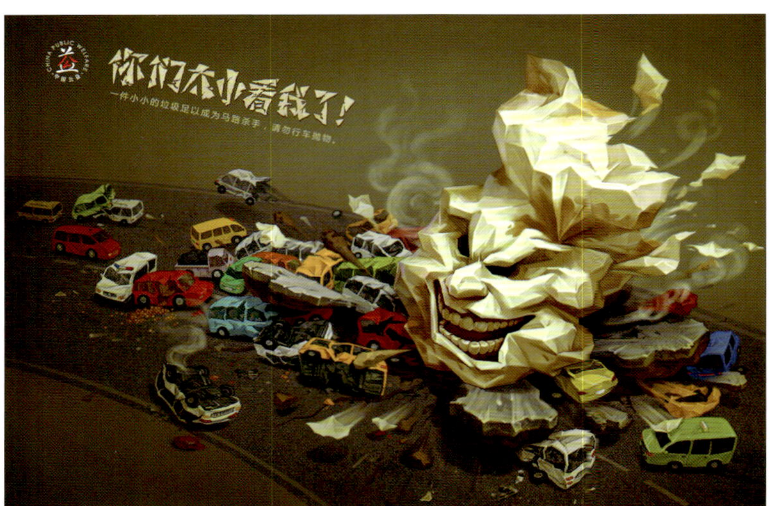


篇名：废纸篇

篇名：苹果篇

主题：保护环境
创意总监：张团新
创意：林晓文
文案：林晓文
美术指导：周建彬
设计：林晓文

广东省广告股份有限公司

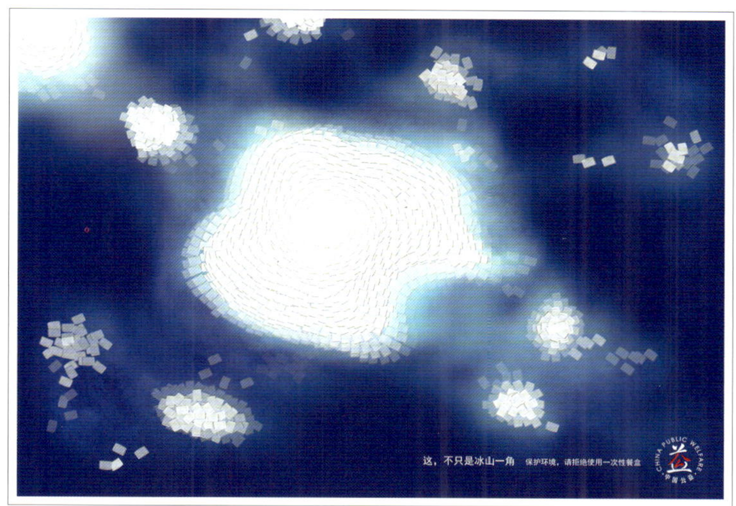


篇名：冰山篇

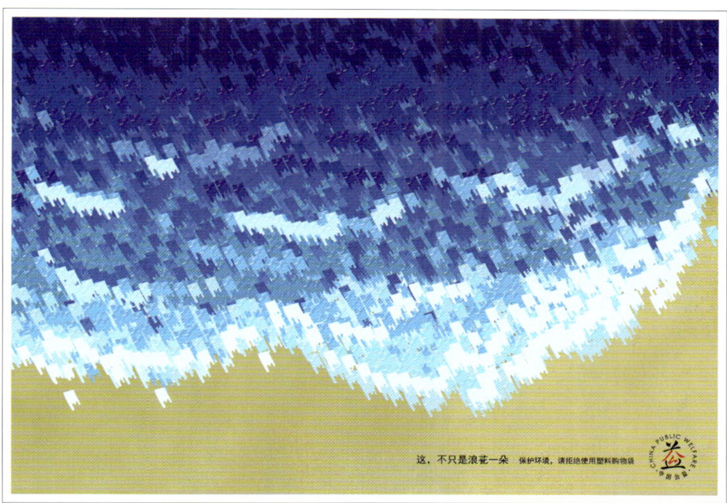


篇名：浪花篇

篇名：雪松篇

主题：保护环境
创意总监：张团新
创意：许灿芳
文案：许灿芳
美术指导：刘勇
设计：许灿芳

**篇名：**地雷篇

**篇名：**炸弹篇

**主题：**保护环境
**创意总监：**张团新
**创意：**许灿芳
**文案：**许灿芳
**美术指导：**刘勇
**设计：**许灿芳

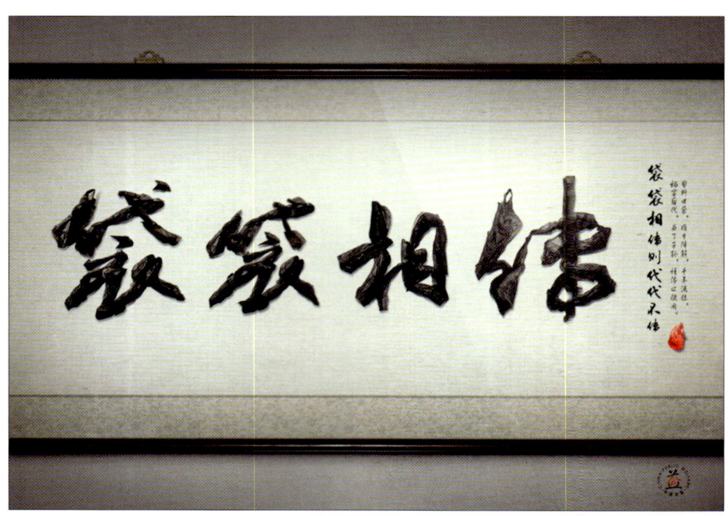


**篇名：**袋袋相传篇

**主题：**保护环境
**创意总监：**张团新
**创意：**周建彬
**文案：**张团新
**美术指导：**周建彬
**设计：**邓乃瑜

广东省广告股份有限公司

**篇名：**宫殿篇

**篇名：**金字塔篇

**篇名：**神庙篇

**主题：**保护环境
**创意总监：**张团新
**创意：**林晓文
**文案：**林晓文
**美术指导：**周建彬
**设计：**林晓文

广东省广告股份有限公司

篇名：还我畅通篇

篇名：还我清洁篇

篇名：还我蓝天篇

主题：保护环境
创意：吴健
设计：吴健

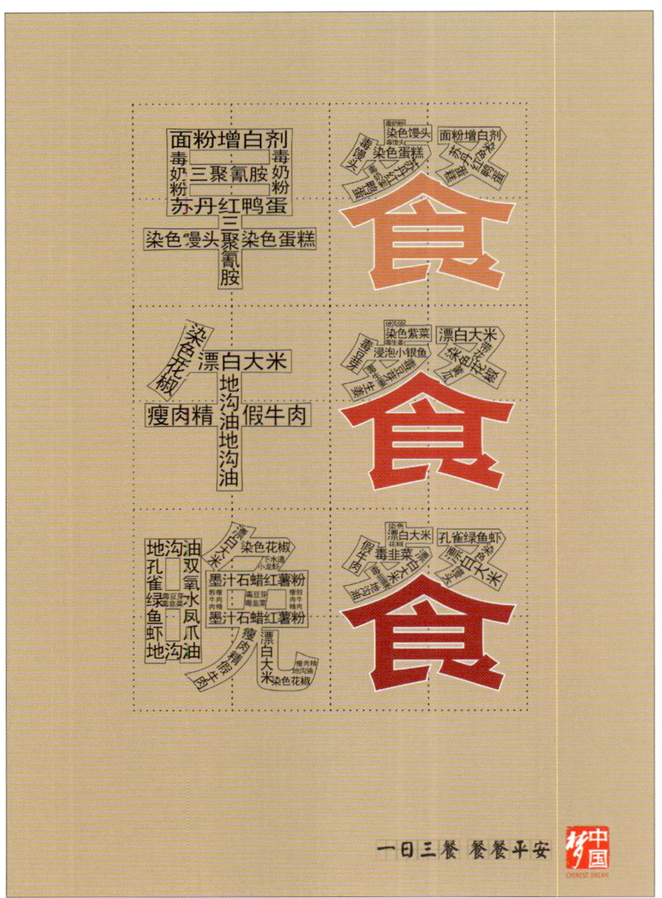


主题：食品安全
篇名：一日三餐篇
创意：陈汝聪
设计：陈汝聪

客户：绵阳莱德视界文化传播有限公司
创意总监：赵克强
文案：赵克强

**客户：**WWF　**主题：**保护环境　**篇名：**城市污染篇
**创意总监：**王文华　**创意：**赵金凯　**文案：**赵金凯
**设计总监：**韩华　**设计：**赵金凯　**制作：**赵金凯

北京视新天元广告有限公司

**客户**：联合国环境规划署　**主题**：保护环境　**篇名**：绿洲VS沙漠篇

**执行创意总监**：王来　**创意总监**：陈卓　**创意**：张实　**文案**：张实　**设计**：张实

北京太阳堂广告有限公司

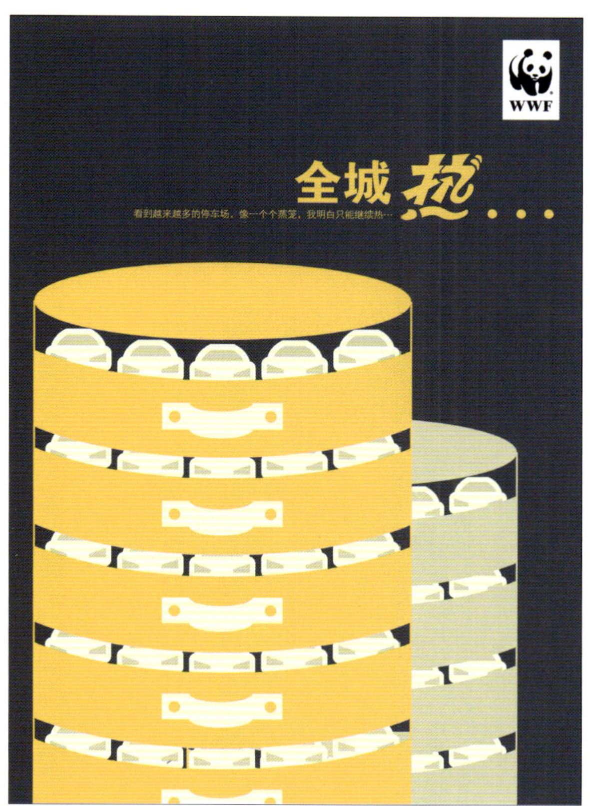


客户：WWF
主题：保护环境
篇名：城市高温篇
创意总监：王文华
创意：赵金凯
文案：赵金凯
设计总监：韩华
设计：赵金凯
制作：赵金凯

北京视新天元广告有限公司

**篇名：** 再生纸篇

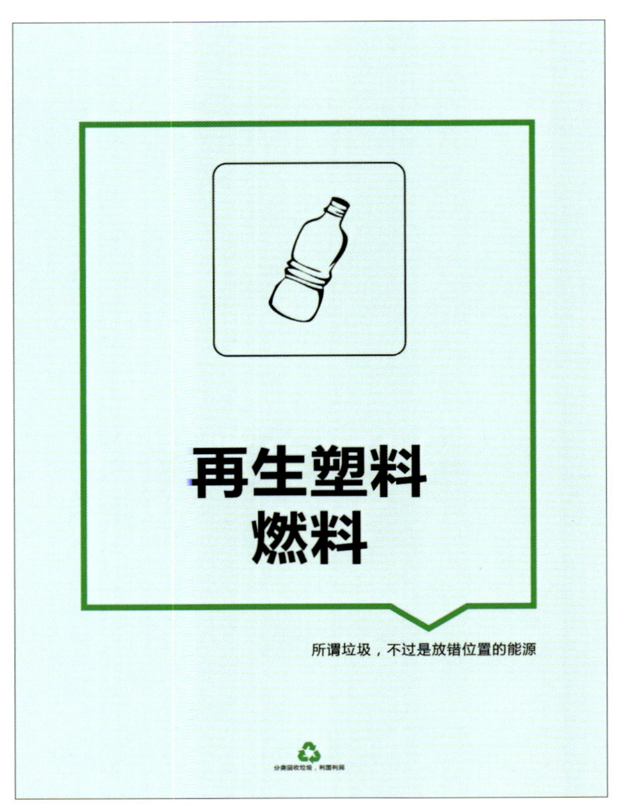


**篇名：** 塑料瓶篇

**篇名：** 厨余垃圾篇

**客户：** 北京市文明办
**主题：** 垃圾分类
**创意总监：** 刘淑芬
**创意：** 闫国荣
**文案：** 闫国荣
**设计：** 闫国荣
**制作：** 闫国荣

北京互通联合国际广告有限公司

篇名：鹿篇

篇名：熊篇

篇名：犀牛篇

主题：保护动物
创意总监：张团新
创意：邓乃瑜
文案：邓乃瑜
美术指导：周建彬
设计：邓乃瑜

广东省广告股份有限公司

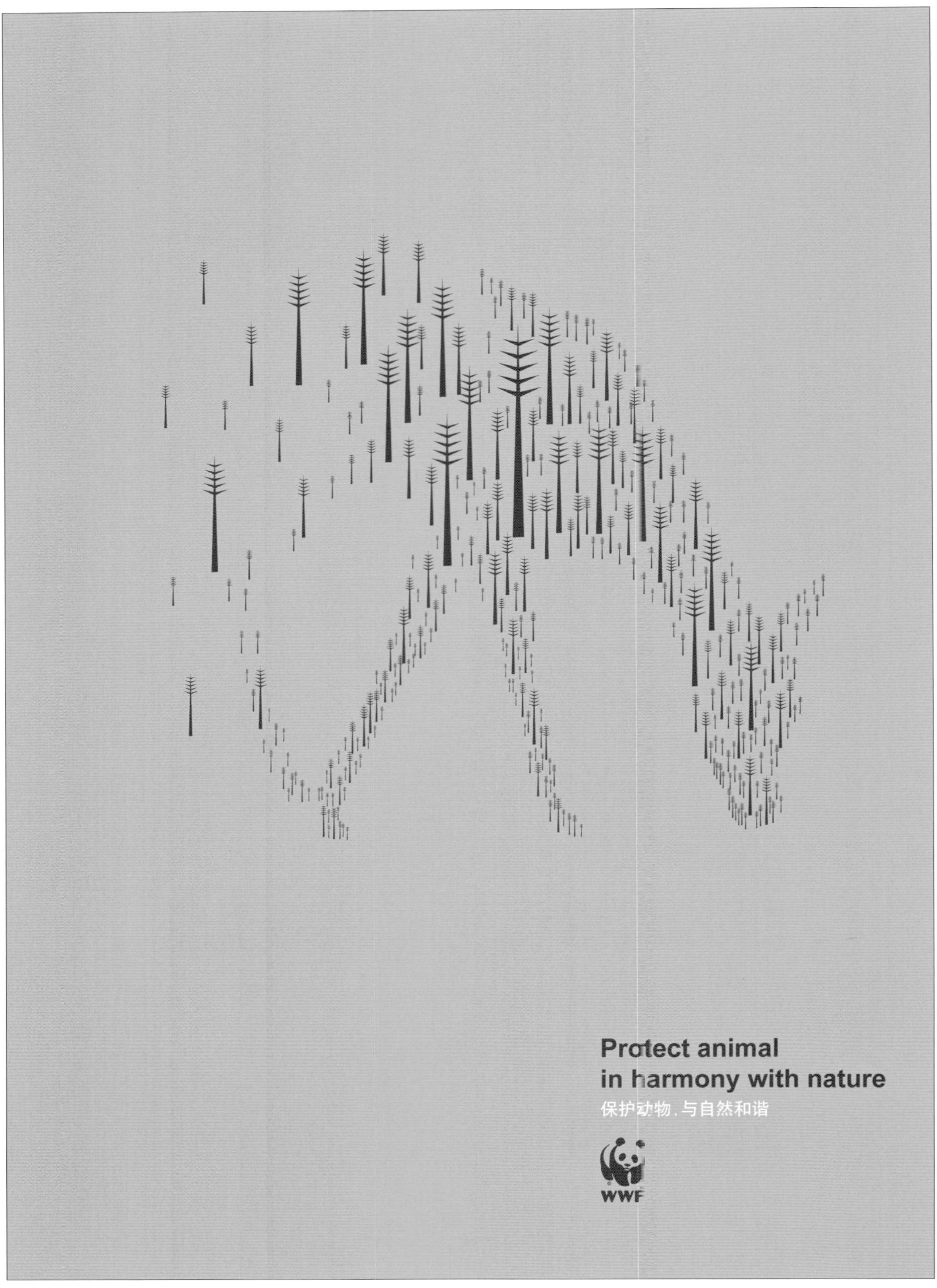


客户：WWF　主题：保护动物　篇名：保护动物篇
创意总监：王文华　创意：桂博洋　文案：桂博洋
设计总监：韩华　设计：桂博洋　制作：桂博洋

北京视新天元广告有限公司

主题：保护动物
篇名：动物–玩物篇
创意总监：黄春晖
创意：黄卓态
文案：张伊琳
美术指导：黄卓态 黄春晖
设计：黄卓态

博报堂创意广告（上海）有限公司

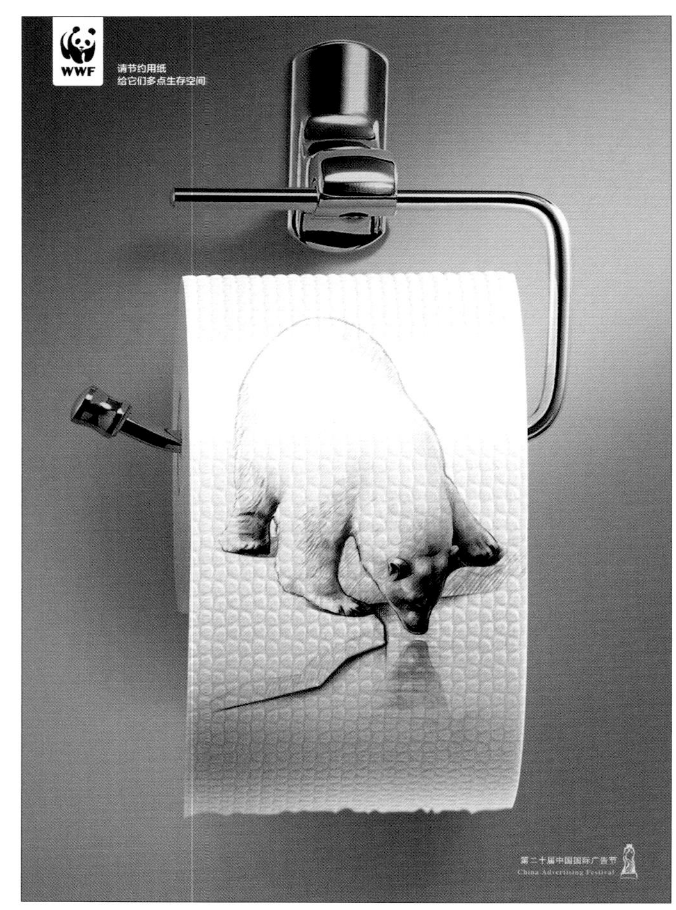


**主题：**保护动物
**篇名：**纸家篇
**创意总监：**黄春晖
**创意：**王钰康
**文案：**贾红妮
**美术指导：**王钰康 黄春晖
**设计：**王钰康

博报堂创意广告（上海）有限公司

**篇名：**北极熊篇

**篇名：**大熊猫篇

**客户：**世界自然基金会
**主题：**保护动物
**创意：**获得创意部落
**文案：**获得创意部落
**设计：**获得设计公社

## 获得创意管理

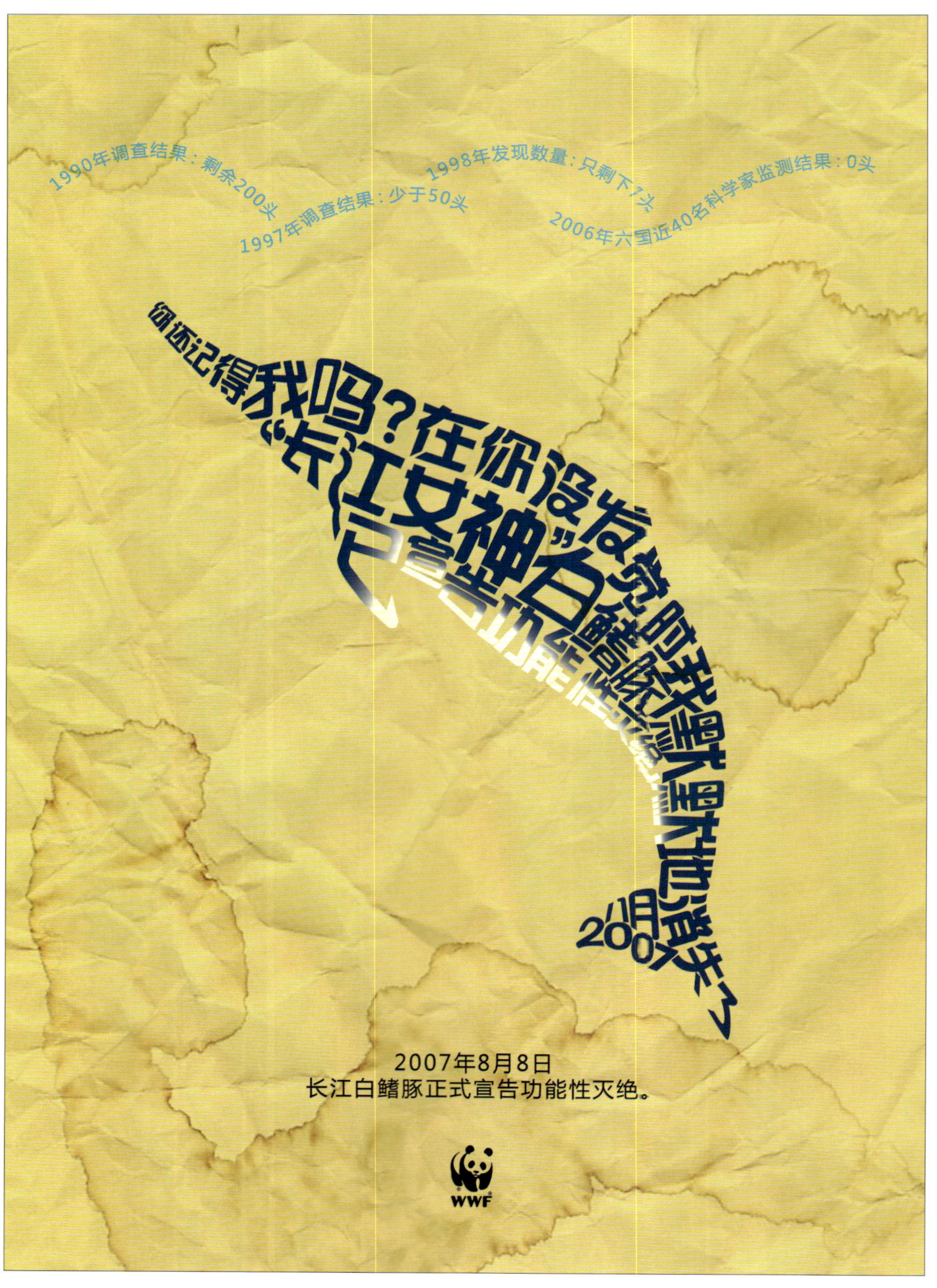


客户：WWF　　主题：保护动物　　篇名：白鳍篇
创意总监：王文华　　创意：李依然　　文案：李依然
设计总监：韩华　　设计：李依然　　制作：李依然

北京视新天元广告有限公司

# 《IAI中国广告作品年鉴·2014》

## 名录及作品索引

（按邮政编码排序）

| 送选公司名称 | 联系地址 | 邮编 | 电话 | 传真 | 联系人 | 作品索引 |
|---|---|---|---|---|---|---|
| 北京电通广告有限公司 | 北京市东城区北三环东路36号北京环球贸易中心C座9层 | 100013 | 010-59533737 | 010-59533658 | 田 岗 | 360 |
| 北京灵思沸点影业有限公司 | 北京市朝阳区酒仙桥中路26号院1号鸿运大厦 | 100015 | 018801283868 | 010-59546688 | 曹 珺 | 310 |
| 中视金桥广告有限公司 | 北京市朝阳区光华路9号D座金桥天阶大厦7层 | 100020 | 010-65896888 | 010-65896999 | 董 玉 | 189、270、271、272、273 |
| 北京视新天元广告有限公司 | 北京市朝阳区东大桥8号SOHO尚都北塔A23层 | 100020 | 010-59001919 | 010-59001616 | 蒋 燕 | 15、16、39、41、42、44、83、84、131、132、151、177、209、211、237、238、239、240、241、242、243、244、245、259、286、298、312、319、320、323、324、325、341、346、375、377、380、384 |
| 北京太阳堂广告有限公司 | 北京市朝阳区朝阳北路237号复星国际中心10层 | 100020 | 010-65546878 | 010-65547968 | 徐园园 | 53、54、55、56、57、58、59、61、62、63、64、68、69、70、71、72、73、376 |
| 省广（北京）国际传媒广告有限公司 | 北京市朝阳区建国路93号万达广场10号楼18层 | 100022 | 015652386714 | 010-58206108 | 梁智行 | 6、36、215 |
| 北京天下美传广告有限公司 | 北京市朝阳区建国门外大街甲24号东海中心23层 | 100022 | 018301155683 | 010-65926218 | 李佳霖 | 7、8、47、60、146 |
| 北京紫禁之巅新锐广告有限公司 | 北京市朝阳区西大望路1号温特莱中心A座6层 | 100022 | 010-65387070 | 010-65387117 | 徐 伟 | 10、309、318 |
| 广而告之合众国际广告有限公司 | 北京市西城区金融大街35号国际企业大厦B座6层 | 100033 | 010-88091099 | 010-88091088 | 夏 樱 | 229、330、331、332 |
| 北京互通联合国际广告有限公司 | 北京市海淀区永定路57号院88号大楼 | 100039 | 010-88529380 | 010-88577009 | 邓 敏 | 45、46、51、153、210、258、261、335、336、337、342、352、378 |
| 目朗国际品牌设计顾问（北京）有限公司 | 北京市西城区鸭子桥路39号 | 100055 | 010-83973788 | 010-83973788 | 张 堃 | 52、65、74、75、138 |
| 北京亚诗圣凰广告有限公司 | 北京市海淀区北太平庄路27号铁道部党校原电教楼 | 100088 | 010-51949217 | 010-51949218 | 王梦思 | 190、218、274 |
| 北京蓝色广告有限公司 | 北京市朝阳区亚运村安立路60号润枫德尚写字楼A座2001室 | 100101 | 010-64820430 | 010-64802430 | 胡 浩 | 208、260、262、364 |
| 北京海润新时代广告有限公司 | 北京市朝阳区安慧北里安园5号海润传媒三层 | 100101 | 010-64899933 | 010-64932894 | 张 奕 | 198、219 |
| 水土阳光（北京）文化传播有限公司 | 北京市朝阳区甘露园19号7号楼1-9C | 100123 | 010-85770878 | 010-85770878 | 梁军宏 | 48 |
| 北京九易正通广告有限公司 | 北京市朝阳区高碑店乡西店村水南庄一号独栋别墅12栋 | 100124 | 010-84098415 | 010-84098430 | 李可吟 | 9、11、18、19、20、21、22、24、29、30、32、33、34、35、38 |
| 沈阳智为传奇广告有限公司 | 辽宁省沈阳市和平区文萃路24-2号云顶大厦A座20层 | 110004 | 024-23923355 | 024-23923355 | 姚文霖 | 162、194 |
| 沈阳精图企划有限公司 | 辽宁省沈阳市奉天街346号格林自由成B座4楼16室 | 110013 | 024-22733905 | 024-88575299 | 李 昂 | 85、86、87、88 |
| 吉林省中麒影视制作有限公司 | 吉林省长春市南关区亚泰大街2885号米兰城市花园B2座303室 | 130041 | 0431-88630001 | 0431-88630002 | 司华丽 | 213 |
| 上海卓越形象广告传播有限公司 | 上海市黄浦区河南南路1号星腾大厦8楼 | 200002 | 021-63553910 | 021-63553913 | 张 佳 | 144、150、347 |
| 天联广告有限公司上海分公司 | 上海市徐汇区虹桥路1号港汇中心一座42层 | 200030 | 021-24018061 | 021-64484699 | 沈小姐 | 1、256 |
| 叶茂中营销策划机构 | 上海市徐汇区桃江路38号 | 200031 | 021-64316980 | 021-64316379 | 朱云兰 | 3、76、130、163、173、183、235、246、247、294、306 |
| 上海葵友广告有限公司 | 上海市静安区昌平路990号3号楼 | 200042 | 021-62182620 | 021-62189495 | 胡 涛 | 174、257 |

| 送选公司名称 | 联系地址 | 邮编 | 电话 | 传真 | 联系人 | 作品索引 |
|---|---|---|---|---|---|---|
| 上海灵动广告有限公司 | 上海市长宁区愚园路1258号1105室 | 200050 | 021-6213[illegible]090 | 021-62120919 | 张歆玮 | 216、217 |
| 博报堂创意广告（上海）有限公司 | 上海市长宁区淮海西路570号红坊G栋3楼 | 200052 | 021-5230[illegible]776 | 021-52306772 | 尹艳艳 | 137、366、381<br>382 |
| 上海同盟广告有限公司 | 上海市徐汇区龙华路2577号36幢 | 200232 | 021-6124[illegible]090 | 021-61242345 | 陈纯和 | 157、158、313 |
| 上海梅高创意咨询有限公司 | 上海市徐汇区桂平路391号新漕河泾国际商务中心A幢33楼 | 200233 | 021-6210[illegible]166 | 021-62109906 | 周文喆 | 160、195、205<br>206、228 |
| 南京银都奥美广告有限公司 | 江苏省南京市鼓楼区中山北路8号云峰大厦19F | 210008 | 01377060[illegible]126 | 025-52252482 | 赵乔蕊 | 37 |
| 卓越形象品牌创意产业机构 | 江苏省南京市雨花台区长虹路222号1818室 | 210012 | 025-8441[illegible]299 | 025-86649489 | 贾丽娟 | 49、66、226<br>283 |
| 常州市盛视策联企业营销策划有限公司 | 江苏省常州市晋陵北路1号新天地商业广场C座1102 | 213000 | 0519-8810[illegible]289 | 0519-88108285 | 牟尚武 | 285 |
| 南通新视觉广告有限公司 | 江苏省南通市青年东路105号纺织职业技术学院艺术系 | 226001 | 0513-855[illegible]7087 | 0513-85220887 | 端木志坚 | 327、343 |
| 杭州阳光创意文化传播有限公司 | 浙江省杭州市文二路333号华领国际5F-501室 | 310000 | 0571-899[illegible]1236 | 0571-89921389 | 林跃晓 | 223 |
| 杭州有氧文化创意有限公司 | 浙江省杭州市祥园路99号运河国家广告产业园2-313 | 310000 | 0875-883[illegible]579 | 0571-28173710 | 程　清 | 4、288、357 |
| 浙江美洋广告有限公司 | 浙江省杭州市下城区机场路一巷营房创意园 | 310004 | 0571-869[illegible]7022 | 0571-86966199 | 闫　超 | 67、279、280 |
| 浙江博采传媒有限公司 | 浙江省杭州市拱墅区祥园路28号11号楼 | 310011 | 0136066[illegible]9109 | 0571-56716697 | 李　沁 | 5、164、199<br>220、249、250<br>329 |
| 浙江高速广告有限责任公司 | 浙江省杭州市中山北路631号晶晖商务大厦17楼A/B座 | 310014 | 0571-858[illegible]0591 | 0571-85800557 | 张增辉 | 176、180、267<br>282、338、339<br>340、363 |
| 杭州捷群广告有限公司 | 浙江省杭州市绿城深蓝广场写字楼2205室 | 310014 | 0571-853[illegible]4478 | 0571-85304458 | 陈蕾佳 | 89、90、91<br>92、93、94<br>95、96、97<br>98、105、106<br>107、108、109<br>114、126 |
| 杭州行其道广告有限公司 | 浙江省杭州市西湖区翠柏路7号401室 | 311200 | 0571-850[illegible]6307 | 0571-88314119 | 周　姝 | 99、100、101<br>102、103、104<br>110、111、112<br>113、299、300<br>301、302、303<br>314、315 |
| 厦门大峡谷影视有限公司 | 福建省厦门市思明区软件园二期望海路17号703室 | 361008 | 0592-55[illegible]3662 | 0592-5568163 | 石育贞 | 231、233 |
| 重庆巨蟹数码影像有限公司 | 重庆市渝北区红石路150号聚信广场A栋28楼 | 401120 | 01521508[illegible]634 | 023-65360009 | 马希菊 | 78、79、80<br>82 |
| 重庆高戈广告有限责任公司 | 重庆市渝北区新南路11号人和天地6幢2-2 | 401147 | 023-675[illegible]3070 | 023-67525155 | 李万源 | 81、120、121<br>122、123、124<br>207 |
| 重庆饕餮广告有限公司 | 重庆南岸区南坪协信星光时代广场7号楼39-8、9、10 | 404100 | 01322030[illegible]530 | 023-62970990 | 陈　诺 | 50 |
| 长沙盛美广告有限公司 | 湖南省长沙市芙蓉区人民西路349号天平大厦5层 | 410005 | 0137861[illegible]0215 | 0731-84118400 | 江蔓子 | 23、25、40<br>43、168、169<br>170、171、181<br>182、230、287<br>316、321、333<br>365 |
| 长沙反正广告有限公司 | 湖南省长沙市人民西路349号天平大厦5F | 410007 | 0731-842[illegible]7496 | 0731-84227496 | 龚珏瑾 | 31、127、202<br>212、224、350 |
| 河南大河全媒体广告有限公司 | 河南省郑州市农业路东段28号河南日报报业大厦2103室 | 450008 | 0371-657[illegible]6058 | 0371-65796056 | 范朝阳 | 334、344、345 |
| 广东广旭广告有限公司 | 广东省广州市东风东路767号东宝大厦4楼 | 510060 | 020-3832[illegible]654 | 020-38327600 | 胡德蕙 | 27、148、284 |
| 广东黑马广告有限公司 | 广东省广州市建设大马路3号省党校大厦6楼 | 510060 | 020-8386[illegible]608 | 020-82765734 | 张小平 | 115 |
| 广州思源广告有限公司 | 广东省广州市越秀区水荫路2号华信大厦西座1503室 | 510075 | 020-3760[illegible]478 | 020-37601515 | 伍美欢 | 77 |

| 送选公司名称 | 联系地址 | 邮编 | 电话 | 传真 | 联系人 | 作品索引 |
|---|---|---|---|---|---|---|
| 广东省广告股份有限公司 | 广东省广州市东风东路745号之二金广大厦 | 510080 | 020-87772492 | 020-87766503 | 黄宇君 | 26、28、133<br>134、135、139<br>141、165、178<br>179、184、185<br>187、188、201<br>203、214、263<br>266、304、305<br>362、369、370<br>371、372、373<br>379 |
| 广东思域广告有限公司 | 广东省广州市海珠区工业大道中313号西区13栋<br>HY创意设计中心202室 | 510280 | 020-83278188 | 020-83278521 | 郑 琰 | 295、296、297 |
| 广州远界广告有限公司 | 广东省广州市海珠区新港中350号影城花园D座11F | 510310 | 013580507398 | 020-34081735 | 李远娥 | 221 |
| 广州名影广告有限公司 | 广东省广州市天河区天河路299号体育中心<br>棒球场二层 | 510370 | 020-38776008 | 020-38776003 | 付茗茵 | 191、252、253<br>255 |
| 广州圣龙广告有限公司 | 广东省广州市天河区燕岭路25号银燕大厦<br>天鸿阁2206室 | 510507 | 020-87228505 | 020-87226342 | 吴德盛 | 159、278 |
| 广州改变广告有限公司 | 广东省广州市天河北路449号嘉怡苑3期7A/C | 510610 | 015360445335 | 020-38848660 | 王世杰 | 232 |
| 广东国信广告有限公司 | 广东省广州市珠江新城丽晶华庭银莱阁2003 | 510620 | 020-38293767 | 020-38293445 | 潘顺发 | 349、351 |
| 广州市蓝光通达广告有限公司 | 广东省广州市天河区体育西路7号骏汇大厦<br>中座22楼B室 | 510620 | 020-38891492 | 020-38891510 | 宗文苑 | 116 |
| 广州蓝火文化传播有限公司 | 广东省广州市天河区天河路208号粤海天河城大厦<br>第31层01、02、03单元 | 510620 | 020-87377708 | 020-87377709 | 宗 泉 | 204 |
| 广州市千里马广告有限公司 | 广东省广州市珠江新城猎德村海文路6号合德楼2801 | 510623 | 020-85219181 | 020-85219816 | 尔亦静 | 12、13、14<br>143、145、167<br>197、234 |
| 广州平方广告有限公司 | 广东省广州市黄埔大道中翠华街83号B栋3层 | 510655 | 015813338280 | 020-61003344 | 易 芳 | 2、129、147 |
| 广州市天曦广告有限公司 | 广东省广州市天河区黄埔大道中恒隆街11号1902 | 510665 | 020-22105548 | 020-85557439 | 方俊明 | 251、254 |
| 天音睿豹整合传播 | 广东省广州市越秀区寺右新马路111-115号<br>五羊新城广场18楼11、12、16 | 510760 | 020-38847567 | 020-38803326 | 朱穗花 | 161、166 |
| 深圳市战略伙伴文化传播有限公司 | 广东省深圳市福田区福民路博伦花园2栋2单元2层 | 518000 | 0755-83830055 | 0755-83836428 | 胡子嵌 | 293、311 |
| 采纳品牌营销机构 | 广东省深圳市福田区福强路4001号深圳市世纪工艺品<br>文化市场二期大楼A座A602 | 518000 | 013006661512 | 0755-23820600 | 叶 峰 | 136、149、155<br>186、348、354<br>355、356、361<br>367、368 |
| 零点星传媒集团星弧广告 | 广东省深圳市福田区八卦二路536栋西侧5楼 | 518000 | 400-073-3339 | 0755-82414578 | 孙晓非 | 117 |
| 获得创意管理 | 广东省深圳市福田区八卦四路10号中浩大厦2112室 | 518029 | 0755-82265682 | 0755-82265682 | 朱少燕 | 225、227、248<br>264、265、268<br>281、322、353<br>383 |
| 珠海华发文化传播有限公司 | 广东省珠海市吉大石花东路58号华景西苑27栋二层 | 519000 | 0756-3239552 | 0756-8827733 | 丁 闽 | 118、119、140<br>307、308、358<br>359 |
| 广东峰尚品牌顾问机构 | 广东省东莞市东城中路辉煌商务大厦6楼A26-30号 | 523000 | 0769-22385945 | 0769-22385945 | 陈文欢 | 154、269 |
| 成都左岸映像广告传媒有限公司 | 四川省成都市滨江西路8号世代锦江D座802室 | 610041 | 028-86119627 | 028-86119527 | 朱晓旭 | 172、175 |
| 成都泽宏嘉瑞文化传播有限公司 | 四川省成都市锦江区三色路38号博瑞创意<br>成都A座12楼1号 | 610063 | 028-86111747 | 028-86124976 | 尹 辉 | 192、193 |
| 绵阳莱德广告有限责任公司 | 四川省绵阳市临园路中段40号金桥银座22楼 | 621000 | 0816-2266432 | 0816-2266431 | 陈思宇 | 125、374 |
| 时报广告奖执行委员会 | 台湾省台北市艋舺大道303号第五大楼B4 |  | 00886-2-<br>23087111 | 00886-2-<br>23086974 | 李雯菁 | 128、142、152<br>156、196、200<br>222、236、275<br>276、277、289<br>290、291、292<br>328 |
| 澳门广告商会 | 澳门新口岸柏嘉街494帝景苑地下 | 750001 | 00853-<br>28750858 | 00853-<br>28751305 | 陈 晶 | 17、317、326 |

《IAI中国广告作品年鉴》编辑部联系方法：

电　话：010-65779272　　传　真：010-65779152

邮　件：iaibj@sohu.com　　联系人：汪　琴

地　址：中国传媒大学45号楼206室　　邮　编：100024

# 第十三届中国优秀广告作品「IAI年鉴奖」揭晓

——中国优秀广告作品「IAI年鉴奖」组委会

## 一、评选情况说明

中国优秀广告作品“IAI年鉴奖”由中国商务广告协会和中国传媒大学主办，国际品牌观察杂志社、中国传媒大学广告学院、中国传媒大学MBA学院、IAI国际广告研究所和BBI商务品牌战略研究所组织实施。本届“IAI年鉴奖”聘请了来自广告公司、企业、学界评委109名，根据各广告作品得分情况，共产生产品分类奖57项、综合奖6项。此外，有19名评委获得最有眼光评委奖。

今年的评选结果有以下几点值得关注：

第一，本届年鉴奖各类评委总数平均，在产品分类奖评选中各类评委积分接近，人数的平均显现出评委对获奖作品一致的认可。

第二，由于广告人对自身作品要求越来越高，2013版年鉴送选作品数量较往年有所减少，导致本届年鉴奖获奖作品总量也比往届略减。

第三，综合奖中影视和平面最佳创作组合分别由两家公司获得，更多优秀创作组合的涌现让广告人对未来充满了希望。

## 二、获奖名单

### 1、2013中国十大影视广告

| 产品/品牌 | 篇名 | 获奖公司 | 总标准分 |
|---|---|---|---|
| 铁达时 | Time is love篇 | 时报广告奖执行委员会·麦肯（香港） | 4847 |
| 文明城市 | 大厅内篇、饭馆里篇<br>垃圾箱外篇 | 长沙盛美广告有限公司 | 4341 |
| 动感地带 | 王小涵篇、孙鹏篇<br>汪洋篇 | 北京世邦和广告传媒有限公司 | 4017 |
| E人E本 | 高尔夫会所篇、办公室篇<br>商务车篇、机场篇 | 江西合众光华国际传媒广告有限公司 | 3513 |
| 南诺信盐焗鸡 | 鸡鸭猜拳篇 | 长沙盛美广告有限公司 | 3402 |
| 艾叶除菌皂 | 传承篇 | 阳狮广告有限公司上海分公司 | 3035 |
| 香郡 | 香郡V90解析课堂篇 | 杭州行其道广告有限公司 | 2941 |
| 多喝水 | 暧昧篇 | 时报广告奖执行委员会·奥美广告股份有限公司 | 2816 |
| 爱·热食石锅烧 | 爱·热食篇 | 时报广告奖执行委员会·Batesasiag reater china | 2718 |
| 竹叶青茶 | 古力篇、聂卫平篇<br>吴清源篇 | 成都阿佩克思奥美品牌营销咨询有限公司 | 2623 |

## 2、2013中国十大平面广告

| 产品/品牌 | 篇名 | 获奖公司 | 总标准分 |
|---|---|---|---|
| 商用打印机 | 耐用篇 | 时报广告奖执行委员会·ADK联旭广告 | 4978 |
| 红星二锅头 | 一饮而尽篇、放倒篇<br>痛快篇、铁哥们篇 | 广东省广告股份有限公司 | 4684 |
| 动听968音乐调频 | 生命律动篇、温暖呢喃篇<br>舞动旋律篇、心跳呼吸篇 | 杭州行其道广告有限公司 | 4578 |
| 老干妈辣椒酱 | 希特勒篇、拉登篇 | 获得创意管理（深圳） | 4424 |
| 啃老一族 | 怀孕四十年篇<br>驼背五十年篇 | 中视金桥国际传媒有限公司 | 3905 |
| 顺丰速运 | 嘴篇、眼篇 | 河南大河全媒体广告有限公司 | 3876 |
| 物的八分目展 | 棉花棒篇、手电筒篇<br>毛巾篇 | 时报广告奖执行委员会·吴是广告企划有限公司 | 3729 |
| 电子银行 | 兵马俑篇 | 扬罗必凯（北京）广告有限公司广州分公司 | 3669 |
| 东湖林语 | 合身的房子篇 | 广州金燕达观文化传播有限公司 | 3514 |
| 广告门 | 客服心声篇、美术心声篇<br>文案心声篇 | 广东省广告股份有限公司 | 3320 |

## 3、产品分类奖

**影视广告获奖名单**

| 产品类别 | 奖项 | 获奖公司 | 产品/品牌 | 篇　名 | 总标准分 |
|---|---|---|---|---|---|
| 信息、通讯服务类 | 银奖 | 北京世邦和广告传媒有限公司 | 动感地带 | 王小涵篇、孙鹏篇、汪洋篇 | 4017 |
| 信息、数码用品类 | 银奖 | 江西合众光华国际传媒广告有限公司 | E人E本 | 高尔夫会所篇、办公室篇<br>商务车篇、机场篇 | 3513 |
| 房地产类 | 铜奖 | 杭州行其道广告有限公司 | 香郡 | 香郡V90解析课堂篇 | 2941 |
| 汽车及关联品类 | 铜奖 | 北京紫禁之巅新锐广告有限公司 | 奔驰Smart | | 2089 |
| 家电及家居用品类 | 铜奖 | 叶茂中营销策划机构 | 装饰开关 | 魔术篇 | 2031 |
| 食品类 | 银奖 | 长沙盛美广告有限公司 | 南诺盐焗鸡 | 鸡鸭猜拳篇 | 3402 |
| | 铜奖 | 长沙反正广告有限公司 | 寻开心青果食用槟榔 | 浇水篇、水道篇、滑倒篇 | 2574 |
| 饮料类 | 铜奖 | 时报广告奖执行委员会·奥美广告股份有限公司 | 多喝水 | 暧昧篇 | 2816 |
| | 铜奖 | 成都阿佩克思奥美品牌营销咨询有限公司 | 竹叶青茶 | 古力篇、聂卫平篇、吴清源篇 | 2623 |
| | 铜奖 | 浙江博采传媒有限公司 | 农夫山泉 | 水与生命篇 | 2247 |
| | 铜奖 | 阳狮广告有限公司上海分公司 | 馥莓饮 | 恶作剧篇 | 2080 |
| 药品、保健品类 | 铜奖 | 广而告之合众国际广告有限公司 | 慢严舒柠 | 最美的声音篇、老师的声音篇、退休的声音篇 | 2256 |
| 服饰及关联品类 | 金奖 | 时报广告奖执行委员会·麦肯(香港) | 铁达时 | Time is love篇 | 4847 |
| | 铜奖 | 叶茂中营销策划机构 | 爱华仕箱包 | 俄罗斯方块篇 | 2018 |
| 美容、卫生用品类 | 铜奖 | 阳狮广告有限公司上海分公司 | 艾叶除菌皂 | 传承篇 | 3035 |
| | 铜奖 | 阳狮广告有限公司上海分公司 | 五月花面巾纸 | 假发篇 | 2345 |
| 旅游及相关服务类 | 铜奖 | 时报广告奖执行委员会·Batesasiag reater china | 爱·热食石锅烧 | 爱·热食篇 | 2718 |
| | 铜奖 | 中视金桥国际传媒有限公司 | 河南省旅游局 | 白羊座篇、双鱼座篇 | 2013 |
| 流通、服务及其他类 | 铜奖 | 浙江博采传媒有限公司 | 天猫 | 个性篇 | 2151 |
| 公益类 | 银奖 | 长沙盛美广告有限公司 | 文明城市 | 大厅内篇、饭馆里篇<br>垃圾箱外篇 | 4341 |

| 产品类别 | 奖项 | 获奖公司 | 产品/品牌 | 篇名 | 总标准分 |
|---|---|---|---|---|---|
| 信息、通讯服务类 | 铜奖 | 广东省广告股份有限公司 | 中国移动 | 诸葛亮篇、孙悟空篇、孔子篇 | 2585 |
| | 铜奖 | 长沙盛美广告有限公司 | 湖南移动 | 感谢篇、联系篇<br>晒晒篇、酒醉篇 | 2246 |
| | 铜奖 | 广东九易广告有限公司 | 中国移动 | 打火G篇、鸡能灰行篇<br>虾的心脏篇 | 2046 |
| 信息、数码用品类 | 金奖 | 时报广告奖执行委员会·ADK联旭广告 | 商用打印机 | 耐用篇 | 4978 |
| | 铜奖 | 北京视新天元广告有限公司 | HTC ONE X手机 | 棒球篇、雪球篇 | 2018 |
| 金融、保险类 | 银奖 | 扬罗必凯（北京）广告有限公司广州分公司 | 电子银行 | 兵马俑篇 | 3669 |
| | 铜奖 | 北京太阳堂广告有限公司 | 中行网银 | 诗句篇 | 2658 |
| | 铜奖 | 北京太阳堂广告有限公司 | 民生小鬼当家 | 爱因斯坦篇 | 2223 |
| | 铜奖 | 北京太阳堂广告有限公司 | 中银财富管理 | 篮子篇 | 2133 |
| 房地产类 | 银奖 | 广州金燕达观文化传播有限公司 | 东湖林语 | 合身的房子篇 | 3514 |
| | 铜奖 | 广州金燕达观文化传播有限公司 | 春天里 | 幸福像花儿篇 | 2157 |
| | 铜奖 | 珠海华发文化传播有限公司 | 珠海华发水郡 | 心灵度假地篇 | 2089 |
| 汽车及关联品类 | 铜奖 | 北京视新天元广告有限公司 | Jeep | 汽车篇 | 2939 |
| | 铜奖 | 珠海华发文化传播有限公司 | 儿童安全座椅 | 妈妈的怀抱篇 | 2794 |
| | 铜奖 | 广东省广告股份有限公司 | 中华V5 | 豹篇、羚羊篇、熊篇 | 2502 |
| 家电及家居用品类 | 铜奖 | 叶茂中营销策划机构 | 中韩冰箱 | 方形世界篇 | 2794 |
| | 铜奖 | 博报堂创意广告（上海）有限公司 | 美的微波炊具 | 蒸饭宝篇、蒸鱼宝篇、蒸宝篇 | 2416 |
| | 铜奖 | 叶茂中营销策划机构 | 柏金地板 | 保护篇、坚固篇、防水篇 | 2269 |
| | 铜奖 | 广东省广告股份有限公司 | 普鲁狮智能锁 | 花狗篇、白狗篇、黄狗篇 | 2027 |
| 食品类 | 银奖 | 获得创意管理（深圳） | 老干妈辣椒酱 | 希特勒篇、拉登篇 | 4424 |
| | 铜奖 | 叶茂中营销策划机构 | 雅客益牙口香糖 | 大蒜篇、榴莲篇、咸鱼篇<br>香烟篇 | 2093 |
| 饮料类 | 金奖 | 广东省广告股份有限公司 | 红星二锅头 | 一饮而尽篇、放倒篇<br>痛快篇、铁哥们篇 | 4684 |
| | 铜奖 | 成都阿佩克思奥美品牌营销咨询有限公司 | 竹叶青茶 | 三代大师篇 | 2442 |
| 药品、保健品类 | 铜奖 | 北京蓝色广告有限公司 | 马应龙麝香痔疮膏 | 菊花篇 | 2289 |
| 服饰及关联品类 | 铜奖 | 叶茂中营销策划机构 | 户外运动服 | 壳篇 | 2265 |
| | 铜奖 | 长沙盛美广告有限公司 | SHOWES | 长脚篇、穿裤篇、男人女人篇 | 2098 |
| 美容、卫生用品类 | 铜奖 | 北京视新天元广告有限公司 | 帮宝适一次性纸尿裤 | 铜像篇 | 2432 |
| | 铜奖 | 北京互通联合国际广告有限公司 | 资生堂补水洗发露 | 银耳缺水篇、木耳缺水篇 | 2076 |
| 旅游及相关服务类 | 铜奖 | 卓越形象品牌创意产业机构 | 嬉戏谷 | 蜘蛛侠篇 | 2087 |
| 流通、服务及其他类 | 银奖 | 河南大河全媒体广告有限公司 | 顺丰速运 | 嘴篇、眼篇 | 3876 |
| | 银奖 | 时报广告奖执行委员会·吴是广告企划有限公司 | 物的八分目展 | 棉花棒篇、手电筒篇毛巾篇 | 3729 |
| | 铜奖 | 长沙盛美广告有限公司 | 齐心文具 | 文具电话篇 | 2855 |
| 媒体、文化教育类 | 金奖 | 杭州行其道广告有限公司 | 动听968音乐调频 | 生命律动篇、温暖呢喃篇<br>舞动旋律篇、心跳呼吸篇 | 4578 |
| | 银奖 | 广东省广告股份有限公司 | 广告门 | 客服心声篇、美术心声篇<br>文案心声篇 | 3320 |
| | 铜奖 | 北京视新天元广告有限公司 | 钢的琴音乐剧 | 琴键篇、人与钢琴篇 | 2093 |
| 公益类 | 银奖 | 中视金桥国际传媒有限公司 | 啃老一族 | 怀孕四十年篇、驼背五十年篇 | 3905 |
| | 铜奖 | 博报堂创意广告（上海）有限公司 | 公共安全 | 房屋篇、桥梁篇 | 2135 |

## 4、综合奖

| 奖项设置 | 得主 | 获奖说明 |
| --- | --- | --- |
| 全场大奖 | 空缺 | 无一作品标准分达7000分以上 |
| 最有眼光广告主奖 | 中国银行 | 获产品分类奖3铜，总积分90分，位居榜首 |
| 最具创造力广告公司奖 | 广东省广告股份有限公司 | 获产品分类奖1金4铜，总积分170分，位居榜首 |
| 影视广告最佳创作组合奖 | 长沙盛美广告有限公司<br>创意总监：尹云从　宋启源　孙国汀<br>创意：盛人<br>文案：唐文婷　易思维　刘洲<br>美术指导：刘亚明　孙国汀<br>设计：邝勇超　付正<br>导演：隋小东　欧阳道雪<br>剪辑：李国清 | 获产品分类奖2银，总分80分，位居榜首 |
| | 阳狮广告有限公司上海分公司<br>创意总监：王彦凯　马达<br>创意：沈思豪　陈卓彬<br>文案：袁巍　李达　罗湖恩　王彦凯<br>美术指导：Catherine Kho　李金成<br>李达　罗湖恩 | 获产品分类奖3铜，总分90分，位居榜首 |
| 平面广告最佳创作组合奖 | 叶茂中营销策划机构<br>创意：叶茂中营销策划机构<br><br>北京视新天元广告有限公司<br>创意总监：王文华　韩华　李依然<br>创意：韩华　桂博洋<br>文案：王文华<br>设计总监：韩华<br>设计：韩华　李依然 | 获产品分类奖4铜，总分120分，并列榜首 |
| 影视广告最佳创意总监奖 | 尹云从（长沙盛美广告有限公司） | 获产品分类奖2银，总积分80分，位居榜首 |
| 平面广告最佳创意总监奖 | 钱丏建　刘广（杭州行其道广告有限公司） | 获产品分类奖1金，总积分50分，位居榜首 |

## 5、最有眼光评委奖

| 评委类别 | 获奖者 | 所在单位 | 吻合率（%） |
| --- | --- | --- | --- |
| 广告公司 | 钱丏建 | 杭州行其道广告有限公司 | 53 |
| | 杨海标 | 广东广旭广告有限公司 | 50 |
| | 雷少东 | 北京壹捌零整合营销传播集团 | 50 |
| | 阎家旭 | 重庆高戈广告有限责任公司 | 50 |
| | 王慧卿 | 浙江博采传媒有限公司 | 50 |
| | 赵克强 | 绵阳莱德广告有限责任公司 | 50 |
| | 邬颖辉 | 广东省广告股份有限公司 | 50 |
| | 范懿铭 | 卓越形象品牌创意传播机构 | 50 |
| 高校 | 韩虎山 | 山西财经大学 | 50 |
| | 王苑丞 | 湖南湘潭大学 | 50 |
| | 武小菲 | 长安大学 | 50 |
| | 史　建 | 北方工业大学 | 50 |
| | 袁恩培 | 重庆大学 | 50 |
| | 夏文蓉 | 南京大学 | 50 |
| 企业 | 宗庆后 | 杭州娃哈哈集团有限公司 | 50 |
| | 鲁　利 | 康踏（福建）体育用品有限公司 | 50 |
| | 徐　菁 | 上海雀巢饮用水有限公司 | 50 |
| | 张兴起 | 澳柯玛股份有限公司 | 50 |
| | 王长庚 | 株洲千金药业股份有限公司 | 50 |

## 产品分类奖获奖情况统计

| 奖项 | 全场大奖 | 金奖 | 银奖 | 铜奖 | 总计 |
| --- | --- | --- | --- | --- | --- |
| 数量 | - | 4 | 10 | 43 | 57 |

# 三、第十三届中国优秀广告作品“IAI年鉴奖”评委名单

| 姓　名 | 单位名称 | 职务／职称 |
|---|---|---|
| 广告公司评委38名 | | |
| 陈　诺 | 重庆饕餮广告有限公司 | 创意总监 |
| 陈宜文 | 深圳市三百六十度品牌管理有限公司 | 创意总监 |
| 邓超明 | 北京互通国际传播集团 | 董事长 |
| 段雅敏 | 广东国信广告有限公司 | 创意总监 |
| 范懿铭 | 卓越形象品牌传播机构 | 副创意总监 |
| 龚珏瑾 | 长沙反正广告有限公司 | 创意总监 |
| 郭亚东 | 广州蓝火文化传播有限公司 | 执行创意总监 |
| 何炳均 | 广州名影广告有限公司 | 总经理 |
| 纪学超 | 中视金桥国际传媒有限公司视觉中心 | 总经理 |
| 雷少东 | 北京壹捌零整合营销传播集团 | 总裁 |
| 李易威 | 北京亚诗圣凰广告有限公司 | 创作总监 |
| 林彦杰 | 获得创意管理（深圳） | 董事长兼创意群总监 |
| 牛　锐 | 北京天下美传广告有限公司 | 总经理 |
| 钱丐建 | 杭州行其道广告有限公司 | 创意总监 |
| 桑　田 | 广州市千里马广告有限公司 | 总经理 |
| 申贺佳 | 北京九易正通广告有限公司 | 创意总监 |
| 唐晓玲 | 河南大河全媒体广告有限公司 | 总经理 |
| 王　来 | 北京太阳堂广告有限公司 | 总经理 |
| 王　再 | 海口领先广告有限公司 | 董事长 |
| 王惠卿 | 浙江博采传媒有限公司 | 创意副总监 |
| 王文华 | 北京视新天元广告有限公司 | 创意总监 |
| 邬颖辉 | 广东省广告股份有限公司 | 创意群总监 |
| 向红学 | 广州远界广告有限公司 | 总经理 |
| 许　超 | 上海葵友广告有限公司 | 导演 |
| 闫　俊 | 北京灵思泳点影业有限公司 | 媒介经理 |
| 阎家旭 | 重庆高戈广告有限责任公司 | 总经理 |
| 杨　丹 | 北京紫禁之巅新锐广告有限公司 | CEO |
| 杨海标 | 广东广旭广告有限公司 | 执行创意总监 |
| 叶　峰 | 深圳市采纳品牌营销顾问机构 | 创意总监 |
| 尹　伟 | 昆明唐码风驰传媒有限公司 | 创意总监 |
| 张小平 | 广东黑马广告有限公司 | 董事长、高级平面设计师 |
| 张芫嘉 | 吉林省中麒影视制作有限公司 | |
| 张增辉 | 浙江高速广告有限责任公司 | 策划总监 |
| 赵　智 | 江西合众光华国际传媒广告有限公司 | 总经理 |
| 赵克强 | 绵阳莱德广告有限责任公司 | 董事长兼总经理 |
| 钟剑鸣 | 南京银都奥美广告有限公司 | 创意总监 |
| 朱　贤 | 湖南黄和传媒有限公司 | 公司法人、董事长 |
| 曾　春 | 成都泽宏嘉瑞文化传播有限公司 | 总经理 |
| 企业评委37名 | | |
| 范　江 | 博洋控股集团 | 副总 |
| 范建斌 | 海尔集团 | 品牌总监 |
| 方远征 | 岳阳市金寿制药有限公司 | 营销 |
| 龚立明 | 中国建设银行浙江省分行 | 业务副经理 |
| 何　苦 | 德尔惠股份有限公司 | 副总裁 |
| 何阳青 | 国美电器集团 | 高级副总裁 |
| 侯向平 | 上海大众汽车有限公司 | 资深主管 |
| 黄　洁 | 广东顺德农村商业银行股份有限公司 | 品牌管理主任 |
| 纪子有 | 特色龙（福建）服饰发展有限公司 | 总经理 |
| 蒋红萍 | 苏州市吴中区旅游局 | 副局长 |
| 李　强 | 中国农业银行山东省分行 | 经理、高级经济师 |
| 李小鹏 | 广州康耐登家居用品有限公司 | 市场总监 |
| 刘建军 | 招商银行股份有限公司 | 招行总行业务总监、零售金融总部常务副总裁 |
| 刘亚夫 | 春兰（集团）公司 | 高级副总裁、高级经济师 |
| 龙　健 | 南风化工集团 | 营销策划总经理 |
| 鲁　利 | 康泰（福建）体育用品有限公司 | 营销总监 |
| 梅金华 | 湖南省广告协会 | 研究员、秘书长 |
| 任　冬 | 黑龙江省宝达山乳业服务有限公司 | 市场总监 |
| 沈国强 | 宁波埃美柯铜阀门有限公司 | 高级经济师 |
| 沈振华 | 飞毛腿集团 | 策划总监 |
| 施红军 | 广州观雅眼镜有限公司 | 副总经理 |
| 汤卫文 | 广州市水务投资集团有限公司 | 副部长、高级工程师 |
| 王长庚 | 株洲千金药业股份有限公司 | 市场总经理 |
| 王淑红 | 潍柴动力股份有限公司 | 品牌策划主管 |
| 吴健雄 | 广东省九江酒厂有限公司 | 人力资源采购总监 |
| 吴　刚 | 内蒙古鹿三羊绒有限公司 | 总经理、工程师 |
| 夏成全 | 洋河股份（苏酒集团） | 广告科长 |
| 谢延铭 | 福建省南平南孚电池有限公司 | 渠道营销经理 |
| 徐　菁 | 上海雀巢饮用水有限公司 | 市场部经理 |
| 许玲华 | 江苏隆力奇生物科技股份有限公司 | 市场部总经理 |
| 叶农合 | 中国重型汽车集团有限公司 | 市场部政工师 |
| 余灵丽 | 啵儿宝贝 | 品牌运营总监 |
| 庾江洪 | 益海嘉里食品营销有限公司 | 品牌高级经理 |
| 曾上潮 | 盛宇集团有限公司 | 党委书记、副总裁 |
| 张　勇 | 四川百利药业有限公司 | OTC市场部经理 |
| 张兴起 | 澳柯玛股份有限公司 | 总经理 |
| 宗庆后 | 杭州娃哈哈集团有限公司 | 董事长、总经理 |
| 高校评委38名 | | |
| 陈培爱 | 厦门大学新闻传播学院 | 博导、教授 |
| 崔德群 | 黑龙江大学新闻传播学院广告系 | 副教授 |
| 董　彬 | 青岛大学文学院广告系 | 讲师 |
| 董景寰 | 上海同济大学经济与管理学院 | 副主任、副教授 |
| 冯智敏 | 西南交通大学艺术与传播学院 | 系主任、教授 |
| 韩虎山 | 山西财经大学文化传播学院 | 副院长、副教授 |
| 韩志强 | 山西大学文学院广告系 | 系主任 |
| 何　碧 | 广州大学新闻与传播学院 | 副教授 |
| 贺雪飞 | 宁波大学人文与传媒学院 | 教授 |
| 胡远珍 | 湖北大学新闻传播学院 | 副院长、副教授 |
| 黄也平 | 吉林大学文学院 | 教授 |
| 黄　箐 | 武汉理工大学文法学院新闻传播系 | 副教授 |
| 李　苗 | 暨南大学新闻与传播学院广告系 | 副教授 |
| 李　文 | 陕西师范大学新闻与传播学院 | 教授 |
| 梁绪敏 | 山东理工大学文学与新闻传播学院 | 副教授 |
| 刘　波 | 山东艺术学院设计学院广告学系 | 系主任、教授 |
| 吕尚彬 | 武汉大学新闻与传播学院 | 副主任、博导、教授 |
| 罗书俊 | 江西财经大学人文学院 | 副教授 |
| 马连湘 | 长春理工大学广告学系 | 教授 |
| 门小勇 | 内蒙古师范大学国际现代设计艺术学院 | 系主任、教授 |
| 钱杭园 | 浙江农林大学 | 党总支书记、教授 |
| 钱　磊 | 广州美术学院视觉艺术设计学院 | 副教授 |
| 史　建 | 北方工业大学艺术学院广告系 | 教授 |
| 王家渝 | 重庆工商大学文学与新闻学院 | 讲师 |
| 王苑丞 | 湖南湘潭大学文学与新闻学院广告系 | 系书记、副教授 |
| 魏　超 | 北京印刷学院 | 教授、党总支书记 |
| 邬盛根 | 安徽大学新闻传播学院 | 系主任、副教授 |
| 武小菲 | 长安大学文学艺术与传播学院广告学系 | 讲师 |
| 夏文蓉 | 南京大学新闻传播学院 | 副教授 |
| 徐科技 | 浙江万里学院文学与传播学院 | 讲师 |
| 许正林 | 上海大学影视学院 | 副院长、教授 |

| 姓　名 | 单位名称 | 职务／职称 | 姓　名 | 单位名称 | 职务／职称 |
|---|---|---|---|---|---|
| 颜景毅 | 郑州大学新闻与传播学院广告学系 | 系主任、副教授 | 叶凤琴 | 福建师范大学传播学院广告专业 | 负责人、副教授 |
| 杨　杰 | 南京林业大学艺术设计学院传媒艺术系 | 系主任、副教授 | 袁恩培 | 重庆大学艺术学院 | 教授 |
| 杨同庆 | 首都经济贸易大学文化与传播学院广告系 | 主任、硕导、教授 | 张贤平 | 中南民族大学文学与新闻传播学院 | 主任、教授 |
| 杨海军 | 河南大学新闻与传播学院 | 副院长、教授 | | | |

## 附1：

| 评委来源 | 聘请人数 | 有效选票数 |
|---|---|---|
| 广告公司资深创意 | 38 | 37 |
| 企业广告或相关负责人 | 37 | 36 |
| 广告教育学术界人士 | 38 | 35 |
| 总计 | 113 | 108 |

## 附2：各广告公司产品分类奖获奖情况一览表

| 获奖公司 | 获奖总数 | 金奖 | 银奖 | 铜奖 | 积分 |
|---|---|---|---|---|---|
| 时报广告奖执行委员会 | 5 | 2 | 1 | 2 | 200 |
| 广东省广告股份有限公司 | 5 | 1 | 1 | 3 | 180 |
| 叶茂中营销策划机构 | 6 | | | 6 | 180 |
| 长沙盛美广告有限公司 | 5 | | 2 | 3 | 170 |
| 北京视新天元广告有限公司 | 4 | | | 4 | 120 |
| 北京太阳堂广告有限公司 | 3 | | | 3 | 90 |
| 阳狮广告有限公司上海分公司 | 3 | | | 3 | 90 |
| 杭州行其道广告有限公司 | 2 | 1 | | 1 | 80 |
| 中视金桥国际传媒有限公司 | 2 | | 1 | 1 | 70 |
| 广州金燕达观文化传播有限公司 | 2 | | 1 | 1 | 70 |
| 浙江博采传媒有限公司 | 2 | | | 2 | 60 |
| 珠海华发文化传播有限公司 | 2 | | | 2 | 60 |
| 博报堂创意管理（上海）有限公司 | 2 | | | 2 | 60 |
| 成都阿佩克思澳门品牌营销咨询有限公司 | 2 | | | 2 | 60 |
| 扬罗必凯（北京）广告有限公司广州分公司 | 1 | | 1 | | 40 |
| 获得创意管理（深圳） | 1 | | 1 | | 40 |
| 北京世邦和广告传媒有限公司 | 1 | | 1 | | 40 |
| 江西合众光华国际传媒广告有限公司 | 1 | | 1 | | 40 |
| 河南大河全媒体广告有限公司 | 1 | | 1 | | 40 |
| 广而告之合众国际广告有限公司 | 1 | | | 1 | 30 |
| 北京紫禁之巅新锐广告有限公司 | 1 | | | 1 | 30 |
| 长沙反正广告有限公司 | 1 | | | 1 | 30 |
| 广东九易广告有限公司 | 1 | | | 1 | 30 |
| 北京互通联合国际广告有限公司 | 1 | | | 1 | 30 |
| 卓越形象品牌创意产业机构 | 1 | | | 1 | 30 |
| 北京蓝色广告有限公司 | 1 | | | 1 | 30 |

# 第十三届（2011–2013）IAI年鉴中国广告公司创作实力50强

| 排名 | 单位名称 | 2014版IAI年鉴入选作品 | | 第十三届IAI年鉴获奖作品 | | 综合评分 |
|---|---|---|---|---|---|---|
| | | 数量 | 积分 | 获奖情况 | 积分 | |
| 1 | 北京视新天元广告有限公司 | 38 | 380 | 铜4 | 120 | 500 |
| 2 | 广东省广告股份有限公司 | 29 | 290 | 金1银1铜3 | 180 | 470 |
| 3 | 长沙盛美广告有限公司 | 17 | 170 | 银2铜3 | 170 | 340 |
| 4 | 叶茂中营销策划机构 | 11 | 110 | 铜6 | 180 | 290 |
| 5 | 北京太阳堂广告有限公司 | 18 | 180 | 铜3 | 90 | 270 |
| 6 | 杭州行其道广告有限公司 | 17 | 170 | 金1铜1 | 80 | 250 |
| 7 | 北京九易正通广告有限公司 | 15 | 150 | 铜1 | 30 | 180 |
| | 北京互通联合国际广告有限公司 | 15 | 150 | 铜1 | 30 | 180 |
| 9 | 杭州捷群广告有限公司 | 17 | 170 | – | – | 170 |
| 10 | 获得创意管理 | 11 | 110 | 银1 | 40 | 150 |
| 11 | 浙江博采传媒有限公司 | 7 | 70 | 铜2 | 60 | 130 |
| | 珠海华发文化传播有限公司 | 7 | 70 | 铜2 | 60 | 130 |
| 13 | 中视金桥广告有限公司 | 5 | 50 | 银1铜1 | 70 | 120 |
| 14 | 采纳品牌营销机构 | 11 | 110 | – | – | 110 |
| 15 | 博报堂创意广告（上海）有限公司 | 4 | 40 | 铜2 | 60 | 100 |
| 16 | 阳狮广告有限公司上海分公司 | – | – | 铜3 | 90 | 90 |
| 17 | 北京蓝色广告有限公司 | 6 | 60 | 铜1 | 30 | 90 |
| | 长沙反正广告有限公司 | 6 | 60 | 铜1 | 30 | 90 |
| 19 | 广州市千里马广告有限公司 | 8 | 80 | – | – | 80 |
| 20 | 广州金燕达观文化传播有限公司 | – | – | 银1铜1 | 70 | 70 |
| 21 | 河南大河全媒体广告有限公司 | 3 | 30 | 银1 | 40 | 70 |
| | 省广合众(北京)国际传媒有限公司 | 3 | 30 | 银1 | 40 | 70 |
| 23 | 广西告之合众国际广告有限公司 | 4 | 40 | 铜1 | 30 | 70 |
| | 卓越形象品牌创意产业机构 | 4 | 40 | 铜1 | 30 | 70 |
| 25 | 重庆高戈广告有限责任公司 | 7 | 70 | – | – | 70 |
| 26 | 成都阿佩克思奥美品牌营销咨询有限公司 | – | – | 铜2 | 60 | 60 |
| 27 | 北京紫禁之巅新锐广告有限公司 | 3 | 30 | 铜1 | 30 | 60 |
| 28 | 上海梅高创意咨询有限公司 | 5 | 50 | – | – | 50 |
| | 目朗国际品牌设计顾问(北京)有限公司 | 5 | 50 | – | – | 50 |
| | 北京天下美传广告有限公司 | 5 | 50 | – | – | 50 |
| 31 | 扬罗必凯（北京）广告有限公司广州分公司 | – | – | 银1 | 40 | 40 |
| | 北京世邦和广告传媒有限公司 | – | – | 银1 | 40 | 40 |
| 33 | 重庆巨蟹数码影像有限公司 | 4 | 40 | – | – | 40 |
| | 浙江美洋广告有限公司 | 4 | 40 | – | – | 40 |
| | 沈阳精图企划有限公司 | 4 | 40 | – | – | 40 |
| | 广州名影广告有限公司 | 4 | 40 | – | – | 40 |
| 37 | 上海卓越形象广告传播有限公司 | 3 | 30 | – | – | 30 |
| | 上海同盟广告有限公司 | 3 | 30 | – | – | 30 |
| | 绵阳莱德广告有限责任公司 | 3 | 30 | – | – | 30 |
| | 杭州有氧文化创意有限公司 | 3 | 30 | – | – | 30 |
| | 广州平方广告有限公司 | 3 | 30 | – | – | 30 |
| | 广东思域广告有限公司 | 3 | 30 | – | – | 30 |
| | 广东广旭广告有限公司 | 3 | 30 | – | – | 30 |
| | 北京亚诗圣凰广告有限公司 | 3 | 30 | – | – | 30 |
| 45 | 厦门大峡谷影视有限公司 | 2 | 20 | – | – | 20 |
| | 天音睿豹整合传播 | 2 | 20 | – | – | 20 |
| | 天联广告有限公司上海分公司 | 2 | 20 | – | – | 20 |
| | 沈阳智为传奇广告有限公司 | 2 | 20 | – | – | 20 |
| | 深圳市战略伙伴文化传播有限公司 | 2 | 20 | – | – | 20 |
| | 上海灵动广告有限公司 | 2 | 20 | – | – | 20 |
| | 上海葵友广告有限公司 | 2 | 20 | – | – | 20 |
| | 南通新视觉广告有限公司 | 2 | 20 | – | – | 20 |
| | 广州市天曦广告有限公司 | 2 | 20 | – | – | 20 |
| | 广州圣龙广告有限公司 | 2 | 20 | – | – | 20 |
| | 广东国信广告有限公司 | 2 | 20 | – | – | 20 |
| | 广东峰尚品牌顾问机构 | 2 | 20 | – | – | 20 |
| | 成都左岸映像广告传媒有限公司 | 2 | 20 | – | – | 20 |
| | 成都泽宏嘉瑞文化传播有限公司 | 2 | 20 | – | – | 20 |
| | 北京海润新时代广告有限公司 | 2 | 20 | – | – | 20 |

备注：列5中，“金”代表金奖；“银”代表银奖；“铜”代表铜奖，数字是获奖作品数量。